国家社科基金项目 (21BJY131)
联合资助
中国农业科学院科技创新工程 (10-JAED-01)

粮食安全省长责任制下的地方政府粮食生产保障行为及机制研究

甘林针　钟　钰　等◎著

中国财经出版传媒集团
经济科学出版社
Economic Science Press
·北京·

图书在版编目（CIP）数据

粮食安全省长责任制下的地方政府粮食生产保障行为及机制研究／甘林针等著．-- 北京：经济科学出版社，2024．12．-- ISBN 978 – 7 – 5218 – 6584 – 4

Ⅰ．F326．11

中国国家版本馆 CIP 数据核字第 20247C32U9 号

责任编辑：初少磊　尹雪晶
责任校对：王肖楠
责任印制：范　艳

粮食安全省长责任制下的地方政府粮食生产保障行为及机制研究
LIANGSHI ANQUAN SHENGZHANG ZERENZHI XIA DE
DIFANG ZHENGFU LIANGSHI SHENGCHAN BAOZHANG
XINGWEI JI JIZHI YANJIU
甘林针　钟钰　等◎著
经济科学出版社出版、发行　新华书店经销
社址：北京市海淀区阜成路甲 28 号　邮编：100142
总编部电话：010 – 88191217　发行部电话：010 – 88191522
网址：www. esp. com. cn
电子邮箱：esp@ esp. com. cn
天猫网店：经济科学出版社旗舰店
网址：http：//jjkxcbs. tmall. com
北京季蜂印刷有限公司印装
710 × 1000　16 开　15 印张　228000 字
2024 年 12 月第 1 版　2024 年 12 月第 1 次印刷
ISBN 978 – 7 – 5218 – 6584 – 4　定价：65. 00 元
（图书出现印装问题，本社负责调换。电话：010 – 88191545）

前言

党的二十大报告提出，全方位夯实粮食安全根基，全面落实粮食安全党政同责。粮食安全省长责任制旨在加快构建国家粮食安全保障体系，进一步明确地方政府维护国家粮食安全的责任，压实地方粮食安全主体责任，并伴有专门的考核制度，对我国粮食生产有不可忽视的影响。但学界对粮食安全省长责任制的专门研究较少，更是缺乏实证检验进行该制度的一般规律探索。伴随着粮食安全省长责任制的实施，我国粮食产量持续增长、屡创新高，2023年实现粮食“二十连丰”，人均粮食占有量高于490公斤，远超400公斤的国际粮食安全标准线。值得思考的是，粮食安全省长责任制是不是我国粮食增产的重要解释原因？是否对粮食生产有直接促进作用和间接调节作用？

在中央不断压实地方政府粮食安全主体责任的背景下，本书旨在研究粮食安全省长责任制是否有效促进了粮食生产。本书将从委托代理理论、财政分权理论等理论出发，进行粮食安全省长责任制影响粮食生产的直接作用和调节作用的双重验证，并以此为基础，提出优化粮食安全省长责任制、提高地方政府抓粮积极性的相关政策建议。

结果显示：粮食安全省长责任制对粮食生产有显著促进作用和调节作用，并存在通过提高地方政府抓粮积极性以促进粮食生产的机制路径。但粮食安全省长责任制对粮食生产的影响存在区域异质性，在粮食主产区，粮食安全省长责任制有效抑制了财政分权体制下地方“重经济发展、轻粮食生产”而对粮食生产造成的损害，是稳定粮食生产的重要制度。但在非粮食主产区，粮食安全省长责任制加剧了财政分权对粮食生产的损害。机制检验结果证实，地方政府抓粮积极性是提高地方粮食生产的政策着力点。显然，结合当前非主产区部分省份粮食生产下滑的现状，粮食安全省长责任制还需调整相关指标体系，进一步提高地方政府抓粮积极性，发挥政策对地方粮食生产的引导作用。

研究在实践上存在一个有意义的发现：粮食安全省长责任制对地方粮食工作的影响是显著的，确实起到了“指挥棒、助推器、风向标”作用。粮食安全省长责任制对主产区粮食生产考核分值高于非主产区，而对非主产区在粮食储备、市场调控等方面的考核分值高于主产区。引致该制度运行过程中，加剧了粮食生产向主产区集中，而非主产区粮食生产贡献度下降的局面，即地方粮食工作方向会根据粮食安全省长责任制的考核重心进行调整。可以预期，未来根据粮食安全新要求，调整粮食安全省长责任制在不同区域的政策要求和考核指标，实现有效稳定区域粮食生产、保障粮食安全的政策目标是可行的。

基于此，本书提出以下政策建议：第一，提高粮食区域供给地位，加强地方政府稳粮意识；第二，完善粮食主产区利益补偿机制，促进粮食主产区协调发展；第三，全面提高粮食非主产区粮食综合生产能力，落实分区保障机制；第四，优化财政分权制度，加强地方支粮财政支出；第五，优化粮食安全省长责任制考核指标，落实粮食安全党政同责；第六，加大地方考核中粮食安全权重，提高地方政府抓粮积极性。

目　录

CONTENTS

第一章　绪论　/ 001

一、研究背景与意义　/ 001
二、研究综述　/ 007
三、研究目标与内容　/ 020
四、研究方法　/ 025
五、数据来源　/ 029
六、本书的创新点　/ 030

第二章　基本理论与分析框架　/ 031

一、概念界定　/ 031
二、理论基础　/ 033
三、理论分析框架　/ 036

第三章　我国粮食区域平衡演变和区域粮食生产情况　/ 038

一、我国粮食区域平衡政策演变　/ 039
二、中国和各区域粮食生产现状与特征　/ 045
三、不同区域粮食自给率变化　/ 060
四、粮食生产与粮食安全的辩证关系　/ 067
五、本章小结　/ 072

第四章　我国粮食进口情况与面临的外部形势　/ 074

一、21 世纪以来的国际粮食危机　/ 076

二、四次国际粮食危机的共性与思考 / 081
三、我国粮食进口的高度集中性特征 / 092
四、过度集中加剧粮食进口稳定性风险 / 099
五、本章小结 / 106

第五章 粮食安全省长责任制的演变 / 108

一、粮食安全省长责任制的演变 / 109
二、粮食安全省长责任制对地方粮食安全工作的要求 / 116
三、粮食安全省长责任制作用于地方粮食安全的理论分析 / 118
四、本章小结 / 120

第六章 粮食安全省长责任制对粮食生产的影响研究 / 121

一、研究设计与研究假说 / 122
二、模型、变量与数据 / 126
三、实证结果与分析 / 134
四、地方政府抓粮积极性的机制检验 / 141
五、本章小结 / 142

第七章 财政分权、粮食安全省长责任制与粮食生产 / 144

一、央地财政关系的调整与变化 / 146
二、研究设计与研究假说 / 150
三、模型、变量与数据 / 155
四、实证结果与分析 / 159
五、本章小结 / 168

第八章 中国式现代化下的粮食安全治理路径研究 / 170

一、国家粮食安全治理的内涵要义 / 171
二、国家粮食安全治理的演变逻辑 / 176
三、国家粮食安全治理的堵点问题 / 181
四、国家粮食安全治理的推进方略 / 188

五、本章小结 / 193

第九章 结论与政策建议 / 194

一、研究结论 / 194
二、粮食安全省长责任制党政同责机制构建 / 197
三、政策建议 / 202

参考文献 / 209
后记 / 228

第一章
绪　论

一、研究背景与意义

（一）研究背景

党的二十大报告指出："全方位夯实粮食安全根基，全面落实粮食安全党政同责。"2024 年中央一号文件《中共中央　国务院关于学习运用"千村示范、万村整治"工程经验有力有效推进乡村全面振兴的意见》强调，"扎实推进新一轮千亿斤粮食产能提升行动。稳定粮食播种面积，把粮食增产的重心放到大面积提高单产上，确保粮食产量保持在 1.3 万亿斤以上。"可见，提高地方抓粮积极性，保障粮食面积与产量，成为粮食安全的重要内容。但是，在我国粮食持续丰收的同时，国内外一些影响粮食生产的不利因素正在累积。在国内，种粮收益持续走低、主产区资源承载压力加重和经济实力薄弱，这些问题直接导致很多区域粮食自给率出现下降。粮食产销平衡区的平均自给率从 2000 年的 90.4% 降低到 2020 年的 65.1%，除甘肃小幅上升外，其余省份均在下降；主销区从 2000 年的 51.2% 下降到 2020 年的 16.8%，一些省份的降幅甚至超过 50 个百分点（普冀喆等，2022）。国际上，21 世纪以来的全球四次粮食危机，深刻冲击着粮食国际市场，在我国粮食进口品种集中、来源集中、时期集中和方式集中的现实背景下，极大地增添了粮食进口的安全性和稳定性隐患。经验表明，危机强烈的调整效应会加速全球贸易格局重塑，立足国内、保障粮食有效供给才是防范和化解危机最根本的途径。有效落实粮食生产的地方属地责任、推进粮食安全省长责任制落实落细落到位，对于牢牢掌握粮食安全主动权具有重大意义，是建设农业强国的基石，也是实现中国式现代化的底气所在。

2014 年 12 月，《国务院关于建立健全粮食安全省长责任制的若干意见》出台。粮食安全省长责任制是中央为保障国家粮食安全逐步形成和完善的一项重要政策，是压实地方政府粮食安全主体责任、提高地方政府抓粮积极性的重要区域保障制度。中央出台专门的地方粮食安全负责制可以追溯到 1994 年的“米袋子”省长负责制①，1993 年和 1994 年部分沿海地区粮食产量大幅下降，导致粮食供给不足，市场粮价急剧上升，并迅速从局部蔓延到全国，引发国内物价上涨，影响了国民经济正常秩序，引致“米袋子”省长负责制出台（叶兴庆，1996；伍山林，2000）。“米袋子”省长负责制极大激励了地方抓粮积极性，各地强化粮食生产的耕地保护、财政投资等，实现了粮食面积和产量的双增（国务院研究室农村经济研究司课题组，1997）。1996 年粮食产量达到 50453.5 万吨，首次突破 5 亿吨大关，经过几年的努力，2004 ~ 2014 年我国粮食产量实现“十一连增”。2014 年，国务院印发《关于建立健全粮食安全省长责任制的若干意见》，粮食安全省长责任制作为“米袋子”省长负责制的延续正式出台，之所以要在“米袋子”省长负责制的基础上制定和实施粮食安全省长责任制，有以下几个原因。

第一个重要的原因是，粮食生产加速向主产区聚集，而非主产区粮食生产占比大幅下降，粮食区域供需不平衡问题突出。2003 年主产区、产销平衡区、主销区②粮食产量占全国产量的比重分别为 71.0%、21.1%、7.9%，2014 年比重变化为 77.5%、18.0%、4.5%。可见 2014 年主产区粮食产量占比超过 3/4，而主销区已经低于 5%，粮食生产“两极化”加

① 详见《国务院关于深化粮食购销体制改革的通知》。

② 粮食主产区为 13 个省份：河北、内蒙古、吉林、黑龙江、辽宁、江苏、安徽、江西、山东、河南、湖北、湖南、四川。粮食产销平衡区为 11 个省份：山西、广西、贵州、云南、重庆、西藏、陕西、甘肃、青海、宁夏、新疆。粮食主销区为 7 个省份：北京、天津、上海、浙江、福建、广东、海南。限于数据可得性，本书未将港澳台地区纳入分析。

剧，保持区域供求平衡的难度加大。根据测算①，2003 年平衡区和主销区的平均粮食自给率分别为 97.0% 和 42.5%，2014 年两区的平均自给率分别下降到 71.2% 和 22.2%。就具体省份看，2003～2014 年平衡区 11 个省份自给率全面下降，仅宁夏和新疆两地保持了超过 100% 的高自给率。主销区 7 个省份自给率也呈下滑状态，全部省份的自给率跌下 40%。这一宏观数据结果与调研实际情况相符②，粮食平衡区的生产能力正在逐渐退化为主销区，主销区的粮食产销缺口加速扩大。省份间粮食生产差距拉大了粮食区域供给不平衡，加剧了对粮食流通的依赖。但是我国目前粮食流通基础设施建设还比较脆弱，规模化程度较低，各地粮食分销系统还在完善中（毛学峰等，2015），再加上粮食产量占比较高的东北地区在流通上运距长、成本高。总体来说，我国目前实现粮食流通的快速调运难度大、效率低、抗风险能力不足，给保障区域和全国粮食安全都带来诸多挑战，从而对各省份自身粮食供给能力，即粮食生产能力提出更高要求。

第二个重要的原因是，国内粮食需求刚性增长，但粮食稳定供给困难挑战多。对比 20 世纪 90 年代“米袋子”省长负责制出台时期，近年来粮食生产面临更复杂的供需形势。一方面粮食需求刚性增长，随着居民人均收入提高，食物消费结构和营养结构开始转型升级，虽然粮食直接消费量在下降，但是肉蛋奶等动物类产品消费量持续增加，带动玉米、大豆等饲料粮需求快速增长（张合成等，2022；刘慧和赵一夫，2023）。同时，国家工业化发展迅速，作为主要原料或辅料生产医疗、化工、酒精、淀粉等产品的工业用粮需求量持续攀升（张志新等，2022）。但另一方面，粮食供给面临的挑战越来越多，包括资源约束逐渐加重的情况下，局部地区还出现耕地“撂荒”现象，区域过分集中的粮食生产风险偏大；自然灾害频发叠加基础设施建设滞后，引致粮田灾害抵抗能力低；土地成本和劳动力成本拉动粮食生产总成本快速攀升，粮食生产的比较收益降低，损害农民种粮积极性（韩一军，2016；丁声俊，2017）。错综复杂的粮食生产形势给粮食安全和社会稳定带来严峻挑战，粮食需求的刚性增长和供应不稳定

① 各省份粮食自给率测算方式详见第三章。

② 此实地调研为作者于 2021 年 7 月对陕西、甘肃两省的调研。

的矛盾突出，凸显了强化国内粮食生产水平的重要性。我国幅员辽阔、地区差异性大，地方政府相比中央更有地方发展的信息获取和配置优势，在粮食供需新形势下，进一步压实地方粮食安全主体责任是稳定粮食生产的重要抓手。

第三个重要的原因是，国际粮食市场形势发生深刻变化，国际粮食供应链稳定性下降。21 世纪以来，全球经济一体化进程加快，农业合作程度日益加深。在共享国际贸易红利的同时，全球国际形势的微妙变化都可能迅速冲击我国粮食安全。2007～2008 年澳大利亚、加拿大等主要粮食出口国由于极端天气连续减产，多国以防国内粮食供应出现短缺，限制了粮食出口。2010～2011 年主要产粮大国俄罗斯和哈萨克斯坦遭受旱灾大幅减产，乌克兰、加拿大和欧盟等粮食产量也因天气原因下滑，全球粮食供给大幅下降。2020 年突发新冠疫情中断了全球粮食供应链，导致区域性粮食供给短缺，2022 年俄乌冲突更是让全球粮食安全形势雪上加霜。变幻莫测的国际形势一次又一次证明，中国必须立足自身，建立起完善的国家粮食安全治理体系，稳定粮食生产，保障库存充裕，降低关键粮食品种的对外依存度，防止国内粮价大幅波动，不断强化粮食安全保障能力。

第四个重要的原因是，财力分配决定事权划分，央地政府间的财权分配格局决定了粮食安全事权划分。央地间财权变化是中央要求地方承担粮食安全主体责任、充分调动地方抓粮积极性的重要背景（叶兴庆，1996；宋洪远，1997）。自中华人民共和国成立以来，央地间的财政关系总体经历了中央计划的统收统支、财政包干、分税制三大阶段（项怀诚，2009；龚浩和任致伟，2019）。三次财政体制改革后，中央将相当大程度的财权转移给了地方政府。2011 年中央财政收入 51327.32 亿元，占比 49.5%；地方财政收入 52547.11 亿元，占比 50.5%，地方财政收入超过中央财政收入，并且随着时间推移，地方财政收入占比还在上升。财权格局的变化意味着事权也需要调整，地方政府财政支配权提高，决定了粮食安全要摆脱完全依靠中央的工作逻辑。从财权影响事权的角度来说，出台粮食安全省长责任制以进一步明确和加大地方政府尤其是省级政府的粮食安全责任是必然选择。

粮食安全省长责任制从粮食生产、储备、流通、消费等各环节对地方粮食安全工作进行了全方位的部署，同时，2015 年 11 月国务院办公厅还出台了《粮食安全省长责任制考核办法》，考核各省对粮食安全省长责任制落实情况，这是国务院办公厅首次出台专门文件进行省级人民政府的粮食安全责任考核（韩俊，2015；刘明月等，2021）。在粮食生产上，从过去的“粮食生产”变为“巩固和提高粮食生产能力”，对地方粮食生产工作要求更高、力度更强。各地在行动上稳定耕地面积、加快高标准农田建设、提高粮食生产科技水平等，粮食生产能力有了显著提升（韩一军，2016；赖应辉，2019；王吉富，2020）。2014 年粮食安全省长责任制实施后，主产区粮食产量持续上升，至 2022 年增长 8.4%；平衡区和主销区粮食产量都止跌回升，至 2022 年分别增长 4.0% 和 2.8%。在各省份的共同努力下，2015 年我国粮食产量超过 1.3 万亿斤，并且连续丰收，到 2023 年实现粮食产量“二十连丰”。综上可知，在中央不断强调粮食安全省长责任制的同时，我国粮食产量持续增长。值得思考的是，粮食安全省长责任制在粮食增产中发挥了哪些作用?

粮食安全省长责任制是从粮食生产、储备、流通、消费、减损等各方面对各级人民政府在维护国家粮食安全的事权与责任方面建立的一项制度，层层压实粮食生产任务，增强了地方政府对粮食生产的责任感。从考核指标看，共 7 个大类 62 个具体指标，其中一半以上指标聚焦生产环节，即面积产量稳定、财政投入合理增长、保护种粮积极性等。因此，从政策支持、财政分权等视角分析粮食安全省长责任制下的地方政府行为具有典型性。在国内粮食生产总体积极向好的情形下，地方政府对粮食生产的财政投入、政策制定、监督管理等行为悄然改变，这与我国财政体制、管理体制密不可分。随着我国财政体制改革，财力分配决定了事权划分，地方政府在资源配置上的义务和权利都与日俱增（叶兴庆，1996）。

综合以上分析，在中央不断强化粮食安全省长责任制，且粮食产量持续上升的背景下，本书试图深入研究以下问题：粮食安全省长责任制是不是我国粮食增产的重要解释原因？从财权与事权相匹配的角度，该制度是否在财政分权的背景下调节了地方对粮食生产的治理？同时，地方政府的注意力是否能成为稳定粮食生产的抓手？为回答上述问题，在委托代理理论、注意力理论、财政分权理论的基础上，研究粮食安全省长责任制对粮食生产的直接作用，以及粮食安全省长责任制在财政分权影响粮食生产过程中的调节作用，并进一步阐述中国式现代化下的粮食安全治理路径。研究结果可以为优化粮食安全省长责任制、提高地方政府抓粮积极性、稳定地方粮食生产、保障国家粮食安全提供参考。

（二）研究意义

地方粮食生产是政策制度、自然资源禀赋、要素投入等因素综合导致的结果，研究粮食安全省长责任制对粮食生产的直接作用，以及粮食安全省长责任制对财政分权作用粮食生产的调节作用。对压实地方政府粮食生产主体责任，优化粮食安全省长责任制，修正地方政府对粮食生产的负面行为，提高地方政府抓粮积极性，稳定地方粮食生产，保障国家和区域粮食安全具有重要理论意义和现实意义。

在理论层面，主要有两方面的理论意义。一是拓展了粮食增产支持因素的理论解释。已有对粮食生产问题的文献研究主要以投入生产理论分析粮食生产效率、以资源配置理论分析粮食生产资源禀赋，或者是单独分析某项粮食支持政策的作用等，但对地方政府粮食生产支持的动机和激励探索较少，以委托代理理论、注意力理论、财政分权理论为基础，分析粮食安全省长责任制对粮食生产的直接作用和调节作用，拓展了粮食增产支持因素的理论解释，完善粮食生产的研究理论框架。二是从粮食生产支持视角丰富了财政分权理论的应用。已有使用财政分权理论的研究，多是对经济增长和公共物品供给的解释，但对于粮食这种特殊公共物品的研究鲜有涉及，而地方政府提供粮食生产支持也不能脱离财政体制，对粮食生产进行探究可以丰富财政分权理论的应用范围。

在现实层面，主要有两方面的现实意义。一是有利于探索粮食生产长效支持机制。粮食生产是国家和地方“牢牢端稳饭碗”的源头，无论经济社会如何变化，粮食安全始终是治国理政的头等大事。对粮食安全省长责任制作用于粮食生产进行讨论，厘清地方政府支持地方粮食生产的现状及存在的机制困境和问题。为缓解央地矛盾、减轻地方经济发展和粮食生产之间的资源矛盾，稳定地方粮食生产、保障粮食安全起到一定的现实作用。二是为优化粮食安全省长责任制考核提供依据。2015 年粮食安全省长责任制便开始实施专门考核，并逐年优化考核指标以期科学评估各地粮食安全工作效果，结合不同地方现实情况差别，可为调整地方政府粮食安全考核工作以稳定地方粮食生产提供一定的现实依据。

二、研究综述

粮食生产是国家粮食安全的重要内容，是国计民生的基本问题，一直以来都是政界、学界及社会各界关注的重点问题、焦点问题。国内外对粮食生产的研究颇丰，涉及粮食生产要素投入变化、粮食生产政策支持等，丰富的文献提供了可靠的研究参考。因此，对于地方政府的粮食生产保障研究，将从粮食生产影响因素、粮食安全省长责任制、财政分权与地方政府治理选择等方面进行文献梳理。在对相关文献总结评述的基础上，提出主要研究内容和框架。

（一）粮食生产的影响因素研究

学界对于粮食生产的影响因素研究成果丰硕，主要围绕投入要素、技术进步、国际形势、支持政策等方面对粮食生产的影响程度和机制进行讨论和阐述。

第一，要素投入影响粮食生产。作为一种生产行为，粮食生产变化离不开各项要素投入。一是耕地数量和质量提升，粮食作为大田作物，耕地是其替代性极低的要素，近年来我国积极开展土地流转工作提高耕地规模化程度，落实中低产田改造工程、高标准农田建设工程等工作提高耕地质量，进而起到了粮食增产效应（侯胜鹏，2009；胡新艳和戴明宏，2022）。二是化肥农药投入，使用化肥农药是粮食增产的重要动能（李国祥，2017），通过 52 个 10 年以上的肥料定位试验点数据分析发现，化肥对粮食产量的贡献率约 40.8%，其中早稻 31.9%、晚稻 34.6%、小麦 60.2%、玉米 46.2%（张谋贵，2019）。王祖力和肖海峰（2008）也通过回归模型测算出化肥对粮食增产的贡献率为 56.81%，是所有投入要素中贡献最大的一项。施用农药可以有效降低虫、草、鼠对生产的损害，2017 年粮食总产量 61791 万吨，增长率 2.71%，其中农药防治挽回 2517 万吨，占总生产量的 4.07%，高于总产量的增长率，其对粮食增产的贡献可见一斑（周海文和周海川，2022）。三是劳动力要素对粮食生产的影响，较早可以追溯到黄宗智（2000）认为“过密化”和“内卷化”会引起劳动力边际报酬递减，粮食生产也不例外。随着劳动力城乡流动加快，种粮劳动力逐渐流失，粮食生产效率开始下降（刘怀宇等，2008）。不过也有学者发现，劳动力数量并不一定直接影响粮食生产，发挥作用的是劳动力质量，从年龄结构入手发现流出的劳动力更多是年轻人，并不是种粮主要群体，对粮食生产的直接影响偏小，并且随着技术进步，机械化程度的提高以及社会化服务的展开，对劳动力有一定的替代性，这一点也削弱了劳动力流失对粮食生产的影响（胡学枝和钟甫宁，2012、2013）。四是资本要素，资本是粮食生产投入的基本条件，是支撑粮食生产的重要保障，既有对工商资本的引导，也有政府资金的提高，都对粮食生产提供了积极作用（蔡昉，2008；王琛等，2015）。

第二，技术进步影响粮食生产。舒尔茨在《改造传统农业》中强调技术创新是农业可持续进步的重要途径，学者们对技术进步和粮食生产之间的关系进行检验，普遍技术进步是促进粮食生产的重要渠道（龚斌磊等，2020）。一是粮食生产技术存在主动性进步，经典发展经济学指出，在国家经济发展持续进步过程中，科技进步也在同样发生。粮食生产领域的科技进步为粮食增产提供了核心动力和重要支撑，有效提高了粮食生产效率，成为提升我国粮食安全水平的重要保障（翟虎渠，2010）。总体上，姜松等（2012）对 1985~2010 年我国粮食科技进步作用粮食生产进行研究，通过改进的多要素二级 CES 生产函数分析发现，我国粮食生产科技进步的年均增速为 0.76%，其对粮食生产的贡献高达 51.7%，超过总贡献的一半。区分粮食品种后，魏丹和王雅鹏（2010）运用主成分回归模型测算 1990~2008 年技术进步对三大主粮的贡献率，结果发现样本期内小麦、稻谷、玉米的单产年均增长率分别为 5.84%、5.33%、7.08%，其中科技对单产提高的贡献率分别为 24.48%、3.38%、14.54%。二是粮食生产技术在被动进步，21 世纪以来，随着我国城镇化进程加快，劳动力价格大幅上升，不断冲击农业劳动力的供给数量和使用成本，引致中国千方百计通过农业机械化替代劳动力，调整粮食生产的要素投入结构和成本，间接拉动了粮食生产技术进步，最终影响了粮食生产（郑旭媛和徐志刚，2016）。廖开妍等（2020）运用 31 个省份 2002 ~ 2017 年数据构建动态面板模型，分析发现技术进步一方面可以提高生产效率，另一方面能替代劳动力以增加农民收入，进而提高农民种粮积极性，保障地方粮食生产。

第三，粮食进口影响粮食生产。我国粮食进口在补充粮食供应、满足消费需求、节约水土资源等方面发挥重要作用，但是国际贸易市场风云变幻，国内粮食生产要有抵御粮食进口风险的能力。目前针对我国粮食进口问题，许多学者进行了大量深入的探讨。部分学者关注粮食进口来源地集中风险。杨等（Yang et al.，2014）指出我国玉米供需关系处于紧平衡状态，提出加快拓展玉米供应渠道，增加从可依赖程度高的国家进口玉米的建议。魏艳骄等（2021）、宋海英和姜长云（2021）关注大豆进口依赖性风险，分析大豆进口来源国的生产资源禀赋和贸易潜力，为优化大豆进口市场布局提供依据。也有学者指出要防范粮食禁运或出口限制对我国粮食贸易产生的消极影响，并提出加强国际协商和合作、积极推动 WTO 农业贸易谈判等对策（崔奇峰等，2020）。还有学者对粮食进口运输风险进行讨论。如王帅（2017）主要研究了粮食海运中的关键节点堵塞风险。孙红霞和赵予新（2020）研究了共建“一带一路”框架下跨国粮食进口物流通道存在的问题。有些学者就新冠疫情冲击粮食安全问题展开探讨，并提出有效管理粮食输入性不稳定预期、确保食物供应链正常运行等应对措施（陈志钢等，2020）。此外，有部分学者基于粮食贸易格局视角探讨粮食进口集中问题。如毛学峰等（2015）、张琛和孔祥智（2021）认为口粮贸易存在较大的不确定性和风险，提出树立粮食安全口粮观、鼓励涉农企业参与重要贸易伙伴国的港口建设等举措。杨明等（2020）提出我国粮食安全外循环受阻，表现在粮价冲击和进口来源区域集中、进口国实施限制出口措施所引起的贸易风险，并提出稳定粮食生产、畅通粮食安全流通贸易循环的发展路径。

第四，支持政策影响粮食生产。通过资源配置将财政资金直接安排到粮食生产上，改善基础设施、提高粮食生产技术为粮食生产创造了良好环境（朱晶等，2021）。同时财政支持还通过价格支持、直接补贴、一般服务支持的形式保护和提高了农民种粮积极性，源头上保障粮食生产不滑坡（徐志刚等，2018），各项财政政策都对稳定粮食购销、搞活市场流通、保护农民种粮利益起到积极作用（钟甫宁等，2008）。但对财政支粮政策也有争议，粮食支持政策往往面临多重目标实现的激励困境，在政策实施过程中易出现"按下葫芦带起瓢"的状况，这一点在价格支持政策上尤为突出，存在市场扭曲的情况（黄季焜等，2011；钱加荣等，2019），同时提高财政补贴标准虽然能扩大粮食种植面积、增加粮食产量，但却有可能加重部分地区的环境污染（廖进球等，2019）。再从财政支出本身来看，部分层级政府甚至把粮食补贴作为财政减负的一个措施，减少了对农民的补贴幅度，不利于长期稳定农民种粮积极性（张照新等，2003）。未来粮食支持政策需要市场反应、政府决策和农户响应相互交织、共同推进，全方位动态保障粮食生产（何秀荣，2020）。

值得重点关注的是，随着资源约束趋紧，制度机制影响在粮食生产中日益突出。粮食的弱质性决定了其生产需要政策支持，美国自 20 世纪 30 年代开始实施的《农业调整法》构建了系统性的美国农业补贴体系，成为美国农业经济增长的重要解释原因之一（De Gorier，1993）；通过空间动态模型对德国的粮食直接补贴政策与粮食生产之间关系进行验证，也得出与美国相同的结论（Happe，2003）；分析斯洛文尼亚的农业补贴政策，发现其明显提升了农业生产的规模化程度和效率（Bojnec，2013），显然世界各国都实施一定政策对粮食生产、农业发展予以支持，并获得较好的效果。中国也不例外，政府从粮食生产、流通、市场等多方面提供政策支持，取得谷物基本自给、口粮绝对安全的骄人成绩，这也引起国内学者们对粮食支持政策的浓厚兴趣，并取得了丰硕的研究成果，研究主要围绕以下两个方面展开：一是剖析外国优秀做法，为我国粮食支持政策提供借鉴，一大批学者通过对美国、欧盟、日本等的粮食补贴形式和内容进行深度分析，为我国粮食补贴政策改革提供经验（程国强，2001；柯炳生，2002；郭玮，2002），还进一步对比我国和外国的粮食支持政策，认为补贴投入是稳定粮食生产的基本保障，目前我国粮食生产方面的惠农政策在政策目标、补贴标准、补贴对象等方面还有完善和提升空间（马文杰和冯中朝，2007；王楠和张军，2015）。二是评估我国粮食支持政策效果，在理论上无论是财政支持角度，还是经济学逻辑分析，都发现我国种粮农户粮食直接补贴、粮食综合直补、良种推广补贴、农机具购置补贴、重点粮食品种的最低收购价政策等都对粮食生产有显著正向效应（韩喜平和蔄荔，2007；谭智心和周振，2014；高鸣等，2017；高鸣和姚志，2022）。

（二）粮食安全省长责任制的相关研究

粮食安全省长责任制大大增强了省级政府的责任感，对粮食生产激励作用显著（陈锡文，2015）。但其完全落实还存在一些困难，包括央地对粮食的调控目标并不总是一致，直接导致两级治理有矛盾。在我国市场化改革进程中，省长责任制中地方政府的责任和利益失衡，在多年以经济建设为中心的地方政府考核制度下，粮食安全对经济建设的直接贡献较低、收益风险大并且时间长，在地方政府承担粮食安全责任时，没有相对应的利益（郭玮和王来武，1998；叶兴庆，1996）。对于完善粮食安全省长责任制提出的建议，主要包括明确界定中央和地方在粮食安全问题上的责任，各司其职、各尽其责；尽可能以经济手段代替行政手段，与国家市场化改革同步；完善粮食主产区利益补偿机制，使粮食主产区责任与收益平衡；进一步改革粮食安全省长责任制考核制度，压实地方责任等（韩一军，2016；宋洪远，1997）。前述研究文献中涉及的要素投入、技术进步、政策支持都是粮食生产行为的结果，粮食作为特殊的公共物品，上述结果离不开政府的行动。中国幅员辽阔，地方差异大，为调动地方积极性，共同推动国家发展进步，建立了具有“块块”特征的中国政府结构（渠敬东，2012）。地方政府在要素投入、技术进步、政策支持等各项领域的决策既影响地方粮食生产，也直接影响全国以及区域粮食安全，为此，中央为压实地方粮食安全主体责任和提高地方粮食生产积极性，从 20 世纪 90 年代就开始实施专门的省粮食安全责任制度。学者们也对此进行了相关研究，主要研究对象是 1994 年出台的“米袋子”省长负责制、2014 年出台的粮食安全省长责任制和近两年不断被强调的粮食安全党政同责，以及对比分析“米袋子”省长负责制和粮食安全省长责任制的异同。

第一，关于“米袋子”省长负责制的研究。“米袋子”省长负责制是粮食安全省长责任制的前身，它的出台与当时粮食供求形势和财政体制有关。一是粮食供求关系，1990 年全国粮食产量 44624 万吨，1991 年和 1992 年连续两年粮食减产低于 1990 年，粮食供给不足造成产销波动较大，粮价大幅上涨甚至引致了通货膨胀，威胁到正常经济社会秩序，政府开始对粮食生产相关领域进行行政调控，引发了“米袋子”省长负责制出台和后续相关的一系列政策（张红宇等，1996；国务院研究室农村经济研究司课题组，1997；伍山林，2000）；二是财税体制改革，20 世纪 80 年代以来的财税体制改革改变了央地间财政格局，中央转移大部分财权到地方政府，再将地方粮食问题交由中央承担显然不合理，因此重新划分央地间粮食事权，进一步加大地方政府粮食安全责任成为必然选择（宋洪远，1997）。“米袋子”省长负责制加强了地方政府对粮食生产的重视程度，各地将粮食生产作为农业工作的重点，在工作部署、资源投入上持续加大力度，1995 年全国粮食面积比 1994 年增加 700 多万亩，达到 16.5 亿亩，粮食产量增产 150 亿公斤，取得较好的粮食增产效果（张红宇等，1996；宋洪远，1997）。但“米袋子”省长负责制作为我国专门粮食安全责任制度的初探，其运行过程中还存在一些问题。一是制度落实强度不够，部分地区还存在短视行为，缺少长效可持续的粮食安全管理机制；二是在地方多元发展目标下，粮食生产与经济增长在资源配置上可能存在冲突，比较收益较低的粮食安全所获得的资源依旧很低，部分地方政府甚至因资金紧张，对农业相关技术推广也“停奶断粮”；三是地方粮食安全的资源配置转型困难，依旧还是以肥料、农药等投入增加的粗放经营，转型至高效可持续型的发展模式动力不足；四是“米袋子”省长负责制下，地方政府对全国粮食一盘棋的意识还不足，部分粮食调出省甚至在非常时期实行地区封锁，分割市场；五是主销区粮食政策将重心放在粮食外购上，忽视本地粮食生产，呈现一种脆弱的粮食平衡；六是地方政府调控粮食市场的手段不够灵活，“米袋子”省长负责制亟须改革升级（张红宇等，1996；叶兴庆，1996；宋洪远，1997）。

第二，关于粮食安全省长责任制的研究。2014 年国务院印发《关于建立健全粮食安全省长责任制的若干意见》标志着粮食安全省长责任制的正式出台，其出台既有解决“米袋子”省长负责制存在部分问题的原因，还因为我国粮食安全面临的环境日趋复杂。一是粮食生产形势严峻。资源约束逐渐加重的情况下，局部地区还出现耕地“撂荒”现象；自然灾害频发，基础设施建设滞后导致灾害抵抗能力低，区域过分集中的粮食生产风险大；粮食生产成本快速攀升，种粮比较效益下降，影响农民种粮积极性；国际粮食市场波动大，粮食供应不稳定等，新矛盾、新问题、新形势表明了进一步完善“米袋子”省长负责制的必要性（韩一军，2016；丁声俊，2017）。二是对地方保障粮食安全的要求更高。粮食安全省长责任制从粮食生产、储备、流通、消费等各环节对各省份粮食安全提出严格要求，并根据《粮食安全省长责任制考核办法》考核各省份落实粮食安全省长责任制的成效。各省级政府对地市政府、地市政府对县级政府也同步开展粮食安全责任制考核，推动粮食安全省长责任制下市县分级负责制的落实，各级政府普遍提高了对保障国家和区域粮食供给重要性的认识，粮食生产能力有了显著提高（赖应辉，2019；王吉富，2020）。学者们对粮食安全省长责任制的评价主要有两方面。一方面是粮食安全省长责任制对粮食生产效果提升显著。根据国家统计局公开数据，2014 年粮食安全省长责任制实施后，主产区粮食产量持续上升，至 2022 年增长 8.4%；平衡区和主销区粮食产量都止跌回升，至 2022 年分别增长 4.0% 和 2.8%。粮食安全省长责任制的实践证明，通过层层压实粮食生产责任，是保障我国粮食供应行之有效的一种做法（韩一军，2016；周竹君和王健，2017）。另一方面是粮食安全省长责任制还存在一些问题。一些地方对粮食安全工作重视程度不够，只在考核时重视，平时的重视和投入不够；考核结果没有发挥足够作用，考核结果优秀的地方资金扶持不够导致激励不足；由于粮食各领域中央和地方的责任难以绝对分开，所以导致一些风险集中在中央层面，地方激励不足，央地间粮食生产事权还需进一步划分等（周竹君和王健，2017；赖应辉，2019；王吉富，2020）。为了确保地方政府有效承担粮食安全责任制，中央在已有粮食安全省长责任制的基础上，强调粮食安全党政同责，对地方党委和政府进行同样约束，这是对粮食安全省长责任制的再强化、再部署、再推进（刘明月等，2021；刘慧和赵一夫，2023）。

（三）财政分权与地方政府治理选择的研究

财政分权是中央与地方财政权力关系分配的一种制度安排，专家学者们关于财政分权对地方产业影响的观点不一致，一种观点认为财政分权是地方发展的“援助之手”，地方政府在本地经济社会发展上有信息优势（Borge et al.，2014），随着资源配置权利的到位，更能因地制宜发展地方产业、促进经济发展（卢洪友等，2012；Grisorio and Prota，2015；Oates，1985；Tiebout，1956）；而另一种观点则认为财政分权是地方发展的“攫取之手”，地方会忽视农业生产、环境治理、科技创新等回报周期长、财政收入低的领域，尤其是对非经济性公共物品的投资降低较为明显（傅勇，2010），致使地方发展出现结构性矛盾（王文甫，2020），甚至在资源配置时偏向利于贪腐收益的领域（张超，2018），导致地方产业良性发展受阻（吴延兵，2017；Berkowitz et al.，2000）。

1994 年“米袋子”省长负责制和 2014 年粮食安全省长责任制都对央地间粮食工作事权进行了划分，这一政策彻底改变完全依靠中央的粮食工作逻辑，作出这一变化不仅与当时国内粮食生产现状有关，还与同期的财税体制改革密不可分。1994 年实施的“分税制”改革改变了中央与地方的财力分配格局，地方政府财政支配权开始增加，再将地方粮食问题放给中央承担，已经不符合现实情况，进一步明确和加大地方政府的粮食区域平衡责任成为必然选择（叶兴庆，1996；宋洪远，1997）。就地方财权与事权的匹配，学者们以财政分权理论为基础进行了诸多有益探索，为进行财政分权作用粮食生产的研究思路提供了较好基础。

第一，财政分权理论的演变。财政分权是我国重要的财政体制，学术界先后形成两代财政分权理论。第一代财政分权理论的核心观点认为，地方政府相对中央对地方发展和福利提升有信息优势，地方政府获得资源配置权有利于资源配置效率提高和公共福利增加（Buchanan，1962；Stigler，1972；Oates，1999、2000）。随后，温加斯特（Weingast，1995）、钱（Qian，1998）等引入激励机制因素形成第二代财政分权理论，否定政府是“福利人”的假设，认为政府是具有自利行为的“经济人”，只有当财政分权体制安排使地方自身激励与地方发展激励相容时，才能使中央政策目标和个人逐利日标同时完成。

第二，财政分权理论的应用。目前关于财政分权理论的应用研究，主要是用来解释经济增长和公共物品供给两个方面。一是在财政分权和经济增长的研究中，张和邹（Zhang & Zou，1998）、达沃迪和邹（Davoodi & Zou，1998）、巴斯卡兰和费尔德（Baskaran & Feld，2009）、洛萨诺－埃斯皮蒂亚和胡里奥－罗曼（Lozano－Espitia & Julio－Roman，2015）等学者的研究结论都肯定了财政分权对经济增长的贡献。国内学者也尝试用财政分权理论对我国持续多年经济高速增长进行解释，证实中国财政分权体制是激发地方政府“千方百计”发展经济的重要体制因素，是“中国增长奇迹”的体制动力（林毅夫和刘志强，2000；Jin & Zou，2005；周业安和章泉，2008）。二是关于财政分权和公共物品供给，第一代财政分权的重要观点就是地方政府对比中央有提供公共物品的优势，包括对辖区内居民福利偏好、经济发展环境等信息较为了解，所以分权比集权更能提升公共物品服务水平，资源配置效率也可以得到一定的提升（Oates，1999；Bardhan，2002），但后来学者们发现这一结论并不适用于所有国家，尤其是发展中国家的公共物品供给现象。对中国的研究发现，中国式财政分权体制对地方政府提供公共物品有一定程度的负面作用（乔宝云等，2005；傅勇和张晏，2007；余显财和朱美聪，2015），主要的原因是中国式财政分权是经济分权和政治集权并存的分权体制，地方政府在同时面对提高财政收入和以经济为核心的政绩考核制度时，经济增长成为地方政府的首要目标，公共物品供给遭到一定的损害（傅勇和张晏，2007；周黎安，2007；龚锋和卢洪友，2009）。

第三，财政分权带来的负面影响。学者们在肯定财政分权给经济增长带来贡献的同时，也关注了财政分权给国家发展带来的负面影响。地方政府行为并不偏向提高辖区内公共福利的提升，而是青睐有利于政治竞争的领域，同财政支出结构所带来的差别化收益还会打破地方政府间的非合作纳什均衡关系（Bucovetsky，2005）。傅勇和张晏（2007）使用1994～2004年的面板数据实证检验中国财政分权与财政支出结构之间的关系，可以明显发现地方政府在面对“自上而下标尺竞争”的经济增长指标和政绩压力时，财政配置倾斜至利于经济增长的领域，主要表现在基础设施建设等“短、平、快”项目，而公共服务和人力资本提升等经济增长较低或者周期较长的领域并未得到重视。政府财政偏向生产性公共物品而非福利性公共物品，地方政府间“为增长而竞争”出现一系列环境污染、生态破坏、重复建设等现象（Keen & Marchand，1997；Bardhan，2002；周黎安，2004、2007）。总体来看，财政分权并不必然带来公共服务提升、居民福利增加，甚至在某种程度上，财政分权体制和政府治理模式降低了基础教育质量和城市公用设施等低增值的公共物品供给（傅勇，2010；陈思霞、卢盛峰，2014；刘小勇、丁焕峰，2015）。

第四，财政分权下地方政府的城乡发展偏好。我国拥有独特的城乡二元结构体系，国内学者对财政分权下的地方政府城乡发展偏好也较为关注。学者们发现实施财政分权体制后，地方政府对财政分配的影响力增大，有权根据自身发展目标调整财政支出结构。中国式财政分权下，地方政府财政支出行为在城乡标准上明显偏向城市，在产业结构标准上偏向二、三产业，在行业部门标准上偏向基础设施建设。将中国结构的发展模式放在以财政分权为视角的框架下分析，明显发现地方政府经济发展动力极高，但对于城乡发展平衡、地区市场整合等涉及社会公平的领域重视程度不足（王永钦等，2007）。在这个分析框架下，马光荣和杨恩艳（2010）使用1986～2004年数据对财政分权与政府支持城市偏向之间的关系进行实证分析，发现财政分权和竞争驱动了地方政府采取倾向城市而忽视农村的经济政策，这一核心结论也得到了蔡昉（2001）、陈钊和陆铭（2008）的肯定。但也有作者持不同观点，杨良松（2013）通过省内支出分权和省级财政独立性两个财政分权指标分析发现，财政分权显著增加了地方财政支农支出，财政分权对扭转地方政府财政城市偏向有正面作用，但边际效果不高。虽然学者们对财政分权作用于乡村发展的偏好意见不同，但有一点是确定的，即财政分权对乡村发展存在不可忽视的影响。

第五，财政分权对农业经济的影响研究。在财政分权作用于地方事务的基础上，学者们将财政分权引入农业经济的研究。外国学者大多依据经典财政分权理论，认为地方政府由于具有信息优势，财政分权体制后的资源配置更有利于地方农业发展，财政分权对农业经济有促进作用（Oates，

2000)。但这个结论有潜在的假设，就是农业经济发展与经济系统内的其他部门具有同质性，在农业上的财政投入与其他部门所带来的收益没有差别，而这个潜在假设与中国实际情况相去甚远。纵观我国历史发展，可以明显发现“三农”在大多数时候都是从属于其他产业、其他部门，考虑到农业发展的弱质性，解决好“三农”问题一直是全党工作的重中之重，但这依旧没能彻底扭转部分地方政府对农业农村的忽视（洪银兴，2007)。1994 年我国财政分权体制确立后，地方政府对财政分配的影响力逐渐加大，同时地方政府也是地方财政收入的主要受益人，所以地方政府往往会选择能使其利益最大化的财政支出分配方式，将 GDP、财政收入等领域排在资源分配的更高位次（宁满秀，2008；周黎安，2004)。而农业农村的投资规模大、周期长、风险高，在地方政绩考核体系中，农业农村绩效占比并不高，所以农业农村缺少资源支持而发展偏慢的情况就会出现，通过实证检验我国财政分权程度与农业经济增长的关系，并没有明显的证据表明我国财政分权程度提高利于农业经济增长（宁满秀，2008；尹恒和朱虹，2011)。不过也有学者通过不同时期的数据发现这两者在计量上存在协整关系，而这种关系只是数值上的表征，农业农村发展的质量并未得到显著提高（李雪松和冉光和，2013)。显然，学者们目前的研究并不支持财政分权有利于农业经济，反而认为财政分权造成了对农业经济的损害。

第六，财政分权对粮食生产的影响研究。财政分权对粮食生产的影响也吸引了部分学者的关注，罗必良（2010）认为分税制改革是一种集权化的财政改革，导致财权上移且事权留置，地方出现财政缺口，所以地方政府偏向运用资源配置权力去提高财政收入和提升经济增长，在财政收入方面，土地开发和土地转让收入是地方非预算资金的主体，按照《中华人民共和国土地管理法》规定的农民补偿较低，而商业开发的地价非常高，成为地方政府财政收入的主要途径，但这直接损害了粮食生产用地，同时在经济增长方面，工业发展的边际效用在三产中最强，而工业发展需要大量资源投入，包括资本和土地，也直接“挤出”粮食生产所需的资本投入，更是直接侵占了农用土地，损害了粮食生产，显然目前中国式财政分权对粮食生产不利。但范东君（2015）的研究发现不一样的结果，通过对 1999 ~ 2012 年省际面板数据的实证检验，发现财政分权确实是形成土地财政的重要诱因，财政分权对土地财政快速扩张具有显著推动作用，但土地财政对粮食生产的影响存在区域差异性，土地财政负向作用主销区粮食生产，正向作用主产区粮食生产。财政分权与粮食生产的关系将成为后续的重点讨论内容之一，在学者已有研究成果的基础上，也将充分考虑区域异质性问题。

（四）文献述评

总体上看，国内外学界迄今关于财政分权、财政支持与粮食生产已有不少成果积累，尤其是财政分权理论解析了中国特色的增长机制，也赋予我们透视中国特色的地方政府行为差异化的独特视角。已有研究深刻剖析了影响粮食生产的各类因素，肯定了粮食安全省长责任制作为稳定粮食生产、保障粮食安全制度的必要性和重要性，但仍存在一些问题，突出表现在以下几个方面。

第一，缺少粮食安全省长责任制与粮食生产之间逻辑关系的研究。已有研究在粮食生产投入要素的基础上，充分肯定了制度因素对粮食生产的影响。无论是国外发达国家，还是国内经验的研究，学者们都认同制度对粮食生产的支持不可忽视。但目前学者对国内制度作用于粮食生产的研究主要围绕在粮食最低收购价、农机购置与应用补贴、粮食生产者补贴、农资综合补贴等政策，而对地方落实这些政策的制度关注度不够。粮食安全省长责任制是压实地方粮食安全主体责任的重要制度，是针对粮食生产直接相关联的地方政府制定的专门制度。国家一直高度重视地方粮食生产，认为调动地方政府重农抓粮的积极性是巩固粮食生产、保障粮食安全的重要手段。进行粮食安全省长责任制对粮食生产的直接影响研究，有助于评估粮食安全省长责任制的实施效果，以及为优化粮食安全省长责任制提供参考。

第二，对粮食安全省长责任制的追踪研究比较欠缺，且缺乏实证分析。中央出台专门针对压实地方粮食安全主体责任的制度有 1994 年的“米袋子”省长负责制和 2014 年接续的粮食安全省长责任制，1994 年“米袋子”省长负责制出台后的几年里，学界出现一系列针对此制度的研究，围绕“米袋子”省长负责制对粮食安全带来的积极作用和存在的问题进行了翔实讨论，对当时完善相关政策和制度提供了非常有价值的参考。但此后有关地方政府承担粮食安全责任的关注就鲜少出现了，学界对2014年粮食安全省长责任制的专门研究较少，仅有几篇文献也是围绕粮食安全省长责任制进行定性分析，阐述此制度诞生的背景、主要内容、带来的影响和其与前身“米袋子”省长负责制的区别，缺乏实证检验。2014年粮食安全省长责任制实施以来，已超过10年的时间，再结合制度出台前一段时间作对比，积累了一定量的相关数据，具备开展实证检验的条件。影响粮食生产的资源禀赋、资金投入、技术进步等方面已受到学者们的重点关注，但对于这些因素背后的制度原因鲜有涉及。目前对于粮食安全省长责任制的成果也较少，粮食安全省长责任制能否顺利嵌入当前的行政体制内，亟待通过对“财政分权—地方激励—机制构建”进行实证分析，尤其对党政同责制下的粮食生产保障需更加系统研究。结合经济学、管理学等多学科背景分析演化机理，实证检验有利于探索一般规律，根据实证系数、显著性等结果，有利于提供优化粮食安全省长责任制的针对性建议。

第三，财权分权与粮食生产的关联研究讨论不足。在地方政府行为研究中，学界一般都是将其作为一个典型的经济学问题展开研究的，多注重税收、财政、投资等方面，对地方政府专门抓粮食生产的机理关注不多，使得其对地方政府行为的观察存在明显的局限性。已有研究已经充分证实财政分权对地方治理成效有显著影响，包括对地方经济发展、公共物品供给、农业支持等。事实上，地方抓粮并不是单纯的物质和技术元素的简单结合，而是一个复杂的结构体系，既包括宏观的国家政策、中观的地方行为，也包括微观的粮农意愿。故应突破以往的研究框架，围绕着体制机制下的行为动机展开深入研究。粮食作为特殊的公共物品，其生产离不开政府支持，分税制改革也是1994年“米袋子”省长负责制出台的重要原因之一，地方财政分权程度影响地方财政支配权。财权与事权往往密不可分，一个地方的财权是否与粮食生产的事权相匹配值得探究，研究结果可为健全粮食主产区利益补偿机制作参考。地方政府出于对经济发展最大化的原则，往往会在财政支配决策时青睐利于GDP增长和财政收入的领域，而非投资规模大、周期长、风险高的粮食生产领域，探索粮食安全省长责任制是否对财政分权作用粮食生产有调节作用，也可以为提高粮食安全省长责任制发挥资源配置调节作用提供参考。

因此，本书拟从地方政府和地方财政的研究视角出发，基于20世纪90年代粮食管理政策变迁，以委托代理理论、注意力理论、财政分权理论等为理论基础，构建双重差分模型、中介效应模型等。围绕粮食安全省长责任制对粮食生产的直接作用和调节作用，研究地方政府抓粮食生产的激励程度及其形成的特殊过程和机制，以切实推进粮食安全党政同责制，在保障粮食生产上充分发挥地方政府的积极性与合力。

三、研究目标与内容

（一）研究思路

本书是基于我国当前粮食生产情况和实证分析基础上的应用性研究，地方政府有效落实粮食生产的属地责任是保障粮食稳定供给的重要内容，关系到区域自给率，甚至区域供需平衡。财政分权体制赋予了地方一定的收入自主权和支出责任范围，可以实现对辖区粮食生产的调控和干预；地方领导特征可传达其对粮食生产的偏好，激励他们通过努力提高辖区粮食生产。在对地方粮食生产保障行为机制以及粮食生产支持政策改革下生产者供给反应行为进行系统分析的基础上，探索优化地方粮食生产的保障体系，建立决策支持系统，从而为构筑粮食安全党政同责制提供一整套对策措施和方案。

（二）研究目标

本书的研究总目标是探究在中央不断压实地方政府粮食安全主体责任的背景下，粮食安全省长责任制是否有效提高了粮食生产，为此进行了直接作用和调节作用的双重验证。以此为基础，提出优化粮食安全省长责任制、提高地方政府抓粮积极性的相关政策建议。以推动地方政府扎实践行粮食安全省长责任制的相关要求，确保地方政府达到粮食安全省长责任制相关考核标准，稳定地方粮食生产，保障国家总体和区域粮食安全。

具体研究目标主要如下。

目标一：厘清我国粮食生产现状及面临的国内外形势，以此精准识别我国总体和各区域粮食生产特征，为下一步调整粮食安全省长责任制考核指标作参考。通过明晰国内外形势对粮食生产的影响，为强化地方粮食安全主体责任提供依据。

目标二：分析粮食安全省长责任制是否直接影响粮食生产。为国家进一步推动粮食安全省长责任制落实提供支撑，进一步识别粮食安全省长责任制是否存在通过提高地方政府的抓粮积极性，进而促进粮食生产的机制路径，为中央监督地方粮食生产工作过程提供参考。

目标三：分析财政分权对粮食生产的影响机制。以财政分权理论为基础，从财权与事权相匹配的角度，为优化财政分权制度提供参考，进一步分析粮食安全省长责任制对财政分权对粮食生产是否有调节作用，揭示和检验粮食安全地方责任履行长效机制的适应性及可行性，为提高粮食安全省长责任制的引导作用提供依据。

目标四：为优化粮食安全省长责任制考核提供依据。2015 年粮食安全省长责任制便开始实施专门考核，并逐年调整考核体系以期科学评估各地粮食安全工作效果，本书中区分三大区域粮食安全省长责任制考核对不同粮食生产情况的作用差异，结合不同地方现实情况差别，基于完善粮食安全党政同责制，提出保障粮食主产区粮食生产能力，推动地方尤其是主销区履行粮食安全责任的政策建议，为调整地方政府粮食安全考核工作来保障地方粮食生产稳定提供一定的现实依据。

目标五：分析中国式现代化下的粮食安全治理路径。面向中国式现代化建设新征程，对标国家治理体系和治理能力现代化的总任务及总要求，回顾以往治粮历程并总结改革经验，立足当前稳粮形势制定目标任务，全面研判总结粮食安全治理的堵点问题，有利于明晰中国式现代化背景下我国粮食安全治理的新方略和新路径，为全方位夯实国家粮食安全治理根基提供参考。

（三）研究对象

如何通过国家生产支持政策调整来减少外部不利冲击，成为保障地方政府抓粮、农民种粮积极性面对和考虑的重要问题。这不仅是生产者个人选择或地方适应性的问题，而且从广义上讲，涉及数以亿计种粮主体的根本利益以及国家粮食政策调控目标的实现，事关国家改革整盘棋最终成效。本书以粮食生产安全着眼，聚焦地方粮食生产责任制，做到中央、地方政府、生产者之间逻辑自洽。从地域范围看，总体面上以全国为研究对象，在进行地区之间比较时按照省份为单元进行地域划分，并结合粮食主产区进行比较研究。

（四）研究内容与技术路线

遵循“演化特征（发现问题）—形成机理（分析问题）—制度优化（解决问题）”的基本研究思路，研究内容主要分为以下几个方面。

1. 内容一：构建粮食安全省长责任制影响粮食生产的理论分析框架

首先，定义粮食生产、地方政府、地方领导、财政分权、激励机制等关键词；其次，在委托代理理论、注意力理论、财政分权理论的基础上，建立粮食安全省长责任制作用于粮食生产以及内生激励的理论分析框架。

2. 内容二：全国粮食生产和粮食安全省长责任制的演变特征

利用公开数据和文件，以最近粮食产量低点 2003 年为基期，刻画全国和三大粮食区域的粮食生产情况，包括粮食产量、粮食面积、粮食单产、粮食自给率等指标，分析全国总体和三大粮食区域粮食生产情况的异同，以及 2014 年粮食安全省长责任制出台后的粮食生产变化情况。同时，回溯粮食安全省长责任制的演变过程，总结中央对地方粮食安全的责任制要求变化。

3. 内容三：我国粮食进口情况与面临的外部形势

总结我国粮食进口安全的新特征、新挑战和新压力，有助于重新审视我国粮食进口过度集中的风险，强化我国立足国内、保障粮食安全的要求。概述 21 世纪以来四次全球性粮食危机的基本情况，在梳理和归纳四次粮食危机在结果、原因、手段和响应等方面异同点的基础上，深入总结粮食危机中的重要经验教训及其对我国粮食安全治理现代化的启示镜鉴。

4. 内容四：粮食安全省长责任制对粮食生产的直接影响

粮食安全省长责任制要求地方政府承担辖区内粮食安全的主体责任，在粮食安全体系中，粮食生产一直是重要责任内容。考虑到粮食安全省长责任制实施的时间前后性和不同粮食产区的粮食生产要求不同，构建双重差分模型，检验粮食安全省长责任制是否起到提高粮食生产的作用。进一步通过中介效应模型，检验粮食安全省长责任制是否存在通过提高地方政府抓粮积极性，进而促进粮食生产的机制路径。

5. 内容五：粮食安全省长责任制对财政分权与粮食生产关系的调节作用

财权与事权相匹配，才能有效提高地方治理成效。财政分权作为调整央地间财权关系的一种制度安排，决定了地方政府财政支出权力，影响了财政资源配置和地方各领域治理成效，也是地方粮食生产工作的重要制度背景。以财政分权理论为基础，研究财政分权与地方粮食生产的关系，进一步在研究中加入粮食安全省长责任制作交互项，考察粮食安全省长责任制的调节作用，以明晰粮食安全省长责任制是否发挥了资源配置的引导作用。

6. 内容六：中国式现代化下的粮食安全治理路径研究

国家粮食安全治理能力是衡量国家治理文明程度的重要标杆。当前，以中国式现代化推进粮食安全治理体系和治理能力现代化是保障国家粮食安全的必然要求。厘清国家粮食安全治理的内涵要义、演变逻辑、堵点问题和推进方略，为下一步更好落实粮食安全省长责任制指明方向。

7. 内容七：提出保障地方粮食生产的政策建议

根据研究结论，从多个角度提出相关政策建议：提高粮食区域供给地位，加强地方政府稳粮意识；完善粮食主产区利益补偿机制，促进粮食主产区协调发展；全面提高粮食非主产区粮食综合生产能力，落实分区保障机制；优化财政分权制度，加强地方支粮财政支出；优化粮食安全省长责任制考核指标，落实粮食安全党政同责；加大地方考核中粮食安全权重，提高地方政府抓粮积极性等。为推动地方扎实践行粮食安全省长责任制的相关要求，稳定地方粮食生产、保障国家和区域粮食安全提供借鉴。

本书的技术路线如图 1－1 所示。

（五）研究价值

一是在实践应用和决策服务方面提供依据。粮食安全省长责任制是保障国家粮食安全的重要制度，已有文献大多对其实施效果进行定性分析，本书在此基础上补充实证模型，以检验该制度是不是我国粮食增产的重要解释原因，从政府注意力层面定量评价地方政府抓粮动机和目的，明确政府利用激励效应稳定粮食生产的机制方案。这些研究具有重要的政策实践应用价值，能够为构建粮食安全党政同责制、提升政府支粮政策调控能力和水平提供系统、科学的决策依据。

二是在学术研究方面有望取得创新性研究成果。在地方多任务竞逐情形下，分析粮食安全省长责任制对地方政府抓粮激励的影响，利用相关理论研究地方抓粮问题，揭示地方保障粮食生产的内在机制和运行规律，弥补以往对粮食安全省长责任制研究在定量层面和理论层面分析不足，具有学术价值。

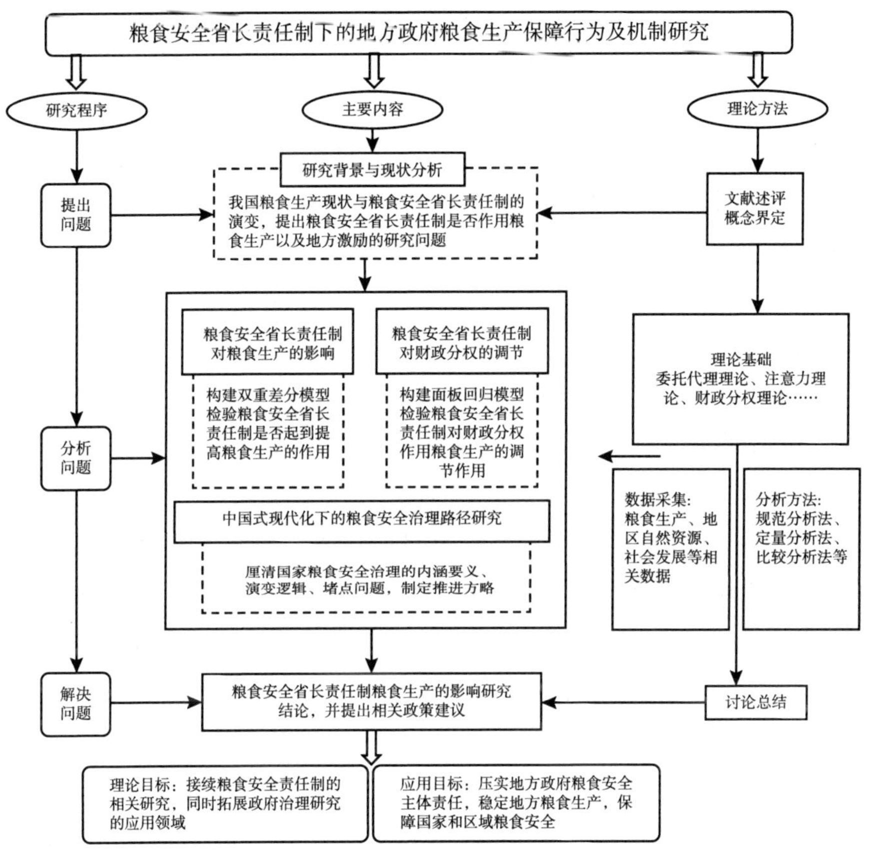

图 1－1　本书技术路线

四、研究方法

（一）规范分析法

第一，运用规范分析法对已有文献资料进行整理归纳，分别对粮食生产的影响因素、粮食安全省长责任制、财政分权与地方政府治理选择相关研究进行综述，总结梳理出已有文献和资料关于粮食安全省长责任制对粮食生产的影响等，以此为研究提供参考和铺垫。

第二，运用规范分析法界定粮食生产、地方政府、地方领导、财政分权、激励机制等专有名词概念，并阐述涉及的委托代理理论、注意力理论、财政分权理论的主要内容，同时分析各理论的启示以及应用，为构建研究分析框架进行实证研究提供理论依据。

第三，运用规范分析法在第三章以最近的粮食产量最低点2003年为基础年份，分析我国粮食和主要粮食品种生产现状，以及区域特征。分析出我国粮食生产在总体水平上较优，粮食产量、粮食面积、粮食单产齐增，但是区域间粮食生产差异化较大的现实情况，为后文实证检验区域异质性分析提供现实基础。

第四，运用规范分析法在第四章梳理了21世纪以来全球历经的四次粮食危机，影响范围和危害程度扩大升级、内源困境与外生冲击相互交织、应对措施由短期无序性向长期系统性转变是四次危机的规律性特征。为后文立足国内、落实粮食安全省长责任制、保障粮食有效供给提供重要现实背景。

第五，运用规范分析法在第五章梳理了粮食安全省长责任制的演变情况，分析了从“米袋子”省长负责制、粮食安全省长责任制、党政同责的粮食安全省长责任制的责任要求。证实国家一直高度重视粮食安全省长责任制，并将其作为压实地方粮食安全主体责任、保障国家粮食安全的重要政策手段。

第六，运用规范分析法在第七章回溯了央地财政关系的调整和变化，详细分析了新中国成立以来，我国央地财政体制从“统收统支”到分权探索阶段，过渡到“财政包干”体制时期，再到“分税制”时期，进行了财政分权作用于粮食生产，以及粮食安全省长责任制作调节作用的研究设计。

第七，运用规范分析法在第八章对国家粮食安全治理的演变逻辑进行梳理。我国粮食安全治理理念从粮食安全迈向大农业观大食物观，治理目标从产出导向迈向粮食产能全面提升，治理主体从政府主导迈向多元主体共治共建，治理工具从计划管控迈向多种工具协调运用，治理机制从应急管理迈向多源风险系统治理。

（二）定量分析法

在定量分析方面，本书使用计量经济学方法在第六章、第七章进行实证分析，并结合相关研究内容，主要使用以下几种模型。

1. 双重差分模型

双重差分模型是近年来多用于计量经济学对公共政策或项目实施效果的定量评估方法，其使用的前提条件是存在自然实验或者“准自然实验”（陈林和伍海军，2015）。本书把其应用在粮食安全省长责任制对粮食生产的影响研究中。双重差分模型在对政策实施的效果评估研究中，首先以是否进行实验处理为依据，对样本进行实验组和对照组分组。将样本的分组定为虚拟变量 d^j，实验组的 $d^1=1$，表征该组样本为实验组，即受到政策实施的冲击；控制组的 $d^0=0$，表征该组样本为控制组，即未受到政策实施的冲击。同时，设置样本的时间虚拟变量 d_t，在政策实施前 $d_t=0$，在政策实施后 $d_t=1$。时间虚拟变量 d_t 与分组虚拟变量 d^j 的乘积即为双重差分模型中的双重差分估计量 d_t^j。d_t^j 是实验组是否显著影响实验因变量的判断依据，双重差分模型一般表达式为：

$$y_{it}^j=\alpha_0+\alpha_1 d_t+\alpha_2 d^j+\beta d_t^j+\alpha_3 x_{it}^j+\varepsilon_{it}^j \tag{1.1}$$

其中，y_{it}^j 为第 i 个样本的被解释变量；x_{it}^j 为模型中选择的控制变量；ε_{it}^j 为随机扰动项，α、β 为回归系数。

2. 中介效应模型

中介效应模型有助于研究自变量对因变量的影响路径和作用过程，能解释自变量对因变量的影响是如何通过中介变量实现的，是学界多变量研究的重要统计方法（温忠麟等，2022）。本书将其应用在第六章，即粮食安全省长责任制是否存在通过影响地方政府抓粮积极性来影响粮食生产的机制。

简单中介效应模型的表达式由 3 个回归方程组成：

$$Y=cX+\varepsilon_1 \tag{1.2}$$

$$M=aX+\varepsilon_2 \tag{1.3}$$

$$Y=c'X+bM+\varepsilon_3 \tag{1.4}$$

其中，Y 是被解释变量，X 是解释变量，M 是中介变量。式（1.2）中 c 表示解释变量对被解释变量的影响效应，式（1.3）中 a 表示解释变量对中介变量的影响效应。式（1.4）中 b 表示在控制了解释变量的影响后，中介变量的影响效应。c' 是在控制了中介变量的影响后，解释变量对被解释变量的影响效应。

3. 面板回归模型

财政分权对粮食生产的影响，以及粮食安全省长责任制对上述关系的调节作用是研究的重要内容，参考学者们的方法（范子英和张军，2010；李政和杨思莹，2018；程仲鸣等，2020），构建面板回归模型进行检验。首先，建立面板回归的基础模型：

$$y_{it} = \alpha_0 + \alpha_1 X_{it} + \sum \alpha Z_{it} + \mu_i + \gamma_t + \varepsilon_{it} \tag{1.5}$$

其中，y 为被解释变量；X 表示核心解释变量；Z 为其他控制变量；α_0 为常数项；α 为待估计参数；μ_i 表示省份固定效应；γ_t 表示年份固定效应；ε_{it} 为随机误差项。

其次，在基础面板回归模型中添加粮食安全省长责任制与解释变量的交互项，进行粮食安全省长责任制调节作用的检验，构建具有粮食安全省长责任制调节作用的面板回归模型：

$$y_{it} = \beta_0 + \beta_1 X_{it} + \beta_2 X_{it} \times P_t + \beta_3 P_t + \sum \beta Z_{it} + \mu_i + \gamma_t + \varepsilon_{it} \tag{1.6}$$

其中，P_t 为粮食安全省长责任制实施的虚拟变量，2015 年以前赋值为 0，2015 年及以后赋值为 1，β 为待估计参数，其他变量与式（1.5）相同。

（三）比较分析法

比较分析法常用于进行多类事物的比较，确定不同事物之间的异同。由于各地资源禀赋、经济发展情况的差别，进行一定的比较分析，具体如下。

第一，根据粮食区域不同，进行三大粮食区域的比较。除港澳台以外的 31 个省份按照资源禀赋划分为三大粮食区域：一是粮食主产区，包括河北、内蒙古、辽宁、吉林、黑龙江、江苏、安徽、江西、山东、河南、湖北、湖南、四川 13 个省份；二是粮食产销平衡区，包括山西、广西、重庆、贵州、云南、西藏、陕西、甘肃、青海、宁夏、新疆11个省份；三是粮食主销区，包括北京、天津、上海、浙江、福建、广东、海南7个省份。在第三章对比三大粮食区域粮食生产现状和特征，以及第五章粮食安全省长责任制对不同粮食区域的责任差异；第七章比较分析了三大粮食区域中财政分权对粮食生产的影响差异，以及粮食安全省长责任制的调节作用异同。

第二，根据经济地理不同，进行东中西部地区的比较。粮食生产不仅与地方资源禀赋有关，也与地方经济发展现状密不可分。我国根据地理区位和经济发展条件，大致分为东部、中部、西部3个地理区位：东部为北京、天津、河北、辽宁、上海、江苏、浙江、福建、山东、广东、广西、海南12个省份；中部为山西、内蒙古、吉林、黑龙江、安徽、江西、河南、湖北、湖南9个省份；西部为四川、重庆、贵州、云南、西藏、陕西、甘肃、宁夏、青海、新疆10个省份。第七章比较分析了东部、中部、西部财政分权对粮食生产的影响差异，以及粮食安全省长责任制的调节作用异同。

五、数据来源

本书使用的研究数据主要包括粮食生产和经济社会相关层面，数据来源主要有两部分。

第一，粮食生产和经济社会宏观数据主要来自公开出版物和公开数据库。文中使用的粮食产量、粮食种植面积、粮食人均占有量、耕地面积、有效灌溉面积、农业机械总动力、农作物受灾面积、农作物播种面积、改造中低产田和高标准农田示范工程、气温、降水量、日照时数、经济增长、省级人均财政支出、全国人均财政支出、失业率、公路里程、行政面积等数据来自国家统计局及《中国农村统计年鉴》《全国农产品成本收益资料汇编》《中国财政统计年鉴》《中国统计年鉴》和各省份统计年鉴等。

第二，地方政府抓粮积极性指标来自手工搜集。研究参照公共管理领域的研究，使用注意力概念表征地方政府抓粮积极性。地方粮食注意力的测算方式为：地方粮食注意力 = 地方政府工作报告粮食词频/中央政府工作报告粮食词频。政府工作报告中粮食词频数据首先通过国务院网站和各省份人民政府网站获取国务院和31个省份2003～2020年共558份政府工作报告，以了解粮食相关政策导向；其次确定5类粮食相关词，随后提取有效关键词频测算地方政府粮食注意力。

六、本书的创新点

第一，研究视角创新，在地方对粮食生产的影响中考虑地方领导因素。政府对粮食生产的影响广泛存在，学者们对政府制定的政策、财政支持、过程监督等各方面对粮食生产的作用进行了广泛而深入的讨论。但这些研究仍将政府作为一个整体来讨论。本书在对粮食生产讨论中，添加了地方领导视角，在第六章和第七章对粮食生产的影响因素中纳入地方领导的相关指标，为优化粮食安全省长责任制、提高地方抓粮积极性、压实地方粮食安全主体责任提供了新的解释视角。

第二，研究内容创新，从财政分权角度讨论地方财权与粮食生产事权的匹配，以及粮食安全省长责任制的调节作用。粮食生产本身的低利性和特殊公共物品属性，决定了其需要政策支持，其中财政支持是政府多元支持体系中的重要内容。以往研究往往使用地方农林牧渔业的财政支出、某项粮食生产专项补贴财政支出等紧扣粮食生产或农业生产的财政支出指标，讨论财政因素对粮食生产的影响，并提出需要提高地方支粮财政支出的建议等。但这样忽视了地方财政总体情况，不考虑地方财政支出权力大小，就讨论支粮财政变动的思路难以在现实情况中实施。通过讨论财政分权与粮食生产之间的关系，以及粮食安全省长责任制的调节作用，探究中央不断强调地方粮食生产责任时，地方政府财权匹配的可能性，既能帮助中央根据各省区事权调整财政分权结构，也能为优化粮食安全省长责任制指标提供参考。

第二章

基本理论与分析框架

本章对研究中涉及的粮食生产、地方政府、地方领导、财政分权、激励机制等相关概念进行界定，并对研究中将使用的委托代理理论、注意力理论、财政分权理论等进行概述，为进一步分析提供理论基础和分析框架。

一、概念界定

（一）粮食生产

民以食为天，根据国家统计局的粮食统计概念界定，粮食主要包括谷物、薯类、豆类等作物，其中谷物主要是指稻谷、小麦、玉米、高粱、谷子等，稻谷、小麦和玉米又常被统称为“三大谷物”，是我国产量排名前三的粮食品种，对我国粮食生产情况有较高的代表性。此外，根据国有粮食部门划分，粮食也被分为原粮、成品粮、混合粮、贸易粮等。综合而言，使用国家统计局包括谷物、薯类及豆类的粮食概念，在第三章对粮食生产现状的分析部分，单独介绍了小麦、稻谷、玉米三大谷物的情况。粮食生产通常是指在一定的农业技术和经济社会条件下，通过投入物质、资本、劳动力等要素，经过改善生产条件和人工培育，最终达到一定的粮食产量的过程（田红宇，2016；侯孟阳，2021）。粮食生产涉及的基本指标包括粮食产量、粮食面积、粮食单产，以及与粮食需求结合考虑的粮食自给率。

（二）地方政府

地方政府是粮食安全省长责任制的主要落实主体，在当代中国政治语境中，地方政府是指地方各级的行政机关。从中央和地方之间的关系看，政府存在明显的中央集权性质，地方政府是中央在各地区设置的政府机构，是地方的国家行政机关，在中央统一领导下，执行中央制定的政策和规定的任务（周平，2007）。中央在日常行政工作中对省级政府发布决策和命令，可以通过省、市、县、镇层层传递，影响各级政府治理行为，最终实现国家治理目标。本书中所使用的“地方政府”在无特殊说明的情况下，主要是指落实粮食安全省长责任制的省级政府。

（三）地方领导

地方领导是研究地方政府不可忽视的主体，地方领导对地方政府决策有一定的控制力和影响力。理论认为经济社会的所有现象都是个人行为的总和，其深入分析必须从个人角度考虑，个人的目标激励和选择偏好应当是经济社会变化分析的出发点，个人的目的性需放在研究首位，人是行动的唯一决策者（布坎南和图洛克，2017）。因此，地方政府的资源配置、政策执行等行为都伴随地方领导的决策。

（四）财政分权

财政分权是指财政资源在各级政府间的分配，是中央给予地方政府一定的税收权和支出权的责任范围，允许地方政府自主决定其预算支出规模和结构（罗必良，2010）。财政分权的核心内容之一是，中央将一定程度的财政配置权力下放给地方政府，给予地方政府在合理范围内的财政自主分配权力，允许地方政府根据自身意愿和偏好调整财政支出结构，并自主制定相关政策。不同国家财政分权制度有较大差异，对我国财政分权进行学术研究时，结合研究内容和目标，学者们曾使用地方财政支出占全国财政支出的比重、地方财政收入占全国财政收入的比重、省级政府预算收入留成比等指标测算财政分权（张晏和龚六堂，2005；傅勇等，2007）。本书所涉及的财政分权，主要是讨论地方政府财政配置权力增大后对粮食生产的影响。

（五）激励机制

激励机制由激励和机制两部分组成，激励一般是通过一些助力和诱因引导人的态度和行动，是个人行动和目标受到激励的过程，在学界被定义为，通过各种政策和手段，推动被激励者构建激励者希望的目标和行为，提高和稳定人在某一领域积极性的管理手段（赵学兵，2019）。机制大多用于对自然、社会等现象的一般规律和逻辑的解释，是导致某一结果的一系列因素的集合（张长东，2018）。本书中涉及的激励机制是指在行政组织系统中，为了实现治理目标，激励主体对激励客体进行激励的制度环境、政策手段、法律法规、激励效果和发生逻辑的集合。激励主体指中央或上级政府，激励客体是地方政府或下级政府，激励的制度环境主要由中央和地方分权、同级政府间竞争、粮食安全省长责任制引导、粮食安全省长责任制考核约束等因素构成，同时以地方政府考核排序为标的作为主要激励措施。

二、理论基础

（一）委托代理理论

委托代理理论起源于企业研究，后拓展至其他类似委托代理结构的事务活动中，包括社会事务、公共行政等领域。该理论首先由美国经济学家罗斯（Ross，1973）提出，如果双方当事人由代理人代表委托人的利益行使某些决策权时，则代理关系产生。詹森和梅克林（Jensen & Meckling，1976）进一步发展该理论，认为在企业所有权和经营权两权分离的情况下，由于信息不对称，委托人难以监督代理人的所有行动，代理人享有一定的行为空间，往往选择自身利益最大化的行动，可能对委托人的利益造成损失（王熹，2022）。因此，委托代理理论主要就是从信息不对称条件下的契约形成过程出发，讨论委托人如何以最小成本设计具有激励意义的合约或机制，引导代理人进行符合委托人利益的行动，使代理人“自利”的同时又最大化委托人的效用，达到委托人和代理人的激励相容（苏曦凌和黄婷，2022）。

理论启示：粮食安全省长责任制中的委托人是中央，代理人为地方政府。中央为压实地方粮食安全主体责任，充分发挥地方政府抓粮积极性，稳定粮食生产、保障国家和区域粮食安全，设计粮食安全省长责任制的专门考核制度，并将考核结果与当年地方政府年度考核挂钩。在这份粮食生产的委托代理合约中，中央的治理目标是通过地方粮食生产保障国家粮食安全，地方政府的诉求是在考核中获得佳绩，中央通过粮食安全实绩与考核挂钩，实现激励相容，引导地方政府抓粮重粮稳粮。

（二）注意力理论

注意力最开始是一个心理学概念，意指相对于外界大量信息，注意力被视为一种有限资源分配给不同事务的心理过程（Berlyne，1974；琼斯，2010）。随着注意力理论的拓展，劳斯（Rouse，1990）等学者提出注意力经济学概念，意在理论层面探讨注意力分配的效率问题，在给定约束条件下寻求最优均衡解。但经济学对注意力配置研究往往暗含行为人是完全理性的假设，而现实情况下决策者往往是有限理性的。奥卡西奥（Ocasio，1997）、达文波特和贝克（Davenport & Beck，2000）等学者将注意力概念引入管理学研究，决策者注意力成为管理学领域研究决策行为的关注焦点，美国学者布赖恩·琼斯在有限理性理论和注意力稀缺假定的基础上，又将注意力引入政府决策领域，学界对地方政府注意力作用于地方各项事务的研究取得积极进展。注意力理论认为决策者注意力是一种有限稀缺资源，决策者难以在同一段时间内对所有事务给予同等程度关注，一般注意力聚焦于何处，发展轨迹就会偏向何方（文宏和赵晓伟，2015；侯新烁和杨汝岱，2016）。在多任务情境下，政策制定者注意力变换后，地方政府对某项政策将会给予更多注意力，就会影响到资源分配和监督力度，并最终形成政策执行的差异化结果，影响到地方事务发展（西蒙，2021；李智超和卢婉春，2020）。

理论启示：注意力相关理论为研究政府行为和决策对地方事务发展提供了新视角，这为开启地方领导在有限资源下，对粮食生产治理的排序提供了思路。实施粮食安全省长责任制，就是通过制度引导地方政府将注意力转移到粮食生产等粮食安全工作上，提高地方政府在有限注意力下对粮食的注意力，加大对粮食生产资源投入、加强对粮食生产全过程监督，最终对粮食生产产生积极影响，可以为理解我国粮食总产实现连续丰收提供一个新的解释视角。

（三）财政分权理论

1956 年，蒂布特（C. M. Tiebout）在其发表的《地方支出的纯理论》中第一次提出财政分权理论，该理论将地方政府视为“福利人”，认为辖区内居民可以“用脚投票”，自由出入和选择符合自己福利偏好的辖区生活，而地方政府往往为了争取更多居民选票会千方百计提高辖区内公共物品供给水平和效率。在此基础上，奥茨（Oates，1999、2000）、斯蒂格勒（Stigler，1972）、布坎南（Buchanan，1962）等学者进行了进一步的完善和拓展，最终形成经典的第一代财政分权理论，其核心观点是：对比中央，地方政府对辖区内社会发展和福利提升有信息优势，地方政府获得资源配置权有利于提高资源配置效率和增加公共福利。但第一代财政分权理论未对地方政府提供公共服务动机作出合理解释而备受争议，钱（Qian，1998）、温加斯特（Weingast，1995）等在经典财政分权理论的基础上，引入激励机制因素形成第二代财政分权理论，否定政府是“福利人”的假设，认为政府是具有自利行为的“经济人”，只有当财政分权体制安排使地方自身激励与地方发展激励相容时，才能使中央政策目标和地方逐利目标同时完成。

理论启示：我国 1994 年实施“分税制”改革，中央将一定程度的财政配置权力下放给地方政府，允许地方政府按照自身的意愿进行财政支出决策，并制定相关政策。财权下放给地方后，地方的粮食问题再让中央统一承担就不合情形。同年，粮食安全省长责任制的前身“米袋子”省长负责制出台，中央要求地方摆脱完全依赖中央的粮食工作模式，承担辖区内粮食安全工作，提高地方粮食有效供给。但地方政府在财政分权体制下，青睐投资有利于本级财政收入增加的领域，或者在很长一段时间内以经济建设为核心的政绩考核惯性下，将财政大量投入有利于地方经济发展的领域。然而，粮食生产带来的税收极低，且对经济发展的带动性周期长、风险大，并不被地方政府青睐。所以，央地对粮食安全治理目标不一致，出现部分省区粮食生产恶化的现象。本书在此理论基础上将讨论财政分权对粮食生产的具体影响，以及粮食安全省长责任制是否有引导地方政府财政支出向粮食生产领域增加。

三、理论分析框架

本书理论分析框架如图 2－1 所示。

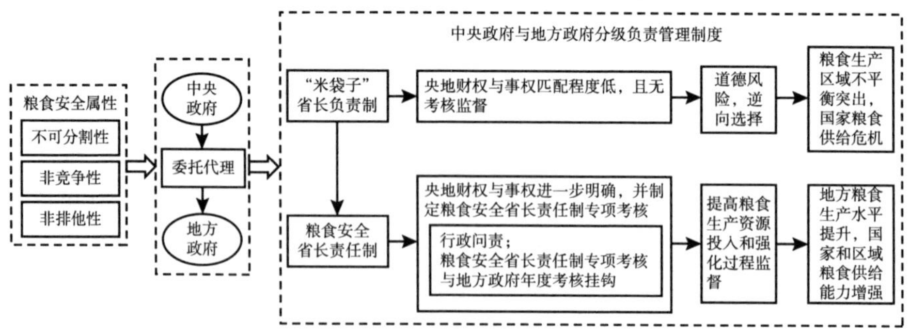

图 2－1　理论分析框架

委托代理下粮食安全省长责任制对地方粮食生产的影响是研究的逻辑起点。粮食安全是特殊的公共物品，粮食安全问题不能完全由市场机制解决，必须有政府支持和参与。由于粮食生产对自然资源依赖程度较高，地方政府有信息优势；同时，在财政分权理论下，地方政府拥有了较大的财政支出分配权，财权与事权应该相互匹配，再将地方粮食责任由中央承担不合理。“米袋子”省长负责制作为中央压实地方粮食安全主体责任专门制度的初探，对我国粮食增产起到一定的作用，但还存在一系列的问题，包括地方政府并未真正落实地方粮食安全工作，依旧依赖中央的保障等，央地间财权与事权的匹配程度太低等。同时，“米袋子”省长负责制也没有专门的考核监督制度，中央难以对地方政府的行为进行完全的监督，在信息不对称下，地方政府存在道德风险，可能采取有利于自身而不利于中央粮食安全要求的行动，导致中央委托代理失效，地方粮食生产受损，出现国家粮食供给危机。

为弥补以上不足，粮食安全省长责任制出台，建立起委托代理激励机制。粮食安全省长责任制进一步明确了地方粮食安全主体责任和内容，强调地方粮食综合生产能力，为地方粮食生产工作在方向、目标、手段等方面都作了清晰说明。同时制定粮食安全省长责任制专项考核，从行政上要求地方政府守土有责，稳定粮食生产、履行粮食安全义务，否则就会根据粮食安全省长责任制考核要求，启动问责等一系列“惩罚”措施。在注意力理论下，粮食安全省长责任制将激励地方政府对地方治理事务进行新一轮排序，将粮食生产工作在地方多元发展目标下往前排，在思想上更重视粮食生产，在行动上提高粮食生产资源投入并强化过程监督。最终达到地方粮食生产水平提升，国家和区域粮食供给能力增强的目标。

第三章

我国粮食区域平衡演变和区域粮食生产情况

为深入分析粮食安全省长责任制对地方政府粮食生产保障行为的影响，本章围绕我国粮食区域平衡政策演变和粮食生产实际情况进行分析。首先，梳理我国粮食区域平衡政策演变情况，明晰粮食主产区、产销平衡区、主销区的划定和区域定位。其次，选择最近的粮食产量低谷2003年为基期年份，分析我国粮食和主要粮食品种的生产现状，同时讨论粮食主产区、产销平衡区、主销区，以及各省份粮食生产的区域特征，为后文实证检验做好铺垫。

2020年2月，习近平总书记对全国春季农业生产工作作出重要指示，强调“主产区要努力发挥优势，产销平衡区和主销区要保持应有的自给率，共同承担起维护国家粮食安全的责任”。从近年情况看，产销平衡区、销区粮食自给程度大幅下降，甚至赣湘川鄂皖苏等主产省也有不同程度下降。粮食自给率下降有消费增加的原因，但也离不开面积和产量的变化。粮食自给程度下降，表面是数字减少，背后则是经济社会变迁演绎的综合显现。因此，要分区施策，压实责任，共同承担起全国粮食安全的重任。近年来对粮食安全的关注逐渐由国家整体层面转向区域平衡层面，钟甫宁和刘顺飞（2007）发现全国水稻生产重心移向东北，1993年后政府对长江中下游地区水稻生产的管制放松是该区域水稻面积下降的原因之一。徐春春等（2013）认为农业生产核心技术突破是水稻生产中心北移的主要原因之一。刘影等（2015）运用区域重心、地理集中度和CGE等方法分析发现，粮食生产的集聚效应具有逆经济性，“产粮大区、经济贫困”的局面在加剧。杨宗辉等（2019）分析了粮食生产重心的具体演变过程，发现

1997～2016年我国粮食生产重心向东北方向转移，重心所在地大部分集中于河南省中部地区。钟钰和洪菲（2019）指出粮食生产中心北移趋势明显，粮财倒挂现象十分严重，应构建粮食主产区发展补偿机制。而北方后备耕地资源和地下水资源的开发利用、灌溉条件的改善、粮食复种指数的提高、气候变暖等自然因素，南方城镇化水平的提高、消费需求结构的变化等社会经济因素，以及区域化的粮食支持政策因素均是粮食重心向北方主产区移动的推进剂。

粮食作为具有一般商品属性和公共品属性的特殊混合商品，构建国家粮食安全保障体系不仅需要发挥市场在粮食资源配置中的决定性作用，还需要各级政府承担起保障粮食安全的主体责任。为调动地方政府积极性，1994年国家开始实行“米袋子”省长负责制，规定各省（自治区、直辖市）负责本地方粮食的供需平衡和粮价相对稳定。2014年，中央出台粮食安全省长责任制，更全面、更系统、更具体地规定了地方政府在保障国家粮食安全方面的事权与责任。2021年中央一号文件首次提出“实行粮食安全党政同责”，进一步巩固扩大粮食安全省长责任制、压实主体责任、推动粮食安全政治责任落地。20多年的实践证明，实施粮食安全省长责任制是落实地方政府承担保障粮食安全主体责任的重要手段，是推进粮食安全各项政策措施落地的有力保障，是保障我国粮食供给、稳定市场价格的有效举措。确保国家粮食安全一刻都不能放松，这需要持续强化落实粮食安全责任制，着力构建更高层次、更高质量、更可持续的粮食安全保障体系。

一、我国粮食区域平衡政策演变

粮食主产区、产销平衡区和主销区概念由来已久，20世纪90年代从区域上明确划定后，中央根据各省（自治区、直辖市）粮食产销情况，有针对性地提出不同区域的责任和发展趋向。

（一）粮食主产区、产销平衡区和主销区的划定

第一次划分粮食主产省（自治区、直辖市）见于1994年的《国务院

批转财政部等部门关于粮食政策性财务挂账停息报告的通知》①，在该文件中，浙江尚被界定在粮食主产区内，河北、河南和江苏则不在其列。同年，《国务院关于深化粮食购销体制改革的通知》中提到北京、天津、上海、福建、广东和海南六省（直辖市）为粮食主销区。之后，浙江由于产量、种植面积大幅下降，被国务院纳入主销区范围内。2001 年，发布的《国务院关于进一步深化粮食流通体制改革的意见》，称粮食主产区、主销区以外的其他区域为“粮食产销大体平衡的省（自治区、直辖市）”。同年，国家工商行政管理总局下发《关于认真贯彻落实〈国务院关于进一步深化粮食流通体制改革的意见〉进一步加强粮食市场管理的通知》，提出“粮食产销平衡省（自治区、直辖市）”的概念。自此关于粮食主产区、产销平衡区以及主销区的概念基本形成。2003 年，财政部印发的《关于改革和完善农业综合开发若干政策措施的意见》，再次对粮食主产区范围做出界定和调整，划定“黑龙江（含省农垦总局）、吉林、辽宁（不含大连）、内蒙古、河北、河南、山东（不含青岛）、江苏、安徽、四川、湖南、湖北、江西”13 个省（自治区）为粮食主产区。2004 年，全国农业和粮食工作会议上进一步确定了主产区、产销平衡区和主销区的区域划分。其中，粮食主产区包括河北、内蒙古、辽宁、吉林、黑龙江、江苏、安徽、江西、山东、河南、湖北、湖南、四川，粮食产销平衡区包括山西、广西、重庆、贵州、云南、西藏、陕西、甘肃、青海、宁夏、新疆，粮食主销区包括北京、天津、上海、浙江、福建、广东、海南。自此，粮食主产区、产销平衡区和主销区的区域版图正式确立。

（二）粮食区域产销政策演进

明确三大粮食区域定位（1998～2004 年）：从 20 世纪 90 年代末到 21 世纪初，国家致力粮食流通体制改革，旨在逐步放开粮食购销环节，推动市场化。三大粮食区域概念、地域划分以及功能定位皆根植于此次粮食流

① 根据《国务院批转财政部等部门关于粮食政策性财务挂账停息报告的通知》，粮食主产区包括辽宁、吉林、黑龙江、江苏、浙江、安徽、江西、山东、湖北、湖南、四川。

通体制改革。结合三大区域资源禀赋，中央对三大区域做出不同的要求，提出主销区要率先试行粮食购销市场化，为主产区腾出市场空间，主产区则继续坚持“三项政策、一项改革”。2000 年，针对主产区仓储设施严重不足的情况，《国务院关于进一步完善粮食生产和流通有关政策措施的通知》中提出“新建粮库主要安排在粮食主产区”。2001 年，国务院在《关于进一步深化粮食流通体制改革的意见》中对三大区域的功能作出定位，指出“粮食生产区要继续稳定生产，粮食主销区则要加快粮食购销市场化改革，推进种植业生产结构调整，产销大体平衡的省（自治区）根据本地实际情况自行确定粮食购销政策”。在确立各自主体功能定位后，中央明确要求各省不能放松粮食生产，要“按照粮食省长负责制的要求，保证粮食供应和粮食市场稳定”。2004 年，《国务院关于进一步深化粮食流通体制改革的意见》中再次强调，“粮食主产区要稳定并逐步增加粮食生产；主销区要保证粮食播种面积，保证必要的粮食自给率；产销平衡地区要继续稳定粮食产需平衡的局面”（见表 3－1）。

表 3－1　　2000～2004 年粮食流通重要政策

年份	政策文件	相关内容
1998	《国务院关于印发当前推进粮食流通体制改革意见的通知》	中央粮食风险基金集中用于主产区
2000	《国务院关于进一步完善粮食生产和流通有关政策措施的通知》	要进一步加强粮食仓储设施建设； 新建粮库主要安排在粮食主产区
2001	《国务院关于进一步深化粮食流通体制改革的意见》	粮食主产区要继续发展粮食生产； 粮食主销区要加快粮食购销市场化改革； 粮食主销区在粮食生产和流通主要依靠市场调节的同时，也要按照粮食省长负责制的要求，保证粮食供应和粮食市场稳定
2004	《国务院关于进一步深化粮食流通体制改革的意见》	粮食主产区要稳定并逐步增加粮食生产，保障国家粮食安全； 主销区要保证粮食播种面积，保证必要的粮食自给率； 产销平衡地区要继续稳定粮食产需平衡的局面； 从粮食风险基金中安排 100 亿元，对种粮农民补贴

进一步加大对主产区支持（2005～2013年）：随着三大区域功能定位的明晰，国家对主产区生产能力的支持渐趋具体化，从生产基地建设、农业技术、灌溉设施、农机装备水平等不断加强。2006年，“十一五”规划提出在粮食主产区建设集中连片、高产稳产的大型商品粮生产基地以及万亩连片标准粮田。2009年，国务院通过《全国新增1000亿斤粮食生产能力规划（2009—2020年）》，从13个粮食主产省区选出680个县（市、区、场），着力打造粮食生产核心区。2010年《国务院关于国家粮食安全工作情况的报告》中再次强调“加大主产区仓储设施建设与维修改造力度”。同时，对主产区的利益补偿机制建设也逐步开展，2005年，中央财政对产粮大县启动奖励政策，奖励资金由2005年的55亿元增加到2012年的447.9亿元。除了加大主产区支持力度，中央也反复强调主销区和产销平衡区的粮食生产责任。2010年《国务院关于国家粮食安全工作情况的报告》《国务院关于印发全国主体功能区规划的通知》中均强调，“主销区和产销平衡区要确保稳定现有自给水平”（见表3－2）。

表3－2　2005～2013年重要政策梳理

年份	政策文件	主要内容
2006	《中华人民共和国国民经济和社会发展第十一个五年规划纲要》	在粮食主产区集中连片建设高产稳产大型商品粮生产基地；在13个粮食主产区的484个粮食主产县（场），建设万亩连片标准粮田
2008	《国家粮食安全中长期规划纲要（2008—2020年）》	加大对粮食主产区的转移支付力度
2009	《全国新增1000亿斤粮食生产能力规划（2009—2020年）》	从13个粮食主产省区选出680个县（市、区、场），着力打造粮食生产核心区
2010	《国务院关于国家粮食安全工作情况的报告》	主销区和产销平衡区要确保稳定现有自给水平，坚决防止和纠正放松粮食生产、忽视粮食生产能力建设的倾向，巩固和提高粮食生产能力，加强产销衔接，完善粮食储备，提高保供稳价能力； 加大主产区仓储设施建设与维修改造力度

续表

年份	政策文件	主要内容
2010	《国务院关于印发全国主体功能区规划的通知》	粮食主产区要进一步提高生产能力，主销区和产销平衡区要稳定粮食自给水平
2011	《国务院办公厅关于开展 2011 年全国粮食稳定增产行动的意见》	主销区要保证必要的自给率，力争有所提高
2011	《粮食行业“十二五”发展规划纲要》	实现粮食收购、储存、调运、加工、销售各环节的有效衔接，促进粮食主产区、主销区和产销平衡区的协调发展
2012	《全国现代农业发展规划（2011—2015 年）》	提高中央财政对粮食大县转移支付水平，全面取消主产区粮食风险基金地方资金配套

深化产销合作，构建产销利益衔接机制（2014 年至今）：随着粮食生产重心不断向主产区集中，越来越多的省（自治区、直辖市）产不足需，中央对产销衔接问题越来越关注。2014 年，《关于建立健全粮食安全省长责任制的若干意见》中指出，粮食主销区、产销平衡区要与主产区建立“更加紧密稳定的产销关系”，再次明确要求“主销区要确立粮食种植面积底线”。2017 年，《国务院办公厅关于加快推进农业供给侧结构性改革大力发展粮食产业经济的意见》中进一步强调要加强产销区产业合作，支持“主销区企业到主产区投资建设粮源基地和仓储物流设施，鼓励主产区企业到主销区建立营销网络”。2018 年，《中共中央 国务院关于建立更加有效的区域协调发展新机制的意见》中提出“建立粮食主产区与主销区之间利益补偿机制”，“研究制定粮食主产区与主销区开展产销合作的具体办法”（见表3 -3）。根据此精神，国家发展改革委会同国家粮食和物资储备局在《关于坚持以高质量发展为目标加快建设现代化粮食产业体系的指导意见》中提出“支持各地加强政府层面战略协作”并“提高省际粮食流通的组织化程度”以及“鼓励开展区域性产销合作洽谈活动”等具体内容。同时，中央也开始注重产销平衡区以及主销区粮食仓储和应急供应体系建设，提出“主销区、产销平衡区也要加强粮食仓储设施建设”，维修改造危仓老库要“兼顾产销平衡区”“重点加强西南、西北粮食物流通道和应急供应体系、仓储设施等薄弱环节建设”等要求。面对产销平衡区与主销

区产需缺口日益加大的局面，中央一再强调产销平衡区以及主销区不能放松粮食生产，要求“粮食主销区要切实承担起自身的粮食生产责任”，“产销平衡区要继续确保产需基本平衡，力争多作贡献”。2019 年中央一号文件《中共中央 国务院关于坚持农业农村优先发展做好“三农”工作的若干意见》更是强调要“压实主销区和产销平衡区稳定粮食生产责任”。从“确保稳定现有自给水平”到“压实稳定粮食生产责任”，中央对于产销平衡区与主销区落实粮食生产责任的要求是一贯的、明确的。然而，由于三大功能区按照省域划分，中央对于产销平衡区、销区中产粮大县的支持力度不足，在城镇化、粮食购销市场化和国际化进程下，两区粮食生产积极性变弱，综合生产能力提升缓慢，自给水平不断下降。

表 3-3　2014 年以来重要政策梳理

年份	政策文件	主要内容
2014	《关于建立健全粮食安全省长责任制的若干意见》	粮食主销区和产销平衡区要建设一批旱涝保收、高产稳产的口粮田，稳定和提高粮食自给率； 主产区要增加粮食产量，主销区要确立粮食种植面积底线，主销区和产销平衡区要稳定和提高粮食自给率等
2015	《国务院办公厅关于开展2011 年全国粮食稳定增产行动的意见》	产销平衡区要继续确保产需基本平衡，力争多作贡献
2017	《国务院办公厅关于加快推进农业供给侧结构性改革大力发展粮食产业经济的意见》	发展粮油食品产业集聚区，打造一批优势粮食产业集群，以全产业链为纽带，整合现有粮食生产、加工、物流、仓储、销售以及科技等资源，支持建设国家现代粮食产业发展示范园区（基地），支持主销区企业到主产区投资建设粮源基地和仓储物流设施，鼓励主产区企业到主销区建立营销网络，加强产销区产业合作
2017	《国务院办公厅关于加快推进农业供给侧结构性改革大力发展粮食产业经济的意见》	粮食企业要积极参与粮食生产功能区建设，发展“产购储加销”一体化模式；引导产销平衡
2018	《中共中央 国务院关于建立更加有效的区域协调发展新机制的意见》	建立粮食主产区与主销区之间利益补偿机制；研究制定粮食主产区与主销区开展产销合作的具体办法

二、中国和各区域粮食生产现状与特征

（一）粮食产量

2004～2022年我国粮食总产量实现“十九连丰”，2015年即粮食安全省长责任制正式实施第一年站稳1.3万亿斤台阶。由图3－1可见，2003～2022年，我国粮食产量从43069.5万吨增长到68652.8万吨，增幅高达59.4%，年均增速2.5%。2015年即粮食安全省长责任制正式实施第一年，粮食产量达到66060.3万吨，首次超过1.3万亿斤，实现历史性跨越，自此我国粮食总产量一直稳定在1.3万亿斤以上。三大谷物稻谷、小麦和玉米产量偶有下降年份，但总体都处于持续上升趋势。玉米增长幅度最大，2003～2022年玉米产量从11583.02万吨上涨到27720.3万吨，涨幅高达139.3%，年均增速4.7%。这是由于我国工业化高速发展，大量生物燃料制品等对玉米原料的需求大涨，进而拉动了玉米的生产。口粮稻谷、小麦在2003～2022年分别从16065.6万吨上升到20849.5万吨、8648.9万吨上

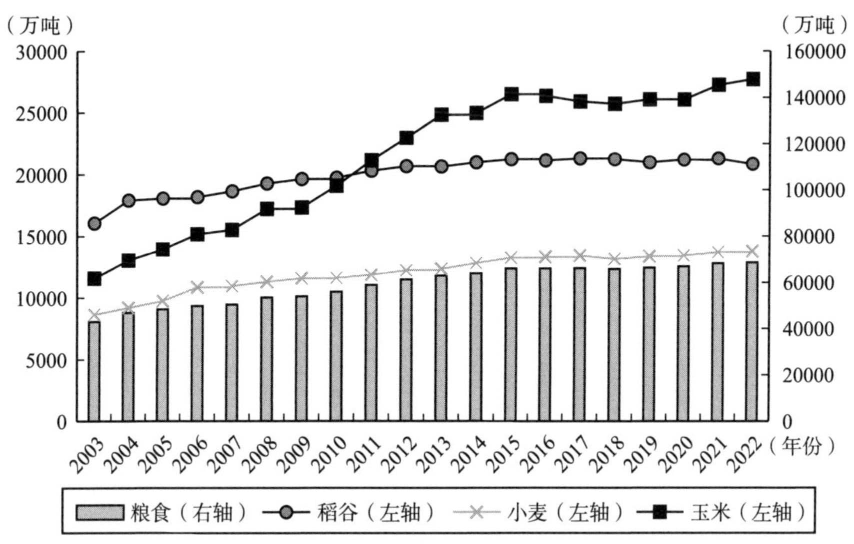

图3－1　2003～2022年我国粮食和三大谷物产量

升到13772.3万吨，增长幅度分别为29.8%、59.2%，年均增速分别为1.4%、2.5%。彰显我国以保障口粮绝对安全的粮食安全政策得到落实，中国人民的“饭碗”持续端稳端牢。

2003～2022年主产区和平衡区粮食产量处于上升趋势，主销区粮食产量有所下降。表3－4展示了2003～2022年三大粮食区域粮食产量呈现的不同趋势，主产区粮食产量在三大粮食区域中上涨幅度最大，2022年粮食产量合计53718万吨，对比2003年30579万吨，涨幅高达75.7%，超过全国粮食产量涨幅，成为拉动我国粮食产量持续上升的“领跑员”。主产区13个省份粮食产量都在上升，其中黑龙江、内蒙古、吉林3个省份分别以209.0%、186.7%、80.6%涨幅排在主产区前3位。尤其是黑龙江粮食产量成绩突出，2022年粮食产量7763万吨，超过主销区7个省份的总产量，占平衡区11个省份总产量的64.9%。2022年平衡区粮食产量11970万吨，对比2003年的9073万吨，增长31.9%。平衡区11个省份出现不同变化趋势，广西和重庆粮食产量出现小幅下降，2003～2022年分别下降4.9%和1.3%。其他9个省粮食产量都有上涨趋势，新疆涨幅高达133.9%，在平衡区中表现最突出。主销区粮食产量下降13.2%，7个省份中只有天津呈现上涨趋势，其他6个省份粮食产量都在下降，北京、浙江、福建、海南4个省份的降幅都超过20%。

表3－4　2003～2022年我国各省份粮食产量

地区	粮食产量（万吨）									2003～2022年变动（%）	2014～2022年变动（%）
	2003年	2011年	2012年	2013年	2014年	2016年	2018年	2020年	2022年		
河北	2388	3345	3443	3585	3569	3783	3701	3796	3865	61.9	8.3
内蒙古	1361	2573	2740	3070	3112	3263	3553	3664	3901	186.7	25.3
辽宁	1498	2104	2175	2353	1873	2316	2192	2339	2485	65.8	32.6
吉林	2260	3232	3450	3763	3800	4151	3633	3803	4081	80.6	7.4
黑龙江	2512	6213	6599	7055	7404	7416	7507	7541	7763	209.0	4.9
江苏	2472	3357	3432	3441	3523	3542	3660	3729	3769	52.5	7.0
安徽	2215	3314	3543	3541	3831	3962	4007	4019	4100	85.1	7.0
江西	1450	2099	2141	2182	2220	2234	2191	2164	2152	48.4	－3.1
山东	3436	4701	4816	4883	5038	5332	5320	5447	5544	61.4	10.0

续表

地区	粮食产量（万吨）									2003～2022年变动（%）	2014～2022年变动（%）
	2003年	2011年	2012年	2013年	2014年	2016年	2018年	2020年	2022年		
河南	3569	5734	5898	6024	6134	6498	6649	6826	6789	90. 2	10. 7
湖北	1921	2407	2485	2586	2658	2796	2839	2727	2741	42. 7	3. 1
湖南	2443	2984	3062	2990	3079	3052	3023	3015	3018	23. 6	-2. 0
四川	3054	3250	3271	3336	3325	3470	3494	3527	3511	14. 9	5. 6
主产区均值	2352	3486	3620	3755	3813	3986	3982	4046	4132	75. 7	8. 4
主产区合计	30579	45312	47054	48810	49566	51816	51769	52598	53718	75. 7	8. 4
山西	959	1225	1309	1362	1387	1380	1380	1424	1464	52. 7	5. 6
广西	1465	1382	1426	1451	1453	1419	1373	1370	1393	-4. 9	-4. 1
重庆	1087	1064	1061	1055	1044	1078	1079	1081	1073	-1. 3	2. 8
贵州	1104	923	1162	1076	1176	1264	1060	1058	1115	0. 9	-5. 2
云南	1471	1623	1687	1757	1795	1815	1861	1896	1958	33. 1	9. 1
西藏	97	94	95	96	98	104	104	103	107	11. 1	9. 5
陕西	968	1207	1256	1211	1184	1264	1226	1275	1298	34. 0	9. 7
甘肃	789	1009	1096	1117	1145	1117	1151	1202	1265	60. 3	10. 4
青海	87	103	102	104	106	105	103	107	107	23. 6	1. 4
宁夏	270	359	375	373	377	371	393	380	376	39. 1	-0. 2
新疆	775	1427	1517	1727	1750	1552	1504	1583	1814	133. 9	3. 6
平衡区均值	825	947	1008	1030	1047	1043	1021	1044	1088	31. 9	4. 0
平衡区合计	9073	10417	11086	11329	11514	11470	11234	11480	11970	31. 9	4. 0
北京	58	122	114	96	64	53	34	31	45	-21. 8	-29. 0
天津	119	163	164	177	178	200	210	228	256	114. 8	43. 8
上海	99	136	136	129	127	112	104	91	96	-3. 2	-24. 8
浙江	793	676	648	601	604	565	599	606	621	-21. 7	2. 9
福建	713	576	547	535	520	477	499	502	509	-28. 7	-2. 3
广东	1430	1276	1296	1202	1230	1204	1193	1268	1292	-9. 7	5. 0
海南	205	171	178	169	162	146	147	145	147	-28. 3	-9. 3

续表

地区	粮食产量（万吨）									2003～2022年变动（%）	2014～2022年变动（%）
	2003年	2011年	2012年	2013年	2014年	2016年	2018年	2020年	2022年		
主销区均值	488	446	440	416	412	394	398	410	424	－13.2	2.8
主销区合计	3418	3120	3083	2909	2885	2757	2786	2871	2965	－13.2	2.8
全国	43070	58849	61223	63048	63965	66044	65789	66949	68653	59.4	7.3

注：① 2003～2022年各省份粮食产量数据来自国家统计局公开数据。②2003～2022年三大粮食区域的均值和合计皆由测算而来。③由于正文篇幅原因，未展示2003～2022年所有粮食产量数据，选择基期2003年、粮食安全省长责任制出台的2014年及其前3年，以及2014年以后的双数年份进行展示，其余年份留存备查。

粮食安全省长责任制出台后，主产区和平衡区粮食产量持续增长，主销区粮食产量止跌回升。以2014年为基期，2014～2022年主产区继续维持粮食产量增长的趋势，平衡区粮食产量稳中有升，主销区止跌回升。主产区仅江西和湖南粮食产量出现小幅下滑，但也分别稳定在2100万吨和3000万吨以上，粮食安全省长责任制对主产区粮食增产的总趋势影响不大。平衡区粮食产量自2012年突破11000万吨后，一直维持在11000万吨以上，小幅波动中达到2020年的11970万吨，正在向12000万吨攀升。主销区的变化最大，粮食产量自2003年以来持续下跌，在2014年粮食安全省长责任制出台后，产量出现先下降后上升的趋势，这主要是政策发挥作用具有滞后性，地方需要一定时间来配置资源和调整地方发展目标，所以延续了一段时间的下降趋势，但2016年止跌回升，粮食产量开始增加，2022年主销区7个省份粮食总产达到2965万吨，创下2014年后的新高。粮食安全省长责任制对稳定并提高地方粮食生产的作用较为明显，为后文进行粮食安全省长责任制作用于粮食生产的实证研究提供了现实基础。

粮食生产向主产区集中，平衡区和主销区贡献下降，粮食供给与常住人口匹配度不高。分析各区域粮食产量占比，2022年主产区以53718万吨的粮食产量，占全国粮食总产量的78.2%；平衡区以11970万吨的粮食产量，占比17.4%；主销区以2965万吨的粮食产量，占比4.3%。显然，主产区是我国粮食生产的中枢力量，主产区粮食产量变化趋势与全国粮食产量变化趋势存在较强一致性。表3－4和表3－5显示，主产区不同省份粮食产量变化也不同，2022年黑龙江粮食产量7763万吨，位居31个省份中的首位，超过产销平衡区产量的一半，也超过粮食主销区全区总产量，是“东北大粮仓”的典范。而平衡区和主销区的粮食产量占比都在下降，粮食平衡区的粮食产量占比从2003年的21.1%下降至2022年的17.4%，下降3.6个百分点。粮食主销区在粮食产量下降的情况下，其在全国粮食产量中的占比下滑更为严重，对比2003年的7.9%，2022年下滑至4.3%。显然，2014年粮食安全省长责任制实施后，平衡区和主销区的粮食产量虽然有所回升，但不及主产区增速，主产区依旧是我国粮食生产的“主力军”。总体来看，我国不同省区粮食生产情况差别较大，区域不平衡情况突出，地区常住人口占比与粮食生产情况匹配度不高。2021年主产区13个省份常住总人口79589万人，占比56.4%；产销平衡区11个省份常住总人口30989万人，占比22.0%；主销区7个省份常住总人口30482万人，占比21.6%①。常住人口占比与粮食生产占比并不一致，总体来说主产区常住人口占比低于粮食生产占比，粮食安全程度较高，而平衡区和主销区常住人口占比皆高于粮食生产占比，粮食安全程度较低。

表3－5　2003～2022年我国各省份粮食产量在全国粮食总产量中的占比

单位：%

地区	2003年	2011年	2012年	2013年	2014年	2016年	2018年	2020年	2022年	2003～2022年变动	2014～2022年变动
河北	5.5	5.7	5.6	5.7	5.6	5.7	5.6	5.7	5.6	0.1	0.1
内蒙古	3.2	4.4	4.5	4.9	4.9	4.9	5.4	5.5	5.7	2.5	0.8
辽宁	3.5	3.6	3.6	3.7	2.9	3.5	3.3	3.5	3.6	0.1	0.7
吉林	5.2	5.5	5.6	6.0	5.9	6.3	5.5	5.7	5.9	0.7	0.0
黑龙江	5.8	10.6	10.8	11.2	11.6	11.2	11.4	11.3	11.3	5.5	－0.3

① 各省份常住人口数据来自国家统计局，主产区、平衡区和主销区常住总人口以三大粮食区域分类测算而来。

续表

地区	2003年	2011年	2012年	2013年	2014年	2016年	2018年	2020年	2022年	2003~2022年变动	2014~2022年变动
江苏	5.7	5.7	5.6	5.5	5.5	5.4	5.6	5.6	5.5	-0.2	0.0
安徽	5.1	5.6	5.8	5.6	6.0	6.0	6.1	6.0	6.0	0.8	0.0
江西	3.4	3.6	3.5	3.5	3.5	3.4	3.3	3.2	3.1	-0.2	-0.3
山东	8.0	8.0	7.9	7.7	7.9	8.1	8.1	8.1	8.1	0.1	0.2
河南	8.3	9.7	9.6	9.6	9.6	9.8	10.1	10.2	9.9	1.6	0.3
湖北	4.5	4.1	4.1	4.1	4.2	4.2	4.3	4.1	4.0	-0.5	-0.2
湖南	5.7	5.1	5.0	4.7	4.8	4.6	4.6	4.5	4.4	-1.3	-0.4
四川	7.1	5.5	5.3	5.3	5.2	5.3	5.3	5.3	5.1	-2.0	-0.1
主产区均值	5.5	5.9	5.9	6.0	6.0	6.0	6.1	6.0	6.0	0.6	0.1
主产区合计	71.0	77.0	76.9	77.4	77.5	78.5	78.7	78.6	78.2	7.2	0.8
山西	2.2	2.1	2.1	2.2	2.2	2.1	2.1	2.1	2.1	-0.1	0.0
广西	3.4	2.3	2.3	2.3	2.3	2.1	2.1	2.0	2.0	-1.4	-0.2
重庆	2.5	1.8	1.7	1.7	1.6	1.6	1.6	1.6	1.6	-1.0	-0.1
贵州	2.6	1.6	1.9	1.7	1.8	1.9	1.6	1.6	1.6	-0.9	-0.2
云南	3.4	2.8	2.8	2.8	2.8	2.7	2.8	2.8	2.9	-0.6	0.0
西藏	0.2	0.2	0.2	0.2	0.2	0.2	0.2	0.2	0.2	-0.1	0.0
陕西	2.2	2.1	2.1	1.9	1.9	1.9	1.9	1.9	1.9	-0.4	0.0
甘肃	1.8	1.7	1.8	1.8	1.8	1.7	1.8	1.8	1.8	0.0	0.1
青海	0.2	0.2	0.2	0.2	0.2	0.2	0.2	0.2	0.2	0.0	0.0
宁夏	0.6	0.6	0.6	0.6	0.6	0.6	0.6	0.6	0.5	-0.1	0.0
新疆	1.8	2.4	2.5	2.7	2.7	2.4	2.3	2.4	2.6	0.8	-0.1
平衡区均值	1.9	1.6	1.6	1.6	1.6	1.6	1.6	1.6	1.6	-0.3	-0.1
平衡区合计	21.1	17.7	18.1	18.0	18.0	17.4	17.1	17.1	17.4	-3.6	-0.6
北京	0.1	0.2	0.2	0.2	0.1	0.1	0.1	0.0	0.1	-0.1	0.0

续表

地区	2003年	2011年	2012年	2013年	2014年	2016年	2018年	2020年	2022年	2003~2022年变动	2014~2022年变动
天津	0.3	0.3	0.3	0.3	0.3	0.3	0.3	0.3	0.4	0.1	0.1
上海	0.2	0.2	0.2	0.2	0.2	0.2	0.2	0.1	0.1	-0.1	-0.1
浙江	1.8	1.1	1.1	1.0	0.9	0.9	0.9	0.9	0.9	-0.9	0.0
福建	1.7	1.0	0.9	0.8	0.8	0.7	0.8	0.8	0.7	-0.9	-0.1
广东	3.3	2.2	2.1	1.9	1.9	1.8	1.8	1.9	1.9	-1.4	0.0
海南	0.5	0.3	0.3	0.3	0.3	0.2	0.2	0.2	0.2	-0.3	0.0
主销区均值	1.1	0.8	0.7	0.7	0.6	0.6	0.6	0.6	0.6	-0.5	0.0
主销区合计	7.9	5.3	5.0	4.6	4.5	4.2	4.2	4.3	4.3	-3.6	-0.2

注：① 2003~2022 年各省区粮食产量占比由作者测算而来，粮食产量占比 = 某省区粮食产量/全国粮食总产量。②2003~2022 年三大粮食区域的均值和合计皆由测算而来。③由于正文篇幅原因，未展示 2003~2022 年所有粮食面积数据，选择基期 2003 年、粮食安全省长责任制出台的 2014 年和其前 3 年，以及 2014 年以后的双数年份进行展示，其余年份留存备查。

（二）粮食面积

2003~2022 年我国粮食面积稳步上升，从源头上保障粮食稳产增产。如图 3-2 所示，2003~2022 年我国粮食面积从 149115.6 万亩扩大到 177498.2 万亩，增幅 10.0%，年均增速 0.9%，在源头上为我国粮食持续增产打下基础。三大谷物稻谷、小麦和玉米面积呈现先上升，后小幅下降的状态。玉米面积在 2015 年达到最大 67452.6 万亩，随后出现连续 5 年的小幅下降，下降至 2020 年的 61896.4 万亩，这主要是 2015 年前后我国面临玉米高产量、高进口、高库存的“三高”局面，为缓解相关不利因素，国家进行玉米结构性调整，农业部出台《关于“镰刀弯”地区玉米结构调整的指导意见》，引导玉米面积的适度调节，造成面积缩小。2020 年随着工业化快速发展引致对玉米的需求扩大，玉米出现短期的供不应求，价格大幅攀升。玉米面积开始新一轮的扩大，在 2021 年开始回升。稻谷和小麦的面积也分别在 2015 年和 2016 年达到最大值，随后出现一定的下降，但降幅较小。稻谷面积 2015～2022 年从 46176.1 万亩下降到 44175.2 万亩，降幅 4.3%；小麦面积 2016～2022 年从 36998.7 万亩下降到 35277.8 万亩，降幅 4.7%。两者下降是由于我国稻谷和小麦单产快速提高，同等产量所需的土地要素减少，是稻谷和小麦生产效率提高的主要表现之一。

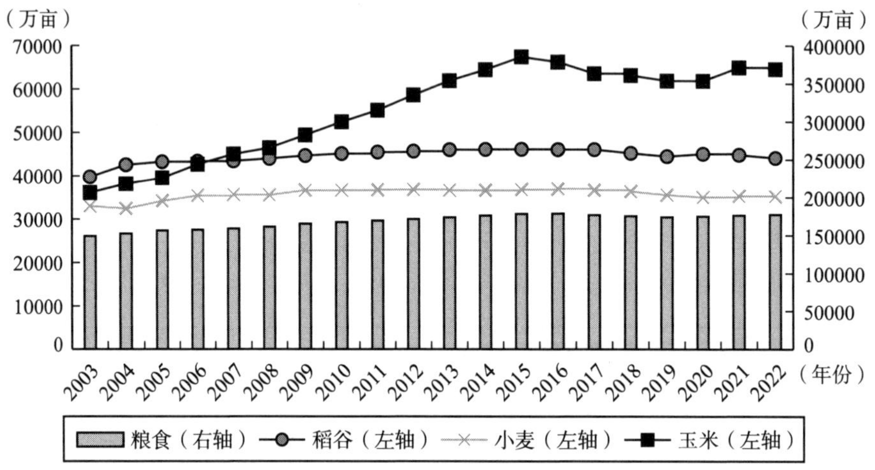

图 3－2　2003～2022 年我国粮食和三大谷物种植面积

2003～2022 年主产区粮食面积扩大，平衡区粮食面积较为稳定，主销区粮食面积大幅下降。分析不同地区粮食面积，表 3－6 显示三大粮食区域粮食面积呈现不同的趋势。2003～2022 年主产区粮食总面积从 102823 万亩扩大到 133544 万亩，增幅 29.9%。主产区 13 个省份粮食面积全部处于扩张状态，黑龙江、内蒙古、吉林分别以 80.9%、71.6%、44.1% 的增幅排在主产区前 3 位，这与粮食产量贡献度前 3 位排序是一致的。同时期内，平衡区粮食总面积从 36152 万亩变化为 36548 万亩，增幅仅 1.1%，几乎保持了不变态势。但平衡区内部 11 个省份呈现不同变化，广西、重庆、贵州、陕西、宁夏 5 个省份的粮食面积有所下降，其中广西和重庆的面积与产量处于同步下降，显然贵州、陕西、宁夏 3 个省份的单产贡献增加引致了土地的节约。其余 6 个省份出现面积扩大，新疆增幅最大为 76.7%。主销区粮食面积下降 27.0%，除天津外，所有省份粮食生产面积都在下降，这一趋势与粮食产量变化一致。

表 3－6 2003～2022 年我国各省份粮食生产面积

地区	粮食生产面积（万亩）									2003～2022 年变动（%）	2014～2022 年变动（%）
	2003 年	2011 年	2012 年	2013 年	2014 年	2016 年	2018 年	2020 年	2022 年		
河北	8916	9733	9830	9911	10018	10187	9808	9583	9666	8.4	－3.5
内蒙古	6077	8969	9186	9380	9583	10205	10185	10250	10428	71.6	8.8
辽宁	4115	4904	5039	5119	5220	5272	5226	5291	5342	29.8	2.3
吉林	6021	7150	7337	7698	8118	8314	8400	8523	8678	44.1	6.9
黑龙江	12172	19246	19818	20363	20952	21303	21322	21658	22025	80.9	5.1
江苏	6989	8117	8188	8213	8276	8375	8214	8108	8167	16.8	－1.3
安徽	9236	10486	10483	10567	10775	11039	10974	10934	10971	18.8	1.8
山东	9623	11425	11626	12011	12417	12776	12607	12422	12558	30.5	1.1
江西	4577	5565	5622	5663	5691	5711	5582	5659	5665	23.8	－0.5
河南	13385	15367	15652	16046	16417	16829	16359	16108	16168	20.8	－1.5
湖北	5337	6287	6442	6625	6783	7224	7271	6968	7034	31.8	3.7
湖南	6795	7398	7463	7515	7598	7516	7122	7132	7148	5.2	－5.9
四川	9581	9295	9383	9405	9374	9437	9398	9469	9695	1.2	3.4
主产区均值	7909	9534	9698	9886	10094	10322	10190	10162	10273	29.9	1.8
主产区合计	102823	123941	126069	128516	131224	134188	132468	132105	133544	29.9	1.8
山西	4250	4889	4901	4868	4885	4841	4706	4695	4725	11.2	－3.3
广西	5205	4521	4467	4461	4422	4346	4203	4209	4244	－18.5	－4.0
重庆	3704	3134	3128	3089	3052	3059	3027	3005	3070	－17.1	0.6
贵州	4532	4545	4553	4636	4681	4683	4110	4131	4183	－7.7	－10.6
云南	6103	6295	6323	6415	6357	6302	6262	6251	6317	3.5	－0.6
西藏	279	255	256	264	265	283	277	273	289	3.6	9.2
陕西	4684	4718	4721	4629	4544	4716	4509	4502	4526	－3.4	－0.4
甘肃	3749	4103	4113	4126	4081	4026	3968	3957	4050	8.0	－0.8
青海	372	418	420	424	423	427	422	435	455	22.4	7.6
宁夏	1208	1224	1182	1134	1092	1077	1104	1019	1038	－14.0	－4.9
新疆	2066	3075	3225	3385	3455	3608	3329	3345	3651	76.7	5.7
平衡区均值	3287	3380	3390	3403	3387	3397	3265	3257	3323	1.1	－1.9

续表

地区	粮食生产面积（万亩）									2003～2022年变动（%）	2014～2022年变动（%）
	2003年	2011年	2012年	2013年	2014年	2016年	2018年	2020年	2022年		
平衡区合计	36152	37178	37289	37432	37258	37367	35916	35823	36548	1.1	-1.9
北京	212	314	291	238	180	128	83	73	115	-45.7	-36.2
天津	387	466	484	501	520	543	525	525	565	46.0	8.7
上海	222	312	312	286	280	238	195	171	184	-17.2	-34.2
浙江	2142	1605	1565	1525	1508	1427	1464	1490	1531	-28.5	1.5
福建	2207	1548	1464	1416	1363	1249	1250	1252	1256	-43.1	-7.8
广东	4158	3525	3497	3400	3347	3267	3227	3307	3345	-19.5	0.0
海南	813	580	581	548	503	438	429	406	410	-49.6	-18.6
主销区均值	1449	1193	1171	1131	1100	1041	1025	1032	1058	-27.0	-3.8
主销区合计	10140	8351	8194	7914	7701	7290	7173	7225	7406	-27.0	-3.8
全国	149116	169471	171552	173861	176183	178845	175557	175152	177498	19.0	0.7

注：① 2003～2022年各省份粮食面积数据来自国家统计局公开数据。②2003～2022年三大粮食区域的均值和合计皆由测算而来。③由于正文篇幅原因，未展示2003～2022年所有粮食面积数据，选择基期2003年、粮食安全省长责任制出台的2014年和其前3年，以及2014年以后的双数年份进行展示，其余年份留存备查。

粮食生产向主产区集中，其粮食面积占比已超过全国粮食总面积的3/4。在粮食面积占比上，各区域贡献程度与粮食产量占比的排序一致，为粮食主产区>平衡区>主销区。粮食主产区种植面积在全国最高，自2006年就超过全国粮食种植总面积的70%，且这一比值还在持续增大，到2022年已达到75.2%。而粮食产销平衡区、主销区的种植面积绝对值占比依次排在后面，在时间上占比出现下滑趋势，2003～2022年平衡区和主销区的占比分别下降3.6个和2.6个百分点（见表3－7）。粮食平衡区和主销区18个省份中仅青海、新疆、天津3个省份的粮食种植面积占比维持正增长，其余15个省份粮食种植面积占比都在下降。显然，各省区在粮食生产的源头粮食面积上，就开始出现与常住人口需求不匹配的粮食生产格局。

表 3-7 2003~2022 年我国各省份粮食面积在全国粮食总面积中的占比 单位：%

地区	2003年	2011年	2012年	2013年	2014年	2016年	2018年	2020年	2022年	2003~2022年变动	2014~2022年变动
河北	6.0	5.7	5.7	5.7	5.7	5.7	5.6	5.5	5.4	-0.5	-0.2
内蒙古	4.1	5.3	5.4	5.4	5.4	5.7	5.8	5.9	5.9	1.8	0.4
辽宁	2.8	2.9	2.9	2.9	3.0	2.9	3.0	3.0	3.0	0.3	0.0
吉林	4.0	4.2	4.3	4.4	4.6	4.6	4.8	4.9	4.9	0.9	0.3
黑龙江	8.2	11.4	11.6	11.7	11.9	11.9	12.1	12.4	12.4	4.2	0.5
江苏	4.7	4.8	4.8	4.7	4.7	4.7	4.7	4.6	4.6	-0.1	-0.1
安徽	6.2	6.2	6.1	6.1	6.1	6.2	6.3	6.2	6.2	0.0	0.1
江西	3.1	3.3	3.3	3.3	3.2	3.2	3.2	3.2	3.2	0.1	0.0
山东	6.5	6.7	6.8	6.9	7.0	7.1	7.2	7.1	7.1	0.6	0.0
河南	9.0	9.1	9.1	9.2	9.3	9.4	9.3	9.2	9.1	0.1	-0.2
湖北	3.6	3.7	3.8	3.8	3.9	4.0	4.1	4.0	4.0	0.4	0.1
湖南	4.6	4.4	4.4	4.3	4.3	4.2	4.1	4.1	4.0	-0.5	-0.3
四川	6.4	5.5	5.5	5.4	5.3	5.3	5.4	5.4	5.5	-1.0	0.1
主产区均值	5.3	5.6	5.7	5.7	5.7	5.8	5.8	5.8	5.8	0.5	0.1
主产区合计	69.0	73.1	73.5	73.9	74.5	75.0	75.5	75.4	75.2	6.3	0.8
山西	2.9	2.9	2.9	2.8	2.8	2.7	2.7	2.7	2.7	-0.2	-0.1
广西	3.5	2.7	2.6	2.6	2.5	2.4	2.4	2.4	2.4	-1.1	-0.1
重庆	2.5	1.8	1.8	1.8	1.7	1.7	1.7	1.7	1.7	-0.8	0.0
贵州	3.0	2.7	2.7	2.7	2.7	2.6	2.3	2.4	2.4	-0.7	-0.3
云南	4.1	3.7	3.7	3.7	3.6	3.5	3.6	3.6	3.6	-0.5	0.0
西藏	0.2	0.2	0.1	0.2	0.2	0.2	0.2	0.2	0.2	0.0	0.0
陕西	3.1	2.8	2.8	2.7	2.6	2.6	2.6	2.6	2.6	-0.6	0.0
甘肃	2.5	2.4	2.4	2.4	2.3	2.3	2.3	2.3	2.3	-0.2	0.0
青海	0.2	0.2	0.2	0.2	0.2	0.2	0.2	0.2	0.3	0.0	0.0
宁夏	0.8	0.7	0.7	0.7	0.6	0.6	0.6	0.6	0.6	-0.2	0.0
新疆	1.4	1.8	1.9	1.9	2.0	2.0	1.9	1.9	2.1	0.7	0.1
平衡区均值	2.2	2.0	2.0	2.0	1.9	1.9	1.9	1.9	1.9	-0.3	-0.1

续表

地区	2003年	2011年	2012年	2013年	2014年	2016年	2018年	2020年	2022年	2003~2022年变动	2014~2022年变动
平衡区合计	24.2	21.9	21.7	21.5	21.1	20.9	20.5	20.5	20.6	-3.7	-0.6
北京	0.1	0.2	0.2	0.1	0.1	0.1	0.0	0.0	0.1	-0.1	0.0
天津	0.3	0.3	0.3	0.3	0.3	0.3	0.3	0.3	0.3	0.1	0.0
上海	0.1	0.2	0.2	0.2	0.2	0.1	0.1	0.1	0.1	0.0	-0.1
浙江	1.4	0.9	0.9	0.9	0.9	0.8	0.8	0.9	0.9	-0.6	0.0
福建	1.5	0.9	0.9	0.8	0.8	0.7	0.7	0.7	0.7	-0.8	-0.1
广东	2.8	2.1	2.0	2.0	1.9	1.8	1.8	1.9	1.9	-0.9	0.0
海南	0.5	0.3	0.3	0.3	0.3	0.2	0.2	0.2	0.2	-0.3	-0.1
主销区均值	1.0	0.7	0.7	0.7	0.6	0.6	0.6	0.6	0.6	-0.4	0.0
主销区合计	6.8	4.9	4.8	4.6	4.4	4.1	4.1	4.1	4.2	-2.6	-0.2

注：① 2003~2022年各省份粮食面积占比由作者测算而来，粮食面积占比 = 某省份粮食面积/全国粮食总面积。②2003~2022年三大粮食区域的均值和合计皆由测算而来。③由于正文篇幅原因，未展示2003~2022年所有粮食面积数据，选择基期2003年、粮食安全省长责任制出台的2014年及其前3年，以及2014年以后的双数年份进行展示，其余年份留存备查。

（三）粮食单产

2003~2022年我国粮食单产取得巨大进步，成为粮食增产的重要支撑。粮食单产是影响粮食生产水平的重要因素，其是粮食生产效率、技术进步的重要代表指标。如图3-3所示，2003~2022年我国粮食单产从288.8公斤/亩提升到386.8公斤/亩，增幅33.9%，年均增速1.5%。三大谷物稻谷、小麦、玉米的单产也在总体上呈上升趋势，2003~2022年稻谷单产从404.0公斤/亩提高到472.0公斤/亩，增幅16.8%，年均增速0.8%；小麦单产从262.1公斤/亩提高到390.4公斤/亩，增幅48.9%，年均增速2.1%；玉米单产从320.8公斤/亩提高到429.1公斤/亩，增幅33.7%，年均增速1.5%。显然，粮食总体和各粮食品种的单产都在

20 年间取得较高提升，证明我国针对粮食生产进行良种繁育、提高生产基础设施、优化经营管理等相关手段得到有效落实，并取得促进粮食生产的良好成绩。

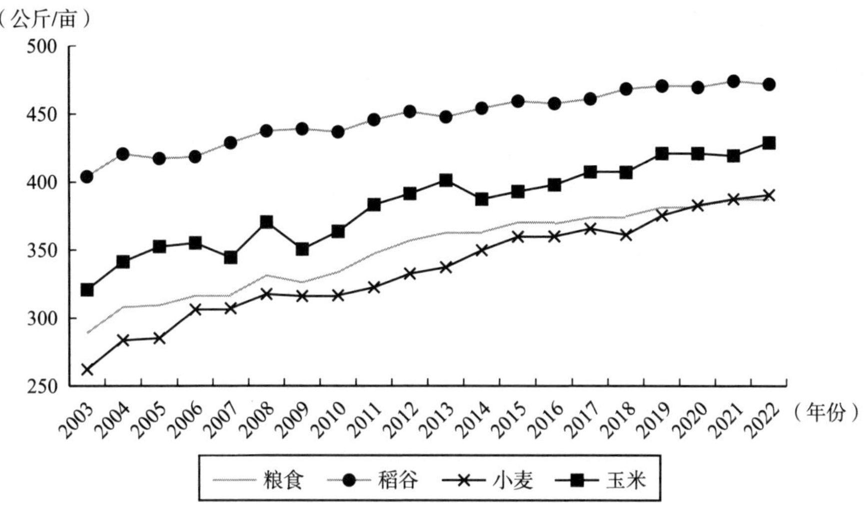

图 3－3 2003～2022 年我国粮食和三大谷物单产

2003～2022 年三大粮食区域粮食单产都呈上升趋势。分析不同地区粮食单产，表 3－8 显示三大粮食区域粮食单产都有较大提升。主产区粮食单产增幅最大，从 2003 年 308 公斤/亩的均值提高到 2022 年 409 公斤/亩，增幅 32.5%。主产区内黑龙江、内蒙古、河南、安徽 4 个省份的粮食单产增幅超过 50%，证实主产区作为我国粮食生产的“主战场”，在地方各项资源配置中都将粮食生产工作放在前位，地方落实中央粮食生产支持政策有效，配套地方支持有力，共同创下主产区粮食单产进步的优异成绩。主销区粮食单产增幅排在第二位，从 2003 年的 331 公斤/亩提高到 417 公斤/亩，增幅 26.2%。主销区虽然在资源禀赋上不具备粮食生产的比较优势，但其优越的经济发展条件带来的高水平机械化生产方式、高质量基础设施建设等，可能成为提高粮食单产的重要途径，这一点也将在后文实证分析中使用相关因素作为控制变量进行讨论。平衡区粮食单产增幅仅略低于主销区，从 2003 年的 262 公斤/亩提高到 330 公斤/亩，增幅 25.9%。平衡区内宁夏的单产进步最突出，20 年间提高了 61.8%，超过 50%。

表 3-8　　2003～2022 年我国各省份粮食单产情况

地区	粮食单产（公斤/亩）									2003～2022 年变动（%）	2014～2022 年变动（%）
	2003 年	2011 年	2012 年	2013 年	2014 年	2016 年	2018 年	2020 年	2022 年		
河北	268	344	350	362	356	371	377	396	400	49.3	12.2
内蒙古	224	287	298	327	325	320	349	357	374	67.1	15.2
辽宁	364	429	432	460	359	439	420	442	465	27.7	29.6
吉林	375	452	470	489	468	499	432	446	470	25.3	0.5
黑龙江	206	323	333	346	353	348	352	348	352	70.8	-0.3
江苏	354	414	419	419	426	423	446	460	462	30.5	8.4
安徽	240	316	338	335	355	359	365	368	374	55.8	5.1
江西	317	377	381	385	390	391	392	382	380	19.9	-2.6
山东	357	411	414	407	406	417	422	438	441	23.6	8.8
河南	267	373	377	375	374	386	406	424	420	57.5	12.4
湖北	360	383	386	390	392	387	391	391	390	8.3	-0.6
湖南	360	403	410	398	405	406	424	423	422	17.4	4.2
四川	319	350	349	355	355	368	372	373	362	13.6	2.1
主产区均值	308	374	381	388	382	393	396	404	409	32.5	7.0
山西	226	251	267	280	284	285	293	303	310	37.4	9.1
广西	281	306	319	325	329	327	327	325	328	16.6	-0.1
重庆	294	340	339	342	342	353	357	360	349	19.1	2.2
贵州	244	203	255	232	251	270	258	256	266	9.4	6.1
云南	241	258	267	274	282	288	297	303	310	28.6	9.8
西藏	346	367	370	364	370	367	377	377	372	7.3	0.4
陕西	207	256	266	262	260	268	272	283	287	38.7	10.1
甘肃	211	246	266	271	281	278	290	304	312	48.4	11.3
青海	233	247	242	244	250	245	244	247	236	1.0	-5.7
宁夏	224	293	317	329	345	344	356	373	362	61.8	5.0
新疆	375	464	470	510	506	430	452	473	497	32.3	-1.9
平衡区均值	262	294	307	312	318	314	320	328	330	25.9	3.7
北京	274	388	391	403	355	411	409	416	394	44.0	11.1
天津	308	350	338	354	343	369	399	434	453	47.2	32.3

续表

地区	粮食单产（公斤/亩）									2003～2022年变动（%）	2014～2022年变动（%）
	2003年	2011年	2012年	2013年	2014年	2016年	2018年	2020年	2022年		
上海	444	436	436	450	454	470	533	534	519	16.9	14.2
浙江	370	421	414	394	400	396	409	406	406	9.5	1.4
福建	323	372	374	378	382	382	399	401	405	25.3	6.0
广东	344	362	371	354	368	369	370	383	386	12.2	5.0
海南	252	294	307	307	322	334	343	358	358	42.2	11.3
主销区均值	331	375	376	377	375	390	409	419	417	26.2	11.4
全国	289	347	357	363	363	369	375	382	387	33.9	6.5

注：① 2003～2022年各省份粮食单产数据来自国家统计局公开数据。②2003～2022年三大粮食区域的均值由测算而来。③由于正文篇幅原因，未展示2003～2022年所有粮食面积数据，选择基期2003年、粮食安全省长责任制出台的2014年和其前3年，以及2014年以后的双数年份进行展示，其余年份留存备查。

粮食安全省长责任制实施后，主产区和平衡区的单产增速放缓，主销区增速仍在高位。在粮食单产上，如表3－8所示，2003～2022年全国31个省份粮食单产都有不同程度的上升，但在一定程度上看出，大多数省份粮食单产存在一定的边际递减效应，随着单产的提高，进步越发困难，即增幅开始下降。以2014年粮食安全省长责任制出台为分水岭，主产区和平衡区粮食单产提升出现递减状态，主产区粮食单产在2003～2014年从308公斤/亩提高到382公斤/亩，年均增长2.0%，而2014～2022年从382公斤/亩提高到409公斤/亩，年均增长0.9%，年均增速明显放缓。平衡区粮食单产在2003～2014年从262公斤/亩提高到318公斤/亩，年均增长1.8%，2014～2022年从318公斤/亩提高到330公斤/亩，年均增长0.5%，年均增速也在下降。而主销区粮食单产增长速度仍在递增状态，主销区粮食单产2003～2014年从331公斤/亩提高到375公斤/亩，年均增长1.1%，2014～2022年从375公斤/亩提高到417公斤/亩，年均增长1.4%，年均增速提高0.3个百分点。这与主销区优越的经济发展条件有关，地方拥有更强的资源配置能力，能在粮食生产上给予更多资源投入，有效促进地方扩大粮田基础设施建设、增加农业机械投入、提升粮食流通设施等，极大利于粮食单产提升。

三、不同区域粮食自给率变化

粮食产量、粮食面积和粮食单产这类地区总量指标，更大程度上反映地方对全国粮食生产的贡献程度。为进一步反映本地粮食生产与粮食需求匹配状况，用地方粮食自给率衡量区域层面的粮食安全风险程度，并选择小麦、稻谷、玉米三大主粮进行具体分析。

（一）粮食自给率的测算

继2013年12月中央经济工作会议提出“以我为主、立足国内、确保产能、适度进口、科技支撑”的国家粮食安全战略后，2014年中央一号文件《中共中央 国务院关于全面深化农村改革加快推进农业现代化的若干意见》又明确提出了“确保谷物基本自给，口粮绝对安全”，显然，粮食自给率成为衡量一个国家或地区粮食生产供需状况的核心指标之一，得到了国家的高度重视（韩俊，2018；倪国华等，2022）。学界将其定义为一个国家或地区的粮食总产量占总需求量的比例（张启良，2014；张云华，2018）。

粮食自给率由测算而来，测算以粮库轮换比例和存储量不变为前提，指当年粮食产量占当年粮食消费量的比值，衡量的是粮食生产能力与粮食消费需求之间的数量关系，见式（4.1）。其中粮食产量指当年该地区粮食总产量，粮食消费量采取了基于人口分布的测算方式，即基于常住人口情况对各省份粮食消费量进行估算。具体步骤如下：首先，基于全国粮食总消费量和全国总人口数得到全国人均粮食消费量，按照式（4.2）测算粮食消费总量；其次，根据各省份常住人口数量与人均粮食消费量确定各省份当年粮食消费总量。

$$\text{粮食自给率} = \text{粮食产量}/\text{粮食消费量} \tag{4.1}$$

$$\text{粮食消费量} = \text{当年全国粮食产量} + \text{粮食净进口量} \tag{4.2}$$

本书采用的方法和以往研究一样会受到相关数据限制，难以完全克服缺陷。但优势在于所用数据均为国家统计局公布的官方数据，数据的连续性和科学性可以保证，所得结果大体上根据人口分布，符合客观规律。同时，根据数据可获得性，测算 2000 ~ 2020 年共 18 年间的粮食自给率，拉长研究时间跨度，提高统一口径下粮食自给率变化趋势的可信度。

（二）我国和各区域粮食自给率变化

从全国层面看，我国粮食自给率呈现下滑趋势，从 2000 年的 100.7% 下降到 2020 年的 82.8%。分区域看，主产区 13 个省份的粮食平均自给率在 120% ~ 160% 的区间波动，2000 年为 121.5%，2006 年一度上升到 135.6%，之后又出现下滑，2015 年下降到 120.8%，近几年持续上升，2019 年达到 154.0%，首次突破 150%，2020 年有小幅下降，降幅为 143.4%。主产区粮食自给率总体上升的趋势与我国粮食生产向主产区集中的现实情况相一致（高帆，2005；范业龙等，2014），产量的增加提高了主产区粮食自给率。但主产区 13 个省份的粮食自给率表现各异，2000 ~ 2020 年内蒙古、吉林、黑龙江、安徽、河南 5 个省份的自给率上升，尤其是黑龙江自给率上升超过 200 个百分点，内蒙古紧随其后上升近 100 个百分点，表现突出。其他 8 省虽同为粮食主产区省份，粮食自给率却有不同程度的下降。2014 年粮食安全省长责任制实施后，主产区 13 个省份中河北、内蒙古、辽宁、吉林、黑龙江、安徽、山东、河南、湖北 9 个省份的自给率都有不同程度的上升，江苏、江西、湖南、四川 4 个省份的自给率出现小幅下降。显然，实施粮食安全省长责任制对提高主产区粮食自给率效果显著。

产销平衡区和主销区的粮食自给率都在下降，如表 3 - 9 所示，2000 年产销平衡区粮食平均自给率为 90.4%，2003 年上升到 97.0% 的较高水平，之后不断下滑，2020 年仅为 65.1%。主销区则持续下滑，从 2000 年的 51.2% 下降到 2020 年的 16.8%。2000 ~ 2020 年平衡区和主销区两区中除甘肃外，所有省份自给率都在下降。这与前文所述粮食主销区产销缺口在扩大，过去的产销平衡区正在退化为销区的调研情况是一致的（钟钰和陈萌山，2022）。2014 年粮食安全省长责任制实施后，两区中仅山西、甘肃、天津3个省份的粮食自给率出现一定程度的回升，其他省份还在持续下跌。粮食自给程度降低反映了背后产需关系的变化，显然，主产区粮食产量与消费需求的增长速度基本同步，平衡区粮食产量增速滞后于粮食消费增速，主销区粮食产量在消费需求大幅上升的同时出现下滑。这与粮食安全省长责任制对三大粮食区域的要求指标权重差异有关，粮食安全省长责任制对主产区的粮食生产要求高于非主产区，而对非主产区在粮食流通、储备等环节上要求高于主产区，可能是导致非主产区自给率下滑的原因之一。

表3-9　2000~2020年我国各省份粮食自给率　单位：%

地区	2000年	2014年	2015年	2016年	2017年	2018年	2019年	2020年	2000~2020年变动	2014~2020年变动
河北	104.9	84.3	79.5	82.8	89.7	88.8	98.4	88.8	-16.1	4.5
内蒙古	143.7	203.7	197.5	197.3	226.6	254.2	287.3	266.0	122.3	62.3
辽宁	74.8	74.0	80.2	85.8	93.9	91.2	111.5	95.9	21.1	21.9
吉林	167.6	237.9	232.4	243.2	269.2	243.5	287.9	275.9	108.2	37.9
黑龙江	183.5	301.9	291.0	285.2	344.4	360.7	399.6	413.4	229.9	111.5
江苏	116.4	81.3	78.3	77.5	79.2	82.4	91.7	76.8	-39.6	-4.5
安徽	111.4	104.1	101.0	98.6	113.2	114.9	127.2	115.0	3.6	10.9
江西	106.8	87.5	82.5	83.3	84.6	85.4	92.4	83.6	-23.2	-3.9
山东	117.1	87.0	83.9	84.5	94.6	96.0	106.3	93.7	-23.4	6.6
河南	118.7	113.4	112.3	111.6	120.2	125.5	138.7	119.9	1.3	6.6
湖北	107.9	82.4	81.0	77.6	84.9	87.0	91.8	82.4	-25.4	0.1
湖南	115.8	82.6	77.6	77.4	78.9	79.4	85.9	79.2	-36.5	-3.3
四川	111.1	76.8	73.6	75.4	74.0	75.9	83.4	73.6	-37.5	-3.2
主产区均值	121.5	124.4	120.8	121.6	134.9	137.3	154.0	143.4	21.9	19.0
山西	72.1	67.6	60.3	64.0	64.5	67.3	73.0	71.2	-0.9	3.6
广西	88.3	59.8	55.8	56.2	49.4	50.5	53.6	47.7	-40.6	-12.1
重庆	106.6	70.9	67.1	68.4	61.8	63.1	68.7	58.9	-47.8	-12.0
贵州	84.9	60.2	58.6	60.0	61.1	53.4	58.0	47.9	-37.0	-12.2
云南	95.0	73.2	69.4	71.3	67.6	69.8	76.9	70.1	-24.9	-3.0
西藏	102.4	57.1	54.5	55.1	55.7	55.0	59.1	49.3	-53.1	-7.8
陕西	82.0	58.8	56.7	57.6	54.8	57.5	63.4	56.3	-25.7	-2.5

续表

地区	2000年	2014年	2015年	2016年	2017年	2018年	2019年	2020年	2000~2020年变动	2014~2020年变动
甘肃	77.9	82.9	79.0	78.1	74.2	79.2	87.7	83.9	6.0	1.0
青海	43.9	33.3	30.6	31.2	30.2	31.0	34.7	31.6	-12.3	-1.8
宁夏	125.2	105.8	97.8	98.2	95.5	103.4	107.3	92.2	-33.1	-13.7
新疆	116.3	114.1	113.1	112.8	106.9	109.6	120.9	106.9	-9.4	-7.2
平衡区均值	90.4	71.2	67.5	68.5	65.6	67.3	73.0	65.1	-25.3	-6.2
北京	29.0	5.5	5.1	4.4	3.3	2.9	2.7	2.5	-26.5	-3.0
天津	34.0	21.5	20.6	22.5	24.0	24.4	28.6	28.7	-5.3	7.2
上海	29.7	8.6	8.1	7.3	7.3	7.8	7.9	6.4	-23.3	-2.2
浙江	71.4	25.5	23.8	24.1	18.1	18.9	20.2	16.4	-55.0	-9.1
福建	68.8	32.5	30.2	30.0	21.9	22.9	24.8	21.1	-47.7	-11.4
广东	55.9	23.5	22.0	22.1	19.1	19.1	21.5	17.6	-38.3	-5.9
海南	69.4	38.3	35.4	34.7	26.3	28.6	30.6	25.1	-44.3	-13.2
主销区均值	51.2	22.2	20.7	20.7	17.1	17.8	19.5	16.8	-34.4	-5.4
全国	100.7	87.0	84.5	85.6	83.9	85.4	86.1	82.8	-17.9	-4.2

注：① 2000~2020年三大粮食区域的粮食自给率均值由测算而来。②由于正文篇幅原因，未展示2001~2013年所有粮食自给率数据，表格中仅展示基期2000年、粮食安全省长责任制出台的2014年及以后的年份进行展示，其余年份留存备查。

（三）小麦自给率变化

2000年，全国小麦自给率为91.8%，2003年下降到77.5%，2017年达到最高峰115.8%，随后有所下降，2020年仅86.6%。主要是国内居民收入增加后，对粮食结构需求发生变化，进口了高筋小麦等部分特色粮食作物进行需求调剂，进口量增加拉低了自给率。同时，在玉米需求快速扩大且价格高企阶段，部分企业转向使用小麦进行工业加工，进一步提高了小麦需求，使得小麦自给率下降。分区域看，主产区、平衡区和主销区省份自给程度分化明显，主产区小麦自给率不断上升，2019年曾达到历史高峰129.8%，平衡区出现波动下滑趋势，从2000年的99.3%下降到2020年的56.4%，主销区则从2000年的23.1%迅速下滑到2003年的9.5%，之后一直在10%左右波动，2020年下降至7.3%。

在省级层面，仅有4个省份自给率上升，按照上升率高低排序分别为安徽、河南、江苏、湖北，分别从2000年的134.7%、273.5%、126.1%和48.0%上升到2020年的249.5%、344.0%、143.3%、63.2%，分别提高114.8个、70.5个、17.2个、15.2个百分点。小麦生产重心向河南、山东、安徽、河北、江苏转移，呈现明显的集聚效应，这五省份小麦产量比重从2000年的68.3%上升到2020年的80.2%。西藏、宁夏、四川等有一定自给能力的省份均出现大幅下滑，分别由2000年的138.2%、156%和74.1%下降到2020年的43.9%、35.2%和26.9%。2000年，全国尚有10个省份可以实现完全自给，到2020年下降到6个，自给率不足10%的省份从2000年的8个上升到2020年的14个，超过半数省份自给率低于50%，越来越多的区域依赖大幅外调满足需求（见图3-4）。

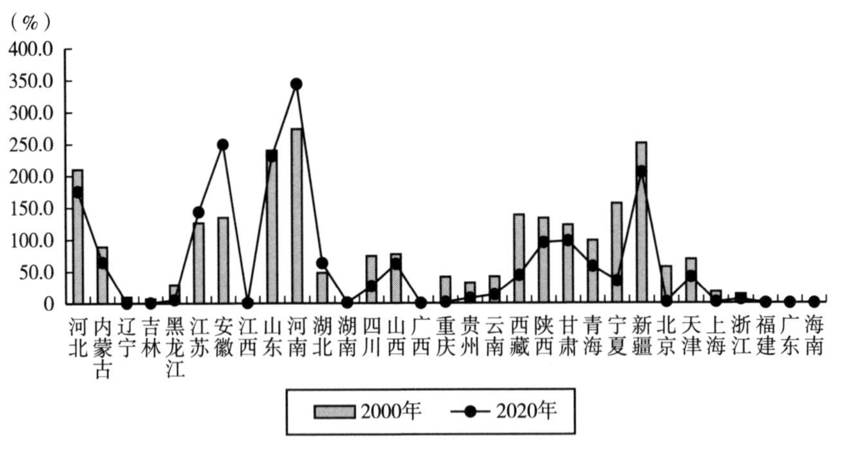

图3-4　2000年和2020年31个省份小麦自给率比较

（四）稻谷自给率的变化

全国稻谷自给率总体上升，从2000年的93.1%增长到2020年的98.2%。分区域看，呈现主产区大幅上升、销区大幅下滑、平衡区小幅下降的局面，即主产区稻谷自给率从2000年的106.7%上升到2020年的163.5%，主销区从76.6%下降到42.0%，平衡区则从50.1%下降到40.6%。进一步从生产消费形势看，主产区产量上升了32%，而消费量下降5.5%，主要是主产区部分省份人口流出，稻谷消费量下降的结果。平衡区产量下降 11.8%，消费量下降 2.4%，产量下降速度快于消费量下降速度。主销区产量下降 35.6%，消费增长 16.7%。平衡区与主销区产量下降主要源于播种面积减少，2018 年主产区稻谷面积相对 2000 年上升了 19.5%，产销平衡区和主销区则分别下降了 19.5% 和 41.4%。

31 个省份中近 2/3（20 个）自给率出现不同程度下滑，2000 年全国尚有 13 个省市可满足稻谷自给，到 2020 年下降到 9 个。2000 年，浙江、福建、广东、海南自给率均在 100% 以上，分别为 132.1%、115.9%、102.8% 和 118.9%，到 2020 年全部需要外调，自给程度分别为 47.1%、61.7%、57.1% 和 82.0%。2020 年，自给率最高的 4 个省份为黑龙江、江西、湖南和湖北，分别为 595.1%、297.1%、259.9% 和 211.3%，较 2000 年分别增长了 424 个、73 个、32 个和 46 个百分点。从产量上看，稻谷生产重心逐渐向黑龙江、湖南、江西、湖北、江苏五省集聚，2020 年这五省稻谷产量占全国的 53.9%（见图 3－5）。

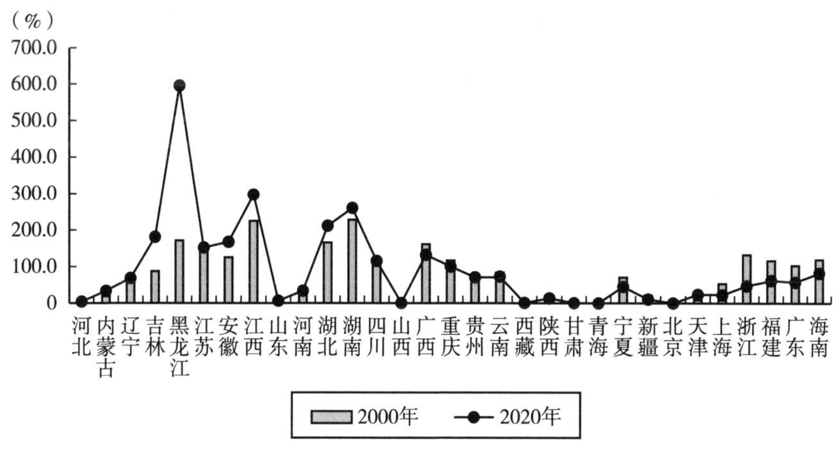

图 3－5　2000 年和 2020 年 31 个省份稻谷自给率比较

（五）玉米自给率的变化

从全国层面看，玉米自给率一直稳定在 95% 以上，2009 年由于东北及内蒙古大旱，全国玉米产量减产，自给率降低到 2000 年以来的最低值，即 97.2%。之后又恢复增长，2014 年达到 121.9% 的峰值。近年来受“镰刀弯”地区玉米结构调整政策的影响，自给率有所下降，2020 年下降到 95.84%。分区域看，全国玉米自给率保持稳定的贡献主要来自主产区，主产区平均自给率从 142.4% 上升到 202.6%。产销平衡区自给率维持在 90%以上，2000 年为 97.0%，2014 年曾达到 116.5% 的较高水平，之后受“镰刀弯”地区玉米结构调整的影响，一些省份大幅调减了玉米面积，2020 年下降到 85.5%。主销区平均自给率从 2000 年的 18.1% 下降到 2020 年的 7.6%。从各区域的产需关系看，主要是饲料用粮需求带动全国玉米消费，产销平衡区与主销区消费需求分别增长了 121.7% 以及 165.0%，而产量分别仅增长 95.4% 以及 4.9%。

与小麦和稻谷相同，玉米生产省域间不平衡在加剧。全国 31 个省份中有 11 个自给率在上升，其中黑龙江、内蒙古、吉林和辽宁的自给率大幅上升，分别从 2000 年的 241.3%、308.2%、430.3% 和 153.0% 上升到 2020 年的 594.5%、592.1%、641.4% 和 218.7%，这 4 省产量增长速度明显快于其他省份，产量分别提高了 361.1%、335.9%、199.4% 和 225.5%（见图 3-6）。在自给率下降的省份中，重庆、贵州和陕西已经从 2000 年的基本自给转向产不足需。2018 年，19 个省份需要依赖外省调入，玉米消费累计缺口从 2000 年的 3903 万吨上升到了 2018 年的 10307 万吨，增长了 2.6 倍。分析发现，玉米调减力度大的省份单产水平普遍低，如贵州、福建以及江西单产水平不足 4500 千克/公顷，低于全国 5762 千克/公顷的平均水平。

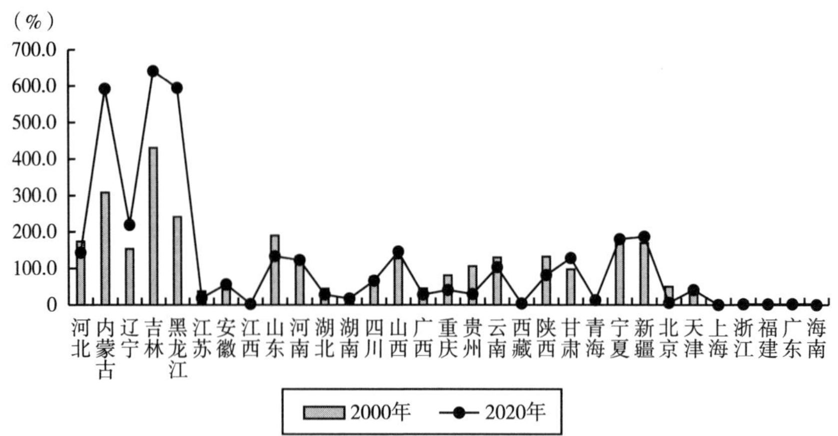

图 3-6　2000 年和 2020 年 31 个省份玉米自给率比较

四、粮食生产与粮食安全的辩证关系

粮食生产是保障国家粮食安全的重要内容，随着经济社会的变迁，粮食安全的概念也发生着变化，粮食生产需及时进行调整。总体来看，中国粮食安全战略演进方向是从被动型转向主动型，党的十八大以来，围绕“牢牢把握粮食安全主动权”这一主线，总体战略安排层面和具体政策选择层面均发生了适应性变化，粮食安全战略重点呈现出以下五种特征变化。

（一）粮食安全的主要特征

1. 从“顾全面”到“保重点”

粮食安全中所保障的“粮食”口径究竟应扩大还是收窄一直是学界争论的焦点。1996 年《中国的粮食问题》白皮书中提出了“立足国内资源，实现粮食基本自给”的粮食安全基本方针，由此，确保粮食综合自给率成为中国粮食安全政策的核心目标。《国家粮食安全中长期规划纲要(2008—2020 年)》中，将“粮食自给率稳定在 95% 以上”设定为中国粮食安全主要目标。但随着玉米、大豆等粮食品种消费需求快速上升，粮食自给率逐年下滑。综合考虑水土资源的固有约束和粮食全面增产的不可持续，党的十八大以后，新粮食安全观将粮食安全保障范围从“粮食全面自给”向“谷物基本自给，口粮绝对安全”收窄，划定了重点粮食品种的安全底线。在此基础上，2022 年中央一号文件《中共中央 国务院关于做好 2022 年全面推进乡村振兴重点工作的意见》进一步明确了重点保障粮食生产的基本原则，提出“永久基本农田重点用于粮食生产，高标准农田原则上全部用于粮食生产”，集中主要力量资源确保粮食安全。

2. 从“促产出”到“强产能”

以全面自给为导向的传统粮食安全观，意味着粮食产出要与消费需求增速相匹配，即对粮食产量逐年增长提出了潜在要求。面对粮食增产压力，初期主要依靠增加化肥、农药等生产资料的投入数量，但随着时间推移，原先依赖物质投入的粮食增产路径走到极限，化肥等生产投入的边际效益递减。在此背景下，新粮食安全战略突出了以“确保产能”“科技支撑”为主线的粮食安全新路径，提出“藏粮于地、藏粮于技”，向耕地、科技要产量，实现了粮食安全由“促产出”到“强产能”的转变。“双藏”战略的核心是强化粮食综合生产能力，调控核心仍是水、土、种子、技术装备等生产要素。一方面，要完善农田水利设施夯实生产基础，并辅助轮作休耕、保护性耕作等措施培肥地力；另一方面，要立足科技手段深挖生产潜力，全面实施种业振兴行动，通过优化生产要素质量、提高要素利用效率，进一步提升粮食综合生产能力。以高标准农田为例，截至2021年底，中国已建成高标准农田10亿亩，到2030年，计划建成高标准农田12亿亩，将稳定保障6亿吨以上的粮食产能。

3. 从“压产区”到“一盘棋”

自粮食主产区、主销区、产销平衡区格局形成后，主销区和产销平衡区“非粮化”现象日益严重，保障粮食安全的重任逐渐向主产区倾斜。由此，粮食生产供求区域不平衡问题日渐突出，粮食安全“搭便车”现象愈发明显。2021年主产区粮食产量占全国粮食总产量比重已达78.5%，其中，位列前5的主产区省份合计占比就达41.1%。党的十八大以来，根据粮食区域供求新特征，从考核制度上，中国开始实施粮食安全省长责任制、粮食安全党政同责考核机制，压实各省份粮食生产政治责任，履行好政府监督管理职能。习近平总书记多次强调“主产区要努力发挥优势，产销平衡区和主销区要保持应有的自给率”“饭碗一起端、责任一起扛”；2022年中央一号文件《中共中央 国务院关于做好2022年全面推进乡村振兴重点工作的意见》也进一步明确了“主产区、主销区、产销平衡区都要保面积、保产量”。粮食安全战略从“压产区”到“一盘棋”的转变，说明保障粮食安全不能只盯着主产区，要充分调动主销区、产销平衡区地方政府抓粮积极性，减轻主产区粮食生产压力，全国上下“一盘棋”落实好粮食生产责任。

4. 从“重数量”到“提质量”

中国作为世界人口大国，过去很长一段时间内粮食安全的主要目标都是追求粮食产量的增加。但以数量为主导的粮食安全目标给中国在生产可持续、供需有效匹配、资源生态环境、食品质量安全等方面带来了诸多问题，尤其付出了较多环境代价。党的十八大以来，新发展理念和供给侧结构性改革将发展质量提升到与数量增速并重的地位。在农业领域，农业主要矛盾已由总量不足转变为结构性矛盾，优化产品结构、提升产品质量逐渐成为发展重心。以农业供给侧结构性改革为主线，立足市场需求调优生产结构，重点发展强筋弱筋小麦、优质稻米、食用大豆等品种。质量兴农、绿色兴农成为新时期农业现代化的必然选择，农业政策逐渐由以增产为主导向增产与提质并重转变。中国先后实施了轮作休耕政策、化肥农药零增长行动、黑土地保护项目等政策措施，多措并举促进资源利用率全面提升，推动农业永续发展。

5. 从“生产端”到“全链条”

传统粮食宏观调控多围绕生产端的粮食安全目标展开，党的十八大以来，党中央不断强化产业兴粮的重要地位，将建设粮食产业强国作为粮食安全的重要任务和农业高质量发展的重要途径。以“粮头食尾”“农头工尾”为抓手，在“延伸产业链、提升价值链、打造供应链”上下功夫，着力培育农业产业龙头企业、壮大区域粮食产业经济、促进一二三产业融合发展，开展了“中国好粮油”行动计划、农业生产“三品一标”提升行动、粮食仓储物流提升工程等一系列重点工程，促进粮食加工产业市场竞争力提升。截至“十三五”期末，中国农产品加工转化率提升到68%，相比2015年提升3个百分点；农产品加工业与农业总产值比提高到2.4：1，相比2015年提升11.1%。

（二）粮食自给与粮食安全

粮食自给率是衡量一个国家粮食安全状况的重要指标，在高质量发展的新形势下，人们对高质量生活的追求越来越强烈，尽管直接粮食消费在减少，但粮食总消费仍会不断增加。2000 年之前，人均粮食总消费量最高为 1996 年的 422 公斤，2012 年超过 500 公斤，2015 年以来稳定在 550 公斤以上，在高水平、高品质消费阶段，需要比以往更多的粮食转化作为保障，作为拥有 14 亿人口的粮食消费大国，即使世界粮食贸易量全部供应我国，仍满足不了我国消费量的 1/2，这决定了立足国内是解决我国粮食安全问题的根本。我国一直高度重视粮食自给率问题，《国家粮食安全中长期规划纲要（2008—2020 年）》明确提出"中国粮食自给率要基本保持在 95% 以上"。我国粮食由近乎完全自给、短缺性自给，到实现真正意义上的高度自给，再到高水平自给，蕴含着我国在粮食自给和粮食安全上的不断成熟与进步。

长期以来我国的粮食安全政策关注宏观的粮食自给水平，有关讨论主要集中在科学反映粮食安全程度的粮食统计口径选择、粮食自给率的测算方法以及确保粮食安全的可接受自给率水平的设定等方面。学者普遍认为将大豆纳入粮食自给率核算夸大了粮食安全问题的严重性，而口粮自给率与谷物自给率能准确反映国家的粮食安全状况，近年来中国的谷物自给率维持在 95% 以上，从宏观的自给率角度看处于绝对安全水平。然而宏观层面的粮食供给保障固然是微观层面粮食安全的基础，但国家层面的粮食自给水平并不能完全反映所有区域和个体粮食安全的程度，特别是在近年来，各区域主要粮食作物供需状况不平衡现象加剧，出现粮食重心"北上西进"的"逆经济性"移动趋势，使得区域间粮食安全风险特征趋于差异化。粮食安全问题从总量矛盾演变为区域矛盾，大规模的区域性流通调剂，也使得粮食安全笼罩在流通风险之下。

（三）购销能力与粮食安全

从供给安全角度，粮食安全内涵应包括两层含义：一是粮食生产能力保障；二是对粮源的控制力和可获得性。我国幅员辽阔，决定了粮食在区域和个体间可获得性具有差异，粮食生产区域集聚效应逐渐显现的情况下，省际间大规模调运和区域调剂成为常态。从粮食主产区田间工厂到销区消费者餐桌，其中跨越粮食收购、储存、运输、加工、销售和配送许多个环节，任何一个环节出问题，都可能会对销区的粮食供应构成威胁。在以市场为主导的粮食供求调节机制下，考验一个国家粮食安全程度的不仅仅是生产保障能力，高效的粮食流通能力对于粮食安全的作用和意义更为凸显。长期以来我们保障粮食安全重心多集中于生产能力建设，随着粮食安全从总量矛盾转化为区域平衡问题，提高流通效率、应对流通风险是保障粮食在区域、品种、时间上基本平衡的关键。

区域间粮食流通体系的核心要素包括主产区与主销区产销协作能力、仓储等流通基础设施建设能力、市场分销体系以及应急反应机制。随着平衡区、主销区自给程度下滑、调运规模增加，运输与分销体系成为保障粮食平稳供应的短板。在粮食库存分配方面，粮食库存多集中于主产区，主销区和产销平衡区的库存薄弱，2019 年，笔者在云南、贵州等省份调研，发现在产销平衡区省份，依靠市场自发形成的小规模分散流通占有很大比重，中转仓储设施比较落后，不能满足日渐增长的运输和流通需求。“北粮南运”纵跨整个中国，铁路运力在冬季冰冻等特殊情况下充分暴露问题，夏季从东北运粮一般需 1 周，冬季冰冻、运力紧张则需要 2～3 个月，如果遇到极端天气，可能时间会更长。在政府流通调控机制不完善的情况下，小规模分散的流通体系、传统落后的仓储设施放大了流通风险。加强粮食运输物流体系建设，增加重要物流节点、大中城市人口密集区以及自然灾害易发地区中央储备粮的库存规模，构建“种植＋流通＋贸易”全产业链布局模式，是降低区域平衡问题带来的安全隐患的重要手段。

（四）区域性粮食安全与稻麦口粮消费自给

按照充分发挥各自区域比较优势的原则，中央对于主产区、产销平衡区以及主销区作出了不同功能定位，在主销区率先开展粮食购销市场化改革，促进粮食流通体系以及区域产销合作机制建设。同时，中央也多次强调产销平衡区以及主销区要落实好省长负责制，在推进粮食购销市场化改革上，不能放松粮食生产。然而主销区经济发展程度高、产业选择余地大，很多经济作物亩收入动辄 3 万～4 万元，对种粮的挤压效应更为凸显，粮食生产能力和生产效率相对主产区提升缓慢。即使在经济发达的闽粤地区，粮食生产“两高两低”的问题非常突出，即中低产田比例高、土地细碎化程度高、农业机械化水平低、单产水平低。

产销平衡区和主销区保持一定自给水平是落实粮食安全生产责任的需要，也是降低自身购销风险的内在需要。从落实粮食安全生产责任角度看，主产区应压实粮食安全重担、多产粮多供粮，产销平衡区要稳定粮食生产、确保区域供需平衡，主销区也应压实粮食生产责任，除京津沪外，坚持保障城乡居民口粮自给，不能在粮食安全上“欠账”太多。从产销平衡区、主销区降低自身购销风险的角度看，由于行政区域间存在利益博弈，往往存在粮食丰收时主销区不愿意调入、遇到重大危机缺粮时主产区不愿意调出的问题，1998 年特大洪水和 2008 年冰冻灾害等历史教训都表明，即使有钱在关键时刻也可能买不到粮，因此，主销区和产销平衡区保持一定的口粮自给率是有必要的。主销区和产销平衡区通过中低产田改造、机械化水平提高等手段，粮食供给能力提升空间较大，从前文对主销区粮食自给率的分析看，除京津沪外，不考虑稻麦用于工业和饲用消费的，做到用于口粮用途消费的稻麦全部自给是有基础、有条件的，也是能做到的，这也是实现区域性粮食自给与安全的核心要旨。

五、本章小结

从 20 世纪 90 年代末到 21 世纪初，国家致力粮食流通体制改革，结合各地资源禀赋，国家提出三大粮食区域概念，对全国进行地域划分，根据功能定位分为粮食主产区、产销平衡区和主销区。按照三大粮食区域分类，2003 年以来粮食生产正在大幅向主产区聚集，主产区已成为我国粮食生产的中枢力量，其在样本期内，持续不断扩大粮食面积和提高粮食单产，使最终粮食产量比重越来越高，担负起了应尽的粮食生产责任，成为我国粮食生产中心。产销平衡区种植面积变化不大，但受益于单产提升，粮食产量有一定增加，自给率也比较平稳，但在我国粮食总量的增长过程中，贡献程度处于下滑趋势。值得警惕的是粮食主销区，虽然单产较高，但粮食种植面积、粮食产量和粮食自给率都出现了下滑，供不应求的问题日益凸显，不仅加重主产区生产负担，“南粮北运”的产销格局也延长了从生产者到消费者的流通距离和流通时间，增加了区域粮食供应的风险和隐患。随着经济社会发展，粮食安全战略在发生变化，国家粮食安全从来不只是粮食主产区、某几个主产省的责任，而是全国上下通盘谋划的全局性战略，要站在国家粮食安全战略一盘棋的高度统筹安排，主产区、产销平衡区和主销区均要承担起相应的粮食生产责任。

第四章

我国粮食进口情况与面临的外部形势

我国粮食生产不仅与国内有关，也与国际形势密不可分。21 世纪以来全球历经四次粮食危机，我国粮食进口的外部形势发生深刻变化，影响范围和危害程度扩大升级、内源困境与外生冲击相互交织、粮食政治化和武器化更加凸显、应对措施由短期无序性向长期系统性转变。在国际粮食市场上，我国粮食进口品种集中、来源集中、时期集中和方式集中的问题凸显，极大增添了粮食进口的安全性和稳定性隐患。经验表明，危机强烈的调整效应会加速全球贸易格局重塑，立足国内、保障粮食有效供给才是防范和化解危机最根本的途径。本章将重点讨论以全球四次粮食危机为代表的国际粮食形势变化，以及给我国粮食生产的警示。

21 世纪以来，全球经济一体化进程加快，农业合作程度日益加深。据世界贸易组织统计，2000 ~ 2021 年全球农业贸易进口额从 5939 亿美元增加到 21958 亿美元，年均增长 6.5%。全球每 6 人中就有 1 人依赖国际贸易获取食物，农业贸易日益成为改善全球营养健康和维护粮食安全不可或缺的重要途径（WTO，2023）。在世界各国深度融入国际农业价值链的背景下，全球农业贸易的微妙变化可迅即向国内延伸。在共享国际贸易红利的同时，危机事件对农业产业发展和粮食安全的冲击也通过供应链、价值链和金融市场等渠道传导至世界各地，引发国际社会的普遍担忧甚至恐慌。当前，国际粮食市场波动频繁，除了受自然灾害等传统因素的影响之外，突发公共事件导致跨国粮食供应链堵塞或中断风险加剧，使得粮食作为特殊商品的战略属性愈发凸显。粮价波动与粮食危机交互发生，给不同国家的粮食安全和社会稳定带来严峻挑战。部分国家因粮食供应紧张而引发恶性通货膨胀或社会动荡，特别是一些发展中国家，甚至出现了示威抗议、政权更迭等严重的社会危机。在2007～2008年和2010～2011年两次全球粮食危机期间，粮价飙升导致部分城市骚乱、政府倒台，引发了从加勒比到中东地区的动荡（张蛟龙，2021）；2020年新冠疫情和2022年俄乌冲突则触发了食物消费端的恐慌情绪并产生连锁反应，导致一些国家和地区政局动荡、社会斗争频现，尤其是粮食进口依赖度较高和自给能力较弱的国家和地区（李董林等，2023）。与之相比，也有少部分国家粮食安全治理体系相对完善、应对危机有力，损失较小甚至免受危机干扰。以中国为例，因粮食持续增产、库存充裕、不依赖进口，国内粮价平稳，粮食安全保障能力进一步增强。英国经济学人智库发布的《全球粮食安全指数报告》显示，2021年我国粮食安全在113个国家和地区中排名第25位，相比2012年提高了13位（Economist Impact，2023），强大的粮食安全保障能力使得我国并未爆发其他一些发展中国家出现的社会危机。

总体来看，除了气候灾害、贸易政策、市场投机和地缘政治等对粮食供需的直接影响之外，历次全球粮食危机背后都有更加复杂、更深层次的制度原因。同样是在危机情形下，为什么有的国家饱受冲击，有的国家相对来说却能幸免于难？粮食危机是一面镜子，折射出一个国家的治理体系和治理能力问题。深入探索粮食危机爆发的原因及其规律，深刻反思粮食安全治理的经验教训，避免类似的历史错误再次发生，对促进全球和谐发展、保障落后国家人民粮食权利、促进全球饥饿人群免于饥荒导致的生命安全威胁非常必要，对于中国这样的人口大国而言也将具有重要的警示和启发意义。

本书从比较视野切入，概述21世纪以来四次全球性粮食危机的基本情况，在梳理和归纳四次粮食危机结果、原因、手段和响应等方面的异同点的基础上，深入总结粮食危机中的重要经验教训及其对我国粮食安全治理现代化的启示镜鉴。现有研究大多高度关注粮食进口安全的某一方面，对国家整体性的粮食进口风险缺乏系统的分析总结，对航运风险等问题关注不足。考虑到当前国际形势错综复杂，贸易保护主义、单边主义流行，全球范围内的贸易限制措施层出不穷，全球粮食供应链和物流运输的脆弱性日益凸显，我国粮食进口安全更是呈现出了新的特征、新的挑战和新的压力。有鉴于此，有必要重新审视我国粮食进口过度集中的风险，确保粮食进口安全。

一、21 世纪以来的国际粮食危机

全球化时代下，各国利益深度交织，粮食贸易规模扩大的同时，也为粮食危机爆发积聚了风险，国际粮价步入频繁震荡期。如图 4－1 所示，联合国粮农组织（FAO）监测数据显示，进入 21 世纪以来全球粮食经历了四次危机，即粮价四次脱离正常供求关系，出现异常走高的情况，分别为 2007～2008 年粮食危机、2010～2011 年粮食危机、2020 年新冠疫情大流行期间的粮食危机和与 2022 年俄乌冲突相伴而来的粮食危机。

图 4－1　2000～2023 年月度食品和谷物价格指数

资料来源：联合国粮农组织食物价格指数（FAO Food Price Index）。

（一）2007～2008 年库存减少诱发的粮食危机

2007～2008 年粮食危机是 21 世纪首次波及全球的粮食危机，粮食短缺、产量锐减和价格激增等使全球陷入恐慌。世界银行数据显示，此轮粮食价格从 2006 年 9 月开始快速上涨，到 2008 年 4 月达到峰值，全球粮食价格指数由 70.68 点涨至 156.64 点，累计上涨 121.62%。其中，大米价格上涨幅度惊人，2008 年 1 ~7 月泰国含碎 5% 和含碎 25% 大米价格分别飙升了 94.82% 和 92.10%（见图 4 -2）。FAO 报告也表明，2007 年全球 47 个国家陷入危机、需要紧急援助，近 9.23 亿人遭受饥饿威胁；2008 年 82 个低收入国家在粮食进口方面支出达 1690 亿美元，比上年增加 40%，是 2000 年的 4 倍多（FAO，2023）。

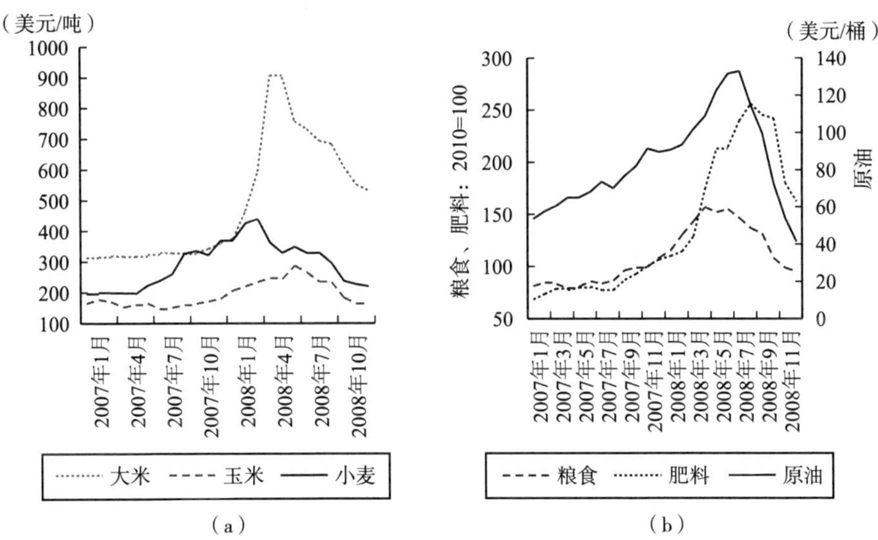

图 4 -2　2007 ~2008 年全球粮食、原油和肥料价格变动情况

注：小麦为美国硬红冬小麦，大米为泰国含碎 5% 大米，原油价格为布伦特、迪拜和 WTI 平均值，粮食和肥料为价格指数（2010 =100），下同。

资料来源：联合国粮农组织、世界银行。

回顾此次粮食危机，从供给端看，在世界粮食库存消费比达到 30 年来最低水平的情况下，2005 ~2006 年极端天气又导致澳大利亚、加拿大等主要粮食出口国及全球粮食连续减产，多国担心国内粮食供应短缺，选择性地对粮食出口进行管制，进一步加剧了国际粮食价格的波动性和粮食市场的不稳定性。另外，石油价格快速上涨连带化肥价格涨了 3 倍多，生产成本增加导致粮食价格上扬。在需求端方面，随着全球人口规模的扩大，粮食消费需求持续增加，2005 年美国出台了新的能源政策法案，使玉米、大豆等粮食流向生物燃料，FAO 估计 2007～2008 年用于生物燃料的粮食高达 1 亿吨，占全球谷物总产量的 4.7%（FAO，2023）；加之美国次贷危机和美元贬值诱发投资者在农产品期货市场上大搞投机买卖，推动国际粮价在短时间内暴涨，直至 2008 年 4 月后粮价才随着投机资本的退出缓慢回落。总体上，这场粮食危机是自然灾害和金融危机共振的结果，其根源在于作为生产生活必需品和重要战略物资的粮食逐渐演化出能源和金融属性，成为经济工具。

（二）2010～2011 年灾害减产带来的粮食危机

2010～2011 年的粮价高峰是 21 世纪国际粮食价格的第二次大波动，此次粮食危机距上次危机仅有两三年时间。如图 4－3 所示，此轮粮食价格从 2010 年 6 月开始大幅上涨，2012 年 8 月达到最高峰，全球粮食价格指数从 81.96 点涨至 153.69 点，累计上涨 87.52%。其中，小麦、玉米和大米价格分别达到 360.82 美元/吨、333.05 美元/吨和 615.25 美元/吨。

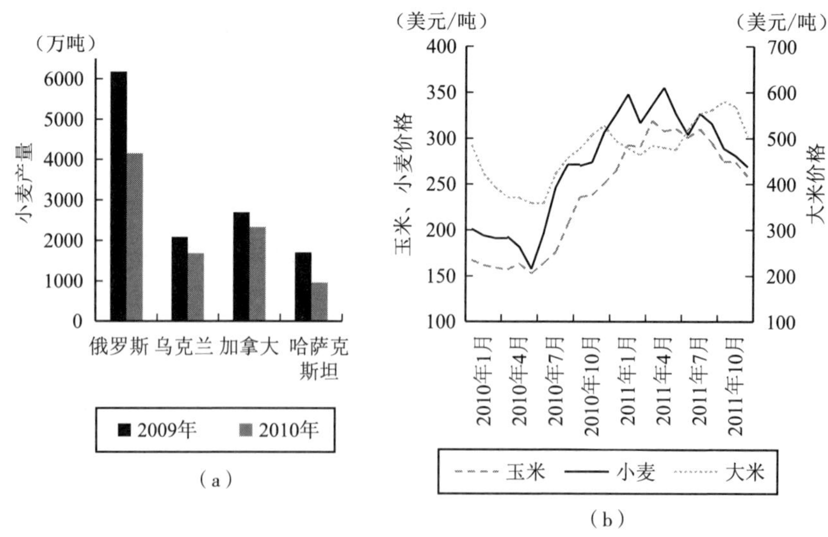

图 4－3　2010～2011 年全球粮食产量和价格变动情况

资料来源：联合国粮农组织、世界银行。

在此次全球粮食价格飙涨期间，小麦和大麦价格最先受到影响，主要问题在于俄罗斯和哈萨克斯坦遭受旱灾大幅减产，乌克兰、加拿大和欧盟等粮食产量也因天气原因下滑，而这些区域恰是全球小麦和大麦的主要出口主体。2010 年 8 月 5 日俄罗斯宣布暂时禁止粮食出口，小麦供求关系骤然趋紧，国际市场反应强烈，小麦价格大幅上扬。由于美国玉米单产低于先前预测水平，2010 年 9 月后玉米价格开始上涨，2010 年 10 月玉米价格达到 235.81 美元/吨，是 2009 年同期的 1.41 倍。与此同时，美元走弱对粮食价格和波动形成了进一步支撑，2010 年 10 月乌克兰和阿根廷等实行小麦、玉米出口配额政策，国际粮价不断升温，全球粮食安全问题持续发酵，直至 2012 年粮食价格才缓慢下降。可见，这场粮食危机主要是由极端天气和贸易保护政策导致的国际粮食供应量不足而引发的粮价高涨。

（三）2020 年新冠疫情笼罩下的粮食危机

2020 年新冠疫情再次对全球粮食体系造成严重冲击，特别是全球粮食供应链中断导致区域性粮食供给短缺，加剧了全球的粮食不安全感。如图 4-4 所示，此轮粮食价格从 2020 年 6 月开始快速上涨，到 2021 年 5 月达到阶段性最高点，全球粮食价格指数从 88.91 点涨至 133.68 点，累计上涨 50.35%。新冠疫情初期国际大米市场动荡，新冠疫情和极端天气叠加，导致从 2020 年 3 月起多国暂停或禁止大米出口，推动国际大米价格在 2020 年 4 月迅速飙升到 564 美元/吨，比 2020 年 3 月上涨了 14.17%。玉米和小麦价格总体也保持上涨趋势，2021 年 5 月，玉米价格达到 305.31 美元/吨，2021 年 11 月小麦达到 379.45 美元/吨，是上年同期小麦价格的 1.39 倍。此次粮食危机或将成为第二次世界大战后最大一次粮食危机，导致 2021 年世界 7.02 亿 ~8.28 亿人遭受饥饿，危机期间饥饿人数累计增加 1.5 亿人（Food Security Information Network，2023）。

此次粮食危机夹杂着错综复杂的原因，既有气候异常导致自然灾害频发，也有新冠疫情蔓延引致世界经济停摆，各国防治措施限制了粮食在国家内部以及国家之间运输，引发国际粮食市场异常波动（张琛和孔祥智，2021）。特别是新冠疫情导致的经济衰退使全球失业人数增加、失业率持续上涨，收入减少造成部分群体尤其是贫困人口和弱势群体粮食获取能力下降。2022 年《世界粮食安全和营养状况》预计，在新冠疫情影响下，

2030 年全球食物不足人数将比在未发生疫情的情况下增加 7800 万人（FAO，2023）。

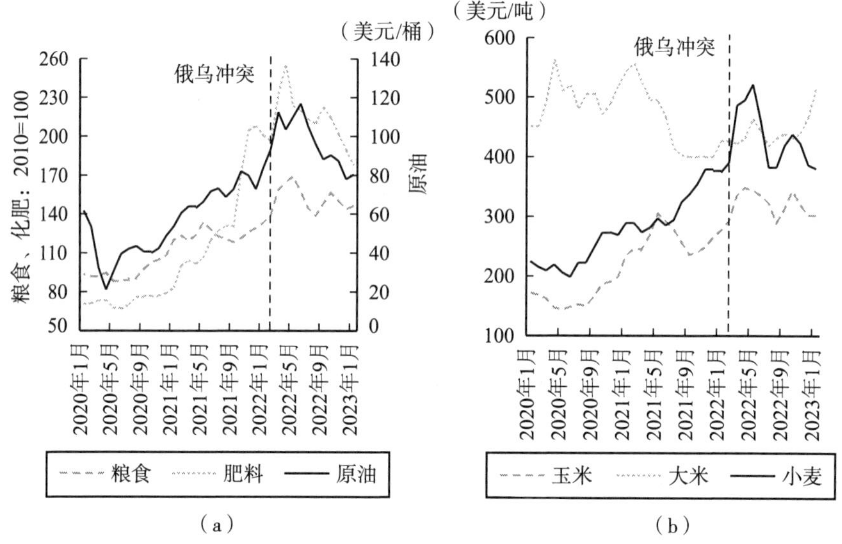

图 4-4　2020～2023 年全球粮食、原油和肥料价格变动情况

资料来源：联合国粮农组织、世界银行。

（四）2022 年俄乌冲突引发的粮食危机

在新冠疫情的持续冲击下，全球粮食安全风险积聚放大。2022 年 2 月，俄乌冲突爆发使全球粮食安全形势雪上加霜。俄乌冲突爆发后全球粮食价格迅速上涨，2022 年 3 月全球粮食价格指数达到 158.69 点，相比 2022 年 1 月增加了 25.46 个点，2022 年 5 月更是飙升到 169.04 点，跃升至 1960 年来的最高水平。其中，玉米价格在 2022 年 4 月飙升至 1960 年以来的最高点 348.17 美元/吨，小麦价格在 2022 年 5 月份达到 1960 年以来的最高点 522.29 美元/吨（见图 4-4）。当前粮食价格整体运行还处在高位，全球粮食危机警报仍未解除。

俄罗斯、乌克兰是小麦和玉米主要出口国，2021 年、2022 年，两国小麦、玉米出口合计占全球比重分别为 25.55% 和 15.06%（United States Department of Agriculture，2023）。多条粮食贸易通道被阻断，两国粮食供应能力受制。在此背景下，多国为优先保障本国粮食需求而实施自我保护手段，密集发布粮食出口限制新规，2022 年共有 32 个国家以出口许可要求、出口税或关税、完全禁止或综合措施等形式实施了 77 项出口限制（International Food Policy Research Institute，2023），这无疑给高涨的国际粮价又添了一把火。俄乌冲突还导致乌克兰粮食生产遭受重创。与 2021 年相比，2022 年乌克兰粮食产量和出口量分别下降了约 40% 和 30%，预计 2023 年乌克兰粮食产量和出口量将比上年分别减少 20% 和 15%（European Commission，2023）。此外，化肥禁运和能源供应不足也导致全球农资价格全线猛涨（见图 4 –4），农资价格飙升致使 2022 年全球农业投入品支出增加 50%（FAO，2023）。化肥和原油价格飙升，推动全球粮价持续上涨，这场粮食危机的结束时间尚不确定。

二、四次国际粮食危机的共性与思考

（一）粮食危机共同特征

从四次粮食危机演化过程看，尽管每次粮食危机特点各异，但却依然存在一些共性化和规律性的特征，在结果、原因、手段和响应等方面也具有一定的共同之处。

1. 从结果看，影响范围和危害程度逐渐扩大升级

在全球化发展下，世界各国相互依存、深度融合，粮食安全问题的传导性、联动性、跨国性越来越突出，粮食危机也随着全球动荡源和风险点增多愈演愈烈，其持续时间、波动幅度和危害程度呈扩大升级态势。

粮食危机持续时间逐渐拉长。2007 ~ 2008 年粮食危机持续时间较短，前后约 2 年。在此期间，国际粮价剧烈波动，但随着投机资本退出，粮食价格在 2008 年 4 月后便逐渐回落。2010 ~ 2011 年粮食危机持续时间较长，前后约 4 年。2010 年 6 月这场危机出现苗头，粮食价格在 2012 年创下历史纪录后才缓慢下降，但 2013 年粮食价格依旧维持在高位，直至 2014 年

8月粮食价格才恢复到危机发生前的水平。在最近发生的两次粮食危机中，2020年粮食危机产生的一系列蝴蝶效应至今仍然存在，2022年俄乌冲突对全球粮食价格造成的影响在短时间内不会消散，未来甚至有进一步加剧的可能。

粮食价格波动幅度逐渐增大。在2007~2008年粮食危机期间，全球粮食价格指数最高峰为156.64点，在2022年粮食危机期间，全球粮食价格指数在2022年3月就达到158.69点，并攀升至169.04点的高峰，超出2007~2008年粮食价格高峰值12.4个点。在2007~2008年粮食危机、2010~2011年粮食危机和2022年粮食危机中，玉米价格分别达到287.11美元/吨、333.05美元/吨、348.17美元/吨的高峰，波动幅度一次比一次剧烈。在2007~2008年粮食危机中，小麦价格峰值为439.72美元/吨；在2022年粮食危机中，小麦价格峰值达到522.29美元/吨，较2007~2008年粮食危机时的价格高出18.78%。

粮食危机危害程度逐渐扩大。历次粮食危机和粮价飙涨对贫困和营养不良人口的冲击往往最为剧烈。从全球情况看，如图4-5所示，新冠疫情暴发后世界食物不足人数呈加速上升趋势，2021年增加到7.39亿人，相比2008年增长了11.46%，为2006年以来最高水平。另据2023年《全球粮食危机报告》估计，全球经历严重粮食不安全并需要紧急粮食、营养和生计援助的人数已连续四年增加，2022年全球超过2.5亿人面临严重饥饿，7个国家的人口处于饥饿边缘，达到该报告出版7年以来的最高数值（Food Security Information Network，2023）。与此同时，粮食危机还可能导致更多的次生灾害，包括贸易保护主义泛滥等。在四次粮食危机期间，贸易保护主义进一步抬头，新冠疫情和俄乌冲突加速了贸易保护主义回潮，2022年全球粮食出口限制国家数量快速上升，并在2022年以16.12%的可贸易卡路里超过了2007~2008年粮食危机期间的最高出口限制水平。

2. 从原因看，内源困境与外生冲击相互交织

粮食危机是内外因相互影响和共同驱动的综合性结果，除极端天气事件、生物燃料挤出等与粮食直接相关的内因外，突发性危机事件、石油价格浮动和货币政策变动等外源性因素日益成为影响粮食安全的重要原因。

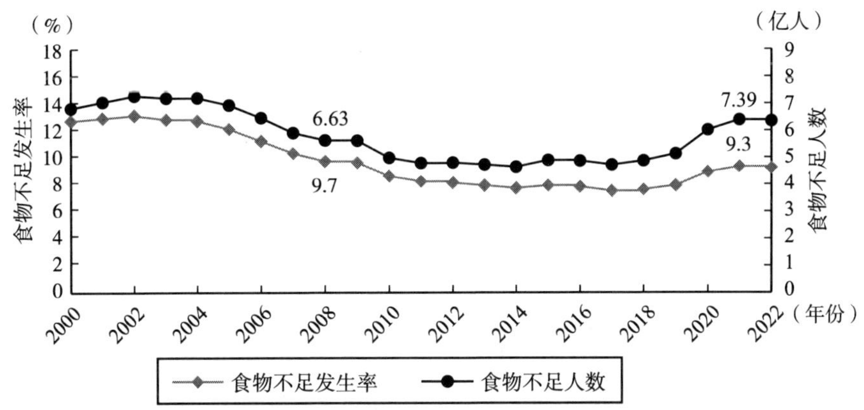

图 4-5 2000~2022 年的食物不足发生率及食物不足人数变化情况

资料来源：联合国粮农组织。

从内因看，极端天气事件可能会引致粮食减产和供给走弱。气候变暖带来极端气象灾害频发，成为影响全球粮食生产的主要因素。全球灾害数据平台数据显示，21 世纪以来，全球自然灾害发生次数显著增加，与 20 世纪 80~90 年代相比，2000~2021 年全球自然灾害发生次数增加了 90%（见图 4-6）。在 2007~2008 年粮食危机和 2010~2011 年粮食危机中，极度高温、极端降水和极度干旱等气象灾害是美国、欧盟和印度等粮食主产国减产的重要因素，也是两次粮食危机产生的重要推力；在 2020 年粮食危机中，拉尼娜现象长期持续导致全球重要小麦产区频繁干旱，2022 年非洲之角的持续干旱、巴基斯坦的毁灭性洪水以及南部非洲的热带风暴、旋风和干旱等造成了非洲、南亚部分国家或地区出现严重粮食不安全现象。更重要的是，自然因素引发的粮食减产情况往往成为发达国家干预粮食市场供应以及投机资本哄抬粮价的借口，为其操作手法提供了法理的外衣。另外，发达国家生物能源发展迅速，不仅激化了“与人争粮”“与粮争地”的矛盾，还把能源市场与粮食市场紧密联系起来，使得能源市场价格波动以更快的速度传导至粮食市场，这无疑加剧了粮食价格预期的不稳定性，对粮食危机起到了推波助澜的作用（刘璐等，2023）。有研究表明，生物能源发展对 2008 年粮食价格暴涨的贡献率高达 75%（农业部农业贸易促进中心课题组，2014），生物能源对世界能源贡献微小，但对粮价拉动贡献巨大，其对全球粮食安全造成的威胁已是不争的事实。

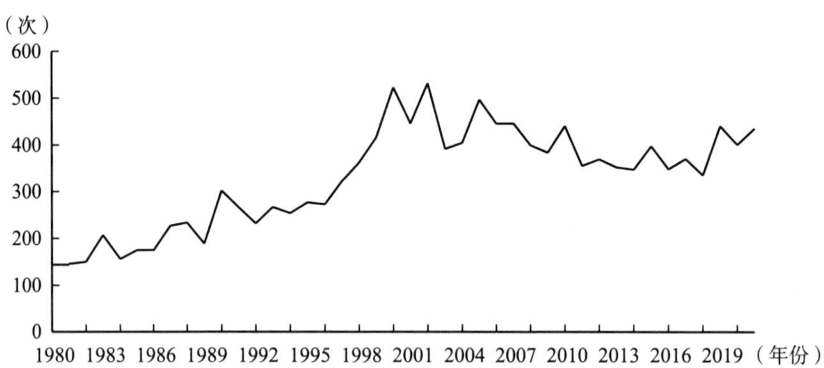

图 4－6 1980～2021 年全球自然灾害发生频次变化情况

资料来源：紧急灾难数据库（EM－DAT）。

从外因看，战争、疫情等突发性事件冲击粮食供应链稳定性。尽管全球粮食供需总体趋于平衡，但粮食生产在全球分布并不均衡，全球各国主要通过国际贸易来达成粮食供需平衡的基本格局，一旦主要粮食生产国和出口国发生突发性事件，必然影响全球粮食安全。第一，突发性事件已多次成为大幅抬升粮食价格的核心诱因。在 2010～2011 年粮食危机中，局部地区形势恶化推动了国际粮价上涨，新冠疫情蔓延下全球粮食物流环节受阻更是直接引发了 2020 年粮食危机，2022 年俄乌冲突则导致全球粮食市场再度面临崩溃。第二，石油价格通过成本效应和替代效应与粮价共振。一方面，石油价格上涨沿着产业链传导，推动化肥等农资价格上升，农机作业成本增加，进而抬升粮食价格；另一方面，石油价格上涨又通过替代效应导致更多粮食被用做生物能源，加剧粮食供需紧张。在 2007～2008 年粮食危机中，美国借助期货市场，把美元与石油、粮食深度捆绑，享受粮价上涨所带来的政治和经济利益。第三，货币政策变动是催化粮食危机的重要因素。经济周期更迭、美元币值变动对国际粮食价格具有重要影响，特别是 2008 年金融危机以来，美联储推出的量化宽松货币政策与国际粮食价格走势密切相关。从历史经验看，宽松的货币政策会导致持续性通胀，对全球粮食价格形成长期性支撑（温铁军等，2014），如在 2007～2008 年粮食危机中，美国等发达国家相继采取了量化宽松货币政策，导致全球粮食价格大幅上涨；在最新一轮粮食危机中，美联储开启的无限量量化宽松货币政策正是全球粮价上涨的重要推手。

3. 从手段看，粮食政治化和武器化现象更加凸显

粮食具有生存必需品和战略物资的双重属性，决定了其既具有经济性又具有政治性，尤其是在国际交往过程中，粮食外交和粮食霸权往往并存，成为国际博弈中重要的战略力量（徐振伟和左锦涛，2019；刘宇和查道炯，2010）。美国前国务卿基辛格曾称："谁控制了石油，谁就控制了所有国家；谁控制了粮食，谁就控制了所有人类"（恩道尔，2008）。纵观21世纪以来全球发生的四次粮食危机，不难发现危机背后总有一些国家甚至不乏有影响力的大国把粮食政治化、武器化，通过操纵全球粮食供给和粮食价格等转嫁国内危机、收割全球财富。

粮食危机期间，多个国家以出口禁令等强制手段限制粮食和化肥出口，以此隔绝国际粮食价格对国内粮食价格的冲击，保障本国粮食供应稳定。虽然粮食出口限制政策在短期内可以起到保障国内粮食安全的作用，但这种"以邻为壑"的模式却成为国际粮食价格持续高涨的推手，最终会通过蝴蝶效应影响本国粮食安全。历史证明，正是粮食出口限制政策将各种诱因打包在一起快速促成了粮食危机，如在2007～2008年粮食危机期间，各国出口限制政策引发大米价格在短期内翻了一番，然后从大米扩展到其他粮食品种，导致了粮食危机全面爆发。另外，粮食出口限制政策也是部分发达国家国内政治斗争的工具，如欧盟开辟"团结通道"导致乌克兰大量廉价粮食涌入波兰市场，严重损害了波兰农民利益，波兰政府执政党即法律与公正党为获得本国农村选民支持，率先宣布禁止进口乌克兰粮食。

除粮食出口限制手段外，粮食危机背后还伴随着其他政治性博弈，以欧美为首的发达国家通过推行高额补贴挤压发展中国家粮食生产，并以公平贸易、比价优势理论和粮食援助等主张或手段弱化发展中国家粮食生产能力，很多发展中国家特别是高度依赖粮食进口的国家无力招架，成为首当其冲的受害者。如美国向非洲国家提供粮食援助时常附加条件，要求受援助国放弃粮食种植，转而生产香蕉、可可等经济作物，致使这些国家进一步丧失了粮食自给能力。2020年和2021年，非洲食物不足人数分别比上年增加3530万人和1520万人（FAO，2023）。粮食"武器化"是发达国家的惯常操作，特别是在2022年粮食危机中，对俄罗斯实施单边制裁，

限制俄罗斯运粮船只通行。可以说，粮食已成为发达国家与其他国家政治、经济较量的“撒手锏”，是达成其战略企图的一把利剑。

4. 从响应看，应对措施由短期无序性向长期系统性转变

21 世纪以来四次粮食危机给世界经济发展与国际社会稳定运行带来了太多不确定性，应对和解决粮食危机是各国共同面临的紧迫课题。事实上，在数次粮食危机的猛烈冲击下，世界各国对粮食安全的重视程度大幅提高，多个国家及国际组织陆续采取了各种形式的防范和抵御措施，以降低危机爆发的可能性或危机带来的不利影响。随着粮食危机轮番上演，应对措施已逐渐从短期无序性向长期系统性转变。

为应对快速上涨的粮价和保障国内供给，大部分国家倾向于在第一时间采取“头疼医头、脚疼医脚”的临时性、短期性措施，如降低粮食进口税、管控粮食出口、发放食物券、动用政府储备粮食等。2007 ~ 2008 年，约有 50% 的国家降低了粮食进口税，50% 以上的国家控制了粮食价格或向消费者提供补贴，25% 的国家对某种粮食实施出口限制，25% 的国家动用了储备粮，但仍有 16% 的国家没有采取任何措施（FAO，2023）。并非所有政策都能达到预期效果，在历次粮食危机中惯用的粮食出口限制政策往往增加了粮食价格上涨的风险，2022 年 7 月土耳其、俄罗斯和乌克兰签署的黑海港口农产品外运协议也并未彻底解决俄乌两国粮食出口问题。显然，短期性政策治标不治本，单单依靠短期性措施难以修复粮食危机导致的复杂性、长期性问题。为进一步增强粮食风险应对能力，一些国家制定实施了更为系统的应对和防范措施，重点从强化粮食生产和粮食库存的韧性入手，以期降低对国际粮食贸易体系的依赖程度。如我国始终坚持“牢牢端稳中国饭碗”，在提升国内粮食综合生产能力的同时，积极拓展粮食供给渠道，谨慎防范粮食进口可供性、出口限制等可能潜在的风险，把握粮食进口主动权。印度为增加粮食供应，2007 年启动了国家粮食安全计划，农业生产方面预算支出增加 25%，灌溉和防洪等方面预算支出增加 13%（Gulati，2011），并逐步建立了粮食生产、流通和消费环节三个层面的粮食安全政策体系，不仅在粮食生产环节加大了支持力度，还在流通环节增加了数量庞大的粮食缓冲库存，有效防范粮食短缺可能产生的风险（李丛希等，2022）。

（二）对粮食危机的思考

纵观21世纪以来全球经历的四次粮食危机，粮食短缺、粮价飙升等多种不安状况叠加造成了前所未有的粮食恐慌，不仅在短期内急剧恶化了国际粮食市场形势和供求关系，而且导致一些国家粮食不安全程度骤然提高，甚至出现大规模游行、政治运动或政权更迭等社会危机。细数历次粮食危机，以下几个方面的问题尤其值得关注和思考。

1. 货币超发助长粮价上涨，放大供求关系偏移程度

历次全球粮食危机在表现形式上都有一个共同特征，即粮食价格在短期内出现暴涨或暴跌。考虑到粮食生产具有很强的周期性，粮价短期内的大幅波动很难简单归咎于粮食市场供求基本面的急剧调整和变动，其真实诱因往往很大程度上与金融市场、货币市场的扰动和影响高度相关。伴随着粮食金融化、能源化属性日益突出，粮食市场与金融市场、能源市场高度贯通，尤其是在粮食期货等衍生品市场快速发展的背景下，国际粮价对货币供应量、利率和汇率等各类金融变量的变化越来越敏感，甚至超过粮食供需基本面对粮价的决定作用（曾伟，2023）。金融因素不仅通过改变流动性、投机性以及市场预期等直接影响国际粮价，而且还会通过国际能源价格间接影响国际粮价（高帆和龚芳，2011）。事实上，在历次粮食危机中都有美元超发的影子。如图4－7所示，21世纪以来美国广义货币供应量持续增加，2007年增长率达11.71%，2020年增长率达17.20%。美联储长期推行量化宽松的货币政策，推动美元流动性持续扩张，导致大量热钱和投机资本不断涌入大宗商品市场，一旦出现粮食减产、库存下降或其他突发事件，投机资本就会“顺市”炒作粮食期货和现货价格，导致粮食价格在短期内偏离供求基本面决定的趋势价格，出现不合理的起落（曾伟，2023）。同时，金融监管宽松、债务压力加大，一些依赖进口粮食、能源等大宗商品的低收入发展中国家财政负担急剧上升，粮食不安全程度陡增。国际货币基金组织（IMF）报告显示，受粮食和能源价格高企的严重影响，低收入国家持续面临艰难的债务状况，超过一半国家正面临或已

经陷入了债务困境（IMF，2023）。整体而言，全球货币超发、金融监管不力和债务危机加重等因素加剧了金融市场的动荡，粮食金融化下粮价与供求基本面的偏离进一步放大了国际粮食供求关系偏移程度，国际粮食市场成为过剩金融流动性的“消纳场”。

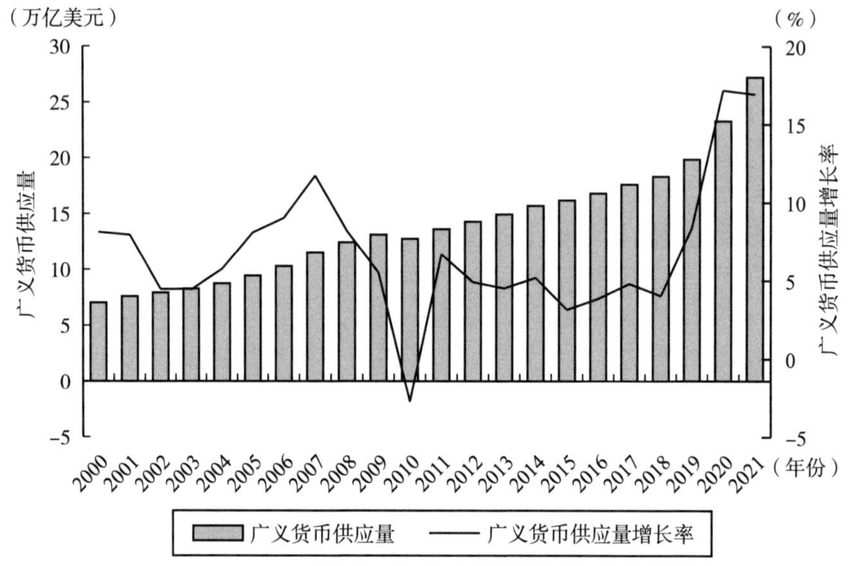

图 4-7　2000~2021 年美国广义货币供应量及增长率

资料来源：世界银行。

2. 全球收入分配不平等为粮食危机提供了催化剂

粮食危机不是简单的供给需求问题，本质上是收入分配问题。在几次粮食危机期间，全球粮食供应总量并未出现明显短缺，出现粮食安全问题的原因主要是粮食分配及供应链体系刺激卖方市场不断推高粮价，使得许多国家陷入“买不起粮”和“无粮可买”的双重困境。其中，粮食危机带来的粮价急剧上涨对粮食净购买者和低收入群体的影响最为严重，主要体现在三个方面：一是治理体系和治理能力落后的发展中国家在粮食危机中显得更加脆弱，发展中国家处于国际分工价值链的底端，基尼系数偏高，粮价飙升削弱了贫困家庭满足基本食品需求的能力；二是历次粮食危机通常伴随着能源价格高涨，不但增加了粮食生产成本，还可能诱使农户减少化肥使用量来应对供给短缺，进而导致粮食减产，危机情况恶化；三是不少低收入国家的农业生产资料高度依赖进口，在美联储持续加息和美元升值背景下，低收入国家外汇支出负担明显加重，脆弱群体的粮食安全进一步受到威胁。例如，2006～2007 销售年度低收入缺粮国的谷物进口费用增长 35%，2007～2008 销售年度增长 27%（FAO，2023）；2022 年全球农业投入品进口费用或超 4200 亿美元，同比增长近 50%，是 2020 年的 2 倍以上（FAO，2023）。事实上，随着农业生产力不断提升，全球粮食产量总体上呈增长趋势，但仍然存在越来越多的饥饿和贫困人口。这些都表明，不能简单地从供需视角看待粮食危机，由于国家之间分配不平衡，即便在粮食供给总量充足的情况下，低收入群体的食品获取能力也会更多地受粮食价格及其自身购买能力的制约（胡冰川，2022）。

3. 受冲击国过度相信泛贸易主义，存有侥幸心理

从全球范围看，由于人口和耕地资源分布不均，贸易在全球粮食供应和分配体系中发挥着关键作用。FAO 的一项研究表明，在人们摄入的卡路里总量中，至少有 1/5 跨越了一国边界，跨界的卡路里数量比 40 年前增长了 50% 以上（FAO，2020）。然而，自由贸易往往是一把“双刃剑”，为全球粮食贸易提供便利的同时也引入了诸多不确定因素，尤其最近几年，经济全球化遭遇逆流，单边主义、保护主义愈演愈烈，国际粮食市场面临的风险和不确定性明显增强，全球经贸摩擦形势严峻。《2022 年度全球经贸摩擦指数报告》显示，全球经贸摩擦整体加剧，所有月份的指数均处于高位，指数月均值比上年增加 205 个点（中国国际贸易促进委员会，2023）。除关税、配额和许可证等常规情况下的贸易保护政策外，在突发事件情况下，为优先保障本国粮食供应，粮食进口国和出口国往往会单方面采取“以邻为壑”的贸易政策，扰乱正常的国际粮食贸易秩序，导致全球粮食市场和粮价波动（朱晶等，2021）。具体来看，一方面，主要粮食出口国实施包括出口限制和关闭市场在内的农产品贸易保护主义政策来保障国内粮食供应，进而导致全球粮食供应量骤减。图 4－8 表明，自 2008 年粮食危机以来，全球农产品出口限制措施持续增加，越来越多的限制措施冲击着全球农产品贸易秩序。另一方面，粮食进口国在全球范围内大量采购粮食，加紧扩充粮食战略储备，进一步恶化了国际粮食市场供求形势。

总体上，出于对粮食供求和粮价上涨担忧的“限出奖入”贸易政策，在短期内改变了全球粮食市场的供应关系，并形成示范效应，裹挟着担忧情绪进一步放大粮食供求矛盾，加剧国际社会缺粮恐慌，助推全球粮食价格上涨。

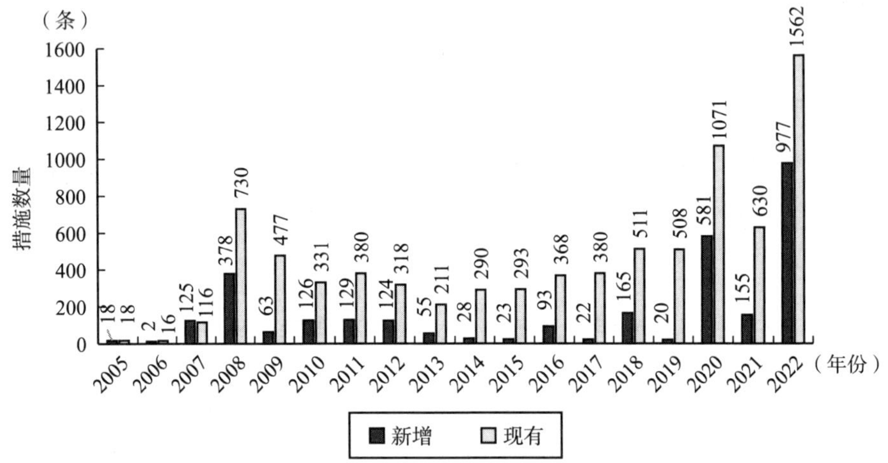

图 4-8　2005～2022 年全球农产品出口限制措施数量

资料来源：全球贸易警报（Global Trade Alert）数据库。

4. 粮食危机强烈的调整效应加速全球贸易格局变化

21 世纪以来数次全球粮食危机的爆发使国际粮食贸易形势变得更为错综复杂，也在一定程度上加速了全球粮食贸易格局的重塑。一方面，粮食危机成为发达国家和企业寡头对外扩张、收割世界财富的盛宴。美国嘉吉、邦吉、ADM 和法国路易达孚四大跨国粮商垄断了全球 80% 以上的粮食交易，牢牢掌控全球跨国粮食产业链和供应链，粮食危机成为其操纵全球粮价、打压竞争对手、重构产业布局、牟取巨额利益的有利契机。2007 年，ADM、嘉吉和邦吉的利润平均上涨 103%，全球三大种子和农药公司（孟山都、先正达和杜邦）利润同比增长 91%（McMichael，2009）。2022 年俄乌冲突以来，粮商巨头借势全球粮食供应紧张和粮价高涨，再次大肆敛财，2022 年 ADM 第一季度净利润为 10.54 亿美元，同比增长 53%，第二季度净利润为 12.36 亿美元，同比增长 74%，业绩增长势头强劲（SEC，2023）。另一方面，粮食危机往往会诱发贸易保护主义，更有甚者，一些国家还将贸易问题政治化、武器化，试图在危机期间争夺全球粮食安全治理的话语权，或借机污蔑和抹黑竞争对手，达到孤立竞争对手和实施道义制裁的目的。全球粮食贸易体系频繁遭受单边主义、保护主义冲击，使得一些国家对利用国际贸易市场保障本国粮食安全产生更大担忧，不得不在增加国内粮食生产、拓展粮食进口来源等方面加大投入力度，这在一定程度上诱发了全球粮食贸易及跨国投资格局的多元化（李董林等，2022）。如中东和非洲地区是全球小麦和玉米的重要买家，俄乌冲突导致其传统供应链受阻，促使其不得不加速开辟新的粮食供应渠道。与此同时，粮食危机也推动跨国投资格局加速多元化，如国际资本涌向撒哈拉以南非洲地区投资粮食生产，企图利用海外市场巩固本国粮食安全基础。

5. 立足国内是防范和化解粮食安全危机的根本途径

在充分利用贸易调剂国内市场余缺的同时，也应清楚地看到，在国际形势愈发不稳定、不确定的背景下，一国只有立足粮食基本自给，才能掌握粮食安全主动权。一方面，较低的粮食自给率往往会加剧低收入贫困国家的粮食不安全程度。以非洲为例，2021 年非洲北部和撒哈拉以南非洲三大主粮综合自给率分别为 34.1% 和 76.1%，均低于联合国规定的 85% 的安全标准（安春英，2023）。在新冠疫情冲击下，非洲饥饿人数激增幅度最为显著，食物不足人数占总人口数的比重为 21%，是其他区域的两倍多（FAO，2023）。另一方面，保证一定的粮食自给率对维护经济社会稳定起着关键作用，尤其是在极端情况下，立足国内能够有效防范和化解外部冲击对国内粮食市场的影响。目前在全球 14 个人口过亿的大国中，俄罗斯、美国、印度和巴基斯坦等国的谷物自给率均超过 100%（United States Department of Agriculture，2023），较强的粮食保障能力为其面对剧烈变化的外部环境增添了更多底气。尤其是对我国这样拥有 14 亿多人口的大国而言，寄希望于国际市场来保障国内粮食安全既不现实，也不可能。牢牢把握粮食安全主动权，必须确保“中国饭碗”主要装“中国粮”。我国粮食产量丰、库存足，即使在全球疫情最严重时，粮食市场也是货足价稳，百姓米面无忧，这充分彰显了“以我为主、立足国内”的国家粮食安全战略的全局性、战略性、前瞻性，也为世界维护粮食安全提供了重要的经验借鉴。

三、我国粮食进口的高度集中性特征

20 世纪 90 年代之前，中国是一个粮食净出口国，粮食出口在以工补农、换取外汇等方面发挥了重要的作用（刘美秀和杨艳红，2013）。然而，我国在 2001 年底加入 WTO 以后，粮食作为一种土地密集型产品，在国际竞争中的比较劣势逐步显现，导致我国很快地由粮食净出口国转变为净进口国，且净进口的规模不断扩大，对国际市场的依赖度持续攀升。如图 4－9 所示，2001～2021 年，全国粮食净进口量由 959.2 万吨增长至 16123 万吨，增长约 16.8 倍，年均增长 15.2%，远远高出国内同期产量增速（国内产量年均增速为 2.19%）。中国很快成为全球第一大粮食净进口国，在全球市场中的占比份额也由 5% 提升至 22%。与此同时，进口量占国内粮食产量的比重也不断提高，从 2001 年的不足 5% 增加到 2021 年的 20% 以上。粮食进口不仅满足国内粮食供应，对于节约水土资源、保障国家粮食安全也具有重要意义。据匡算，目前我国每年进口的粮棉油糖肉蛋奶等农副产品相当于超过 10 亿亩播种面积和 1200 亿立方米的虚拟水资源所能支撑的农业产出，其分别占到国内农作物总播种面积和农业用水总量的 40% 和 30.7%（朱晶等，2021）。从该角度来讲，我国对国际市场的依赖程度明显增强，粮食进口已经成为国家粮食安全保障的重要组成部分。

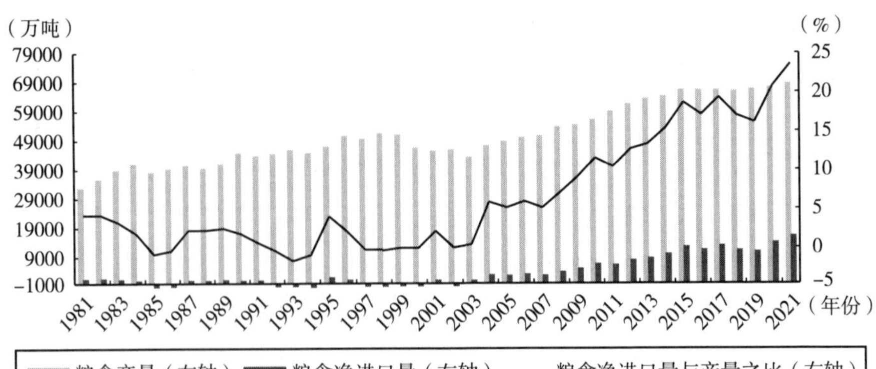

图 4－9　1981～2021 年中国粮食净进口量与产量变化

资料来源：《中国统计年鉴》《中国农村统计年鉴》及海关总署统计月报。

在粮食进口量持续扩大、对外依存度不断攀升的同时，我国粮食进口结构还呈现出高度集中于少数品种、少数地区、少数时间和少数方式的特点，可能会成为未来影响国家粮食安全保障的一大风险隐患。

（一）进口品种集中

我国进口粮食主要包括大豆、玉米、小麦、稻谷四个品种，这四者的进口规模在总体的占比保持在90%以上。尤其是2015年以来，大豆、小麦、稻谷、玉米合计的进口规模明显扩大，一直保持在9000万吨以上的高位，2017年、2020年、2021年更是突破了亿吨关卡，分别达到10680.5万吨、12294.2万吨、13960万吨。

分品种而言，展现出以下三个规律（见图4－10）：一是大豆担当粮食进口“主力军”，其进口规模增长是中国粮食进口规模持续扩大的强力动因。2001～2021年，大豆进口增速强劲，从1393.9万吨迅速提升至9652万吨，增长约6.9倍，年均增幅达10.2%，在进口粮食中的占比常年保持在2/3以上。尽管2021年我国大豆进口规模相比去年同期减少了3.8%，但是大豆依然是最主要的进口粮食品种，占比为58.66%。二是稻谷和小麦的进口规模相对稳定。稻谷和小麦的年进口总量不超过1473万吨，进口规模在近20年，特别是2014年以来保持了基本稳定，二者在进口粮食中的占比分别保持在2%～3%。即使近两年由于新冠疫情的影响，稻麦进口规模有所扩大，如2020年稻谷和小麦的进口量分别为294.3万吨和837.6万吨；2021年稻谷进口量为496万吨，小麦进口量为977万吨，但稻谷和小麦各自的占比依然没有突破6%，并且其进口量与产量之比均在10%以下。三是玉米和玉米替代品增长迅速。近些年来，随着我国居民膳食结构升级和养殖业发展需求上升，玉米进口高速增长态势明显。特别地，在近两年进口1亿多吨粮食中，玉米进口呈现爆发式增长，并连续两年突破进口配额。2020年玉米进口量达到1129.6万吨，占比接近8%；2021年玉米进口量达到创纪录的2835万吨，占比高达17.23%，同比翻了一番多。除了玉米之外，高粱、大麦、DDGS等玉米替代品由于具有不受进口配额限制、可作饲料添加剂、存在价格红利等优势，进口量也保持上涨趋势，

2021 年玉米及相关产品进口量为 5265 万吨，较 2020 年增长 70.76%。总体而言，我国粮食进口高度集中于大豆和玉米及其替代品，其合计的进口量在我国粮食进口总量中的占比常年维持在 85%以上。

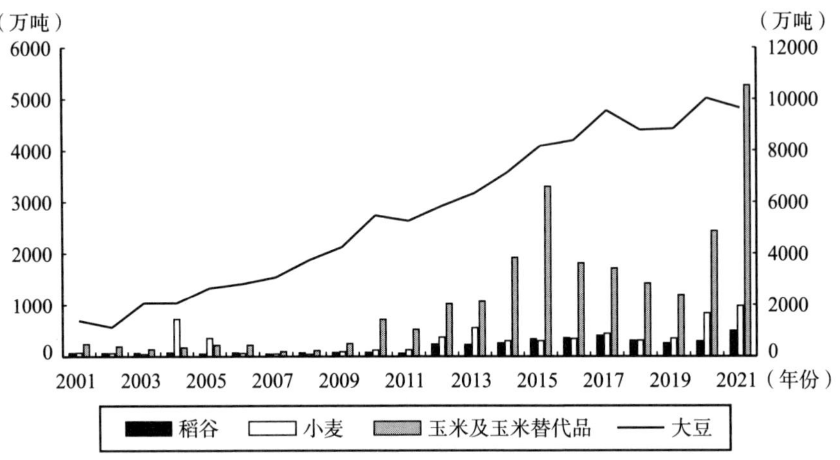

图 4-10 主要粮食品种进口情况

注：稻谷、小麦、玉米及玉米替代品进口量为左轴，大豆进口量为右轴。

资料来源：《中国农村统计年鉴》、海关总署统计月报、UN Comtrade 数据库。

（二）进口来源集中

尽管自 2013 年中央一号文件《中共中央 国务院关于加快发展现代农业进一步增强农村发展活力的若干意见》首次提出推动农产品进口多元化战略以来，我国一直高度重视和积极推进粮食等重要农产品进口来源的多元化布局，但总体上进程依然较为缓慢。目前我国粮食进口来源依然高度集中，对特定国别市场依存度较高的状况并未发生实质性的改变。总体而言，美国和巴西自 2002 年以来一直是我国排名前两位的粮食进口来源国，在粮食进口总量占比长期保持在 55%以上，尤其是 2014 年以来在我国每年粮食进口总量 1 亿多吨中，该比例进一步跃升并保持在 72%以上。

就粮食进口来源国来说，2001 年，中国仅从泰国 1 个国家进口 1 万吨以上的稻谷和玉米，分别从 3 个国家和 5 个国家进口 1 万吨以上的小麦和大豆。而到了 2020 年，贸易伙伴数量有所增加，中国进口 1 万吨以上稻谷、玉米、小麦、大豆的国家各增长到7个、6个、7个、9个（杜志雄等，2021）。从进口来源国的绝对数量看，中国粮食进口渠道来源有所拓展，但从少数国家进口占比过高，进口高度依赖于一些国家的问题依然严峻。

从稻谷进口主要来源国的变化可以看出（见表4-1），21世纪之初，稻米主要来自泰国，并且以高端大米为主。2008年以后，中国与缅甸、越南、巴基斯坦等国家陆续建立了稻谷贸易方面的合作。2021年中国主要从越南、印度、巴基斯坦进口碎米作为饲用谷物，不再以高端产品为主。从小麦进口来源国变化可知，中国小麦进口国以美国、加拿大、澳大利亚为主，2013年之前从这3个国家进口的小麦在中国小麦进口总量占比超过95%；不过，近些年来受中美贸易摩擦等因素影响，法国一度成为我国重要的小麦进口国，但美国、加拿大、澳大利亚依然在我国进口中具有举足轻重的地位。从玉米进口主要来源国的变化看，2008年之前，玉米进口量均在10万吨以内的水平，来自泰国、缅甸、越南的进口占比合计97%。此后，逐渐发展了美国、乌克兰等重要的玉米贸易伙伴。其中，乌克兰自2015年起在我国玉米进口方面发挥愈加重要的作用，2021年占据我国29%的玉米进口市场份额，位居我国玉米进口来源国第二位。大豆进口来源高度集中于美国、阿根廷、巴西，2001~2013年从这三国进口的大豆合计占比不低于95%，占粮食进口总量70%以上。2013年以来，中国也积极寻求与共建“一带一路”国家如俄罗斯、乌克兰、哈萨克斯坦等开展大豆贸易，累计从三国进口了约300万吨大豆。但大豆进口渠道的多元化并没有明显改变进口来源集中的现状，美国、阿根廷、巴西三个主要大豆进口来源国的市场地位依然难以撼动，从这三国进口的大豆依然保持进口占比在90%之上的高位。

表4-1　2001~2021年我国主要粮食品种的进口来源及其占比　单位：%

年份	稻米		小麦		玉米		大豆	
	进口来源	进口占比	进口来源	进口占比	进口来源	进口占比	进口来源	进口占比
2001	泰国	99.8	加拿大	58.2	泰国	85.4	美国	41.1
	老挝	0.1	美国	34.5	缅甸	7.9	阿根廷	36.0
			澳大利亚	6.2	越南	3.7	巴西	22.7

续表

年份	稻米		小麦		玉米		大豆	
	进口来源	进口占比	进口来源	进口占比	进口来源	进口占比	进口来源	进口占比
2008	泰国 老挝 缅甸	96.9 1.5 1.0	澳大利亚 美国	98.8 1.2	缅甸 老挝 美国	49.8 39.9 9.9	美国 巴西 阿根廷	41.2 31.1 26.3
2013	越南 巴基斯坦 泰国	66.0 18.6 13.4	美国 加拿大 澳大利亚	69.4 15.7 11.1	美国 乌克兰 老挝	90.9 3.3 2.5	巴西 美国 阿根廷	50.2 35.1 9.7
2017	越南 泰国 巴基斯坦	56.7 28.0 6.8	澳大利亚 美国 加拿大	44.2 36.2 12.2	乌克兰 美国 老挝	64.5 26.8 5.3	巴西 美国 阿根廷	53.3 34.4 6.9
2019	巴基斯坦 缅甸 泰国	24.1 21.8 21.0	加拿大 法国 哈萨克斯坦	51.9 15.0 12.4	乌克兰 美国 老挝	86.4 6.6 3.0	巴西 美国 阿根廷	65.1 19.2 9.9
2020	缅甸 越南 巴基斯坦	31.3 27.0 16.3	法国 加拿大 美国	29.2 28.2 20.3	乌克兰 美国 保加利亚	55.8 38.4 2.3	巴西 美国 阿根廷	64.1 25.8 7.4
2021	越南 印度 巴基斯坦	22.6 21.8 19.2	澳大利亚 美国 加拿大	28.0 27.8 25.9	美国 乌克兰	69.9 29.0	巴西 美国 阿根廷	60.2 33.5 3.9

资料来源：根据 UN Comtrade 数据库、海关总署提供的数据整理计算。

（三）进口时期集中

在粮食需求刚性增长和粮食生产季节性明显的局面下，我国粮食进口呈现出时期集中的特点。在大豆方面，进口主要来源于北半球的美国、南半球的巴西和阿根廷。美国大豆种植与收获时期与中国大豆相似，于每年的4月收获，9月成熟收获，10月至次年4月集中上市出口（朱晶等，2014）。由于南北半球季节性差异，巴西和阿根廷每年大豆播种时期集中在10月，收获时期集中在次年4月、5月，大豆收获成熟后即可上市出口。从2015~2021年平均情况看（见图4-11），我国大豆进口主要集中在每年5～9月及11月到次年1月，这两个时期大豆进口量占到全年大豆进口总量的73.6%。在玉米方面，北半球玉米生产国如美国主要于每年3～7月集中上市，南半球玉米生产国如巴西主要在每年1～9月供给玉米（林大燕，2018；毛学峰，2015）。在此情形下，近几年玉米进口主要集中在每年5～7月及12月到次年1月，这两个时期玉米进口量占全年玉米进口总量的52.8%。就口粮贸易而言，稻米进口主要来自东南亚地区，由于运输距离短，我国稻米进口时期与稻米进口来源国出口时期高度吻合，主要集中在每年3～5月和9～12月。小麦主要进口来源国是加拿大、美国、澳大利亚，这三国的小麦出口时间分别为4～8月、3～5月和7～9月、12月至次年5月，考虑到长途运输需要一定的时间，因而我国主要于每年3～6月及8～10月进口小麦。总体上，我国粮食进口具有明显的季节性和阶段性特征，主要集中在第二和第四季度，与国内粮食生产呈现互补的趋势。

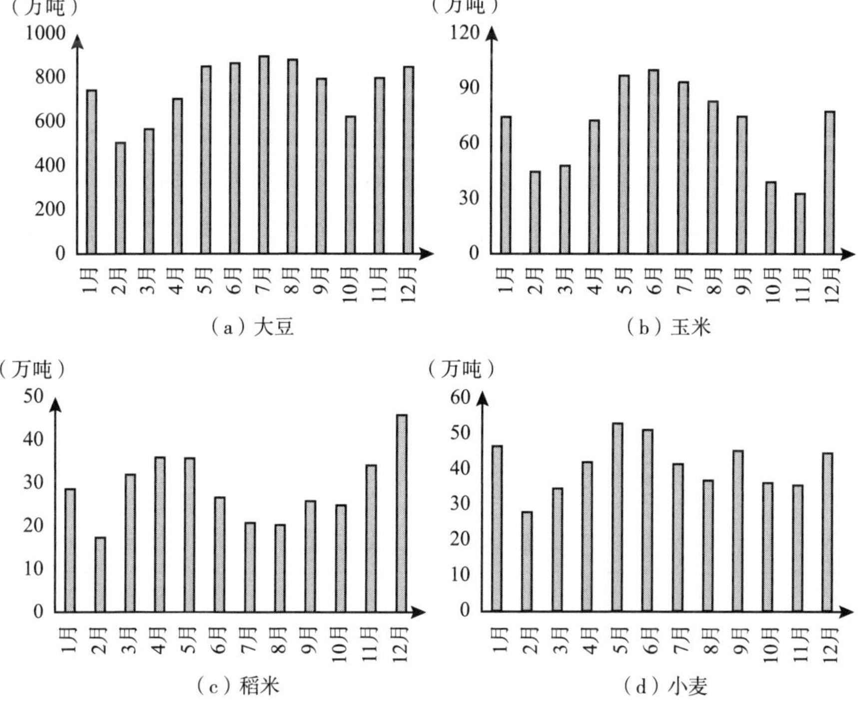

图4－11　2015～2021年中国主要粮食品种平均月度进口量

资料来源：根据Trade Map、海关总署提供的数据整理计算。

（四）进口方式集中

我国粮食进口品种和进口来源高度集中，导致粮食进口方式相对固定，主要依赖长距离海洋运输。就总量而言，2020 年我国粮食海运进口量达到创纪录的 1.3 亿吨，占国内粮食进口总量 90% 以上。从增速看，2020 年我国粮食海运进口量激增 29%，创下 2011 年以来的最快增速，占当年全球粮食海运贸易增量的 88%。从运输路线看，部分粮食品种进口的海运路线相对固定和单一，且大多需要途经国际海洋运输的一些关键咽喉要道。以我国海运进口量最大的品种大豆为例，最主要的进口国是美国和巴西。其中，美国大豆的运输路线有两条，一条为美国北部地区的大豆通过卡车和火车运到美西港口，再穿过太平洋到中国，而另一条为五大湖及附近地区的大豆通过密西西比河的驳船运输到美湾港口，再经巴拿马运河穿过太平洋运往中国。巴西大豆的运输路线主要是将主产地的大豆通过汽运运往沿海的里约热内卢港、桑托斯港、南圣弗朗西斯科港等港口，再通过好望角或巴拿马运河进入印度洋或太平洋，运往中国。在这些运输路线上主要有巴拿马运河和马六甲海峡两个关键咽喉要道，目前途径巴拿马运河运往我国的进口大豆份额由 2010 年的 30% 减少到 2020 年的 26%，穿越马六甲海峡进入我国的大豆占比由 53% 上升到 65%（见表 4－2）。近几年乌克兰发展为我国最大的玉米进口国，从该国进口的玉米量占比超过 50%。乌克兰的玉米主要从产粮区通过铁路运输运到黑海北岸的敖德萨港，再经土耳其海峡、苏伊士运河、马六甲海峡辗转到我国。总体上，我国通过海运进口的粮食中有 43% 需要途经马六甲海峡，7% 需要跨越土耳其海峡，经苏伊士运河、霍尔木兹海峡等（孙红霞和赵予新，2020）。

表 4－2　2010～2020 年中国进口粮食和大豆经过海上关键节点的情况　单位：%

年份	巴拿马运河		马六甲海峡	
	粮食进口份额	大豆进口份额	粮食进口份额	大豆进口份额
2010	25	30	45	53
2011	28	32	44	53
2012	26	31	38	50

续表

年份	巴拿马运河		马六甲海峡	
	粮食进口份额	大豆进口份额	粮食进口份额	大豆进口份额
2013	25	27	44	59
2014	28	30	40	52
2015	25	26	46	59
2016	30	31	46	53
2017	24	28	44	57
2018	15	15	58	70
2019	17	20	62	68
2020	23	26	57	65

资料来源：根据 UN Comtrade Database 和 Agricultural Transportation Open Data Platform 数据整理计算。

四、过度集中加剧粮食进口稳定性风险

第二次世界大战后，全球粮食贸易规模迅速扩大，谷物和大豆合计规模由 1961 年的不足 1 亿吨增长到当前的 3.5 亿吨。与此同时，粮食贸易风险显著增加，主要涉及进口可供性风险、出口限制风险、社会事件风险、运输中断风险、垄断控制风险五个方面。20 世纪后半叶，全球粮食贸易风险主要集中在可供性和禁运风险上，西方国家经常以惩罚别国为目的而实施粮食制裁或禁运，这成为诱发国际粮食市场异动的重要因素。进入 21 世纪以来，随着全球粮食总量供应持续改善，国际上类似于冷战时期的粮食禁运事件鲜有发生，即便是美国、联合国等针对个别国家进行经济封锁和制裁，也大多基于人道主义原则将食品、药品等民生类产品排除在外，全球粮食禁运风险逐步消退（王锐等，2020）。然而，当前新冠疫情全球大流行、重大突发事件频发，再次暴露出粮食国际供应链的脆弱性，尤其是运输和物流端所面临的风险日益凸显。在此背景下，我国粮食进口量大且高度集中，一旦出现问题，对于我国粮食进口安全性和稳定性无疑将会带来严峻挑战。

（一）进口可供性风险

进口可供性风险，指地缘政治博弈和自然灾害等原因导致我国粮食进口可供性受到威胁，主要考虑总量可供性和时点可供性两个维度。

一是总量可供性，即粮食供给数量能否满足我国粮食需求。一方面，我国粮食进口来源集中，一旦这些国家出现地缘政治冲突、意识形态争端、地区粮食产量异动等情况，我国粮食进口就会遭受波及，面临可供性风险，从而给我国粮食安全造成一定程度的威胁。当前我国粮食进口高度依赖美国和巴西，一旦中美、中巴关系紧张或者这些国家内部出现动荡，那么我国粮食进口数量便有波动的风险，且我国从这些国家进口粮食规模巨大，短期内恐怕难以迅速找到其他替代进口来源。另一方面，全球气候持续变暖导致异常气候和极端天气增加，农业自然灾害和病虫害等已进入高发期，加剧粮食生产的不确定性（崔奇峰等，2020）。联合国防灾减灾署（UNDRR）的报告显示，21 世纪以来全球共发生 7348 起自然灾害事件，相比 1980～1999 年的 4212 起增长了约 74.5%[①]。联合国粮食及农业组织数据显示，每年全球有 2/5 的农作物由于病虫害而导致产量削减，由此造成了超过 2200 亿美元的损失，全球粮食产量因灾下滑的可能性显著提升。

二是时点可供性，即中国粮食出现减产时，能否利用国际粮源进行补充。参考朱晶和钟甫宁（2004）等的研究方法，对粮食产量波动相关系数进行计算，以此来衡量我国与主要粮食出口国在粮食生产上是否具有同步性，并进一步判断我国在时点上利用国际粮食市场的安全性。如表 4－3 所示，一方面令人欣慰的是，部分主要粮食出口国的粮食产量波动与我国的波动相关性较低或者负相关，如玉米出口大户乌克兰与我国玉米产量波动相关系数仅为 0.123，稻米主要出口国泰国与我国的稻米产量波动相关系数为－0.707，这表明与这些国家合作可以较好地调节我国粮食供应市场的平衡。另一方面需要警惕的是，部分出口国之间在粮食生产上高度丰歉重

① UNDRR. The human cost of disasters: An overview of the last 20 years（2000－2019）[R]. UNDRR, 2020.

叠，如泰国与缅甸在稻米产量波动上相关程度高，其荣损相依的关系在一定程度上提升了我国粮食进口的风险和成本。总之，尽管许多主要来源国的粮食产量与我国产量并非同步波动，但是部分出口国之间生产波动显著相关，这意味着关键时刻通过进口来“熨平”我国粮食产量波动的难度加大。

表4-3　1995~2020年中国与主要粮食出口国（地区）产量波动相关系数

粮食品种	主要出口国（地区）	产量波动相关系数
稻米	世界	0.362
	泰国	-0.707
	缅甸	-0.511
	越南	-0.368
	巴基斯坦	-0.071
小麦	世界	0.405
	加拿大	0.371
	美国	-0.003
	澳大利亚	0.109
	法国	-0.025
玉米	世界	0.090
	泰国	-0.146
	乌克兰	0.123
	美国	-0.215
	老挝	0.104
大豆	世界	0.405
	阿根廷	0.371
	巴西	-0.003
	乌克兰	0.110
	美国	-0.025

注：粮食产量波动值=当年实际产量-当年预期产量，其中当年预期产量由简单线性回归方法得出。产量波动相关系数由两组波动值数据的协方差除以它们的标准差乘积计算得出。

资料来源：根据联合国粮农组织数据库（FAOSTAT）提供的数据整理计算。

（二）出口限制风险

粮食作为重要的战略物资，长期以来都是国家间政治制裁和经济制裁的武器。粮食出口限制主要出于意识形态、政治斗争或贸易争端需要，抑或是为了保障本国粮食供应稳定而限制粮食出口。

20 世纪中后期，西方国家多次以惩治或报复别国为目的而实施粮食制裁或禁运。据统计，20 世纪 50 年代后，全球共发生过 15 次粮食禁运事件，但出于人道主义成为全球共识、粮食禁运本身是一场双输博弈等各方面原因，多数均以失败而告终（崔奇峰等，2020）。21 世纪以来，由于带有敌对意图的制裁禁运愈发不得人心，国际上管控粮食贸易的方式逐渐转变为更隐蔽的出口限制，以达到保障国内粮食安全、改善本国粮食贸易条件等目的。近三次全球粮食市场发生异动期间，部分粮食出口国采取出口限制手段以求安求稳。如表 4 -4 所示，在 2007 ~2008 年粮食危机期间，粮农组织对 77 个国家进行的一项抽样调查显示，约有 25% 的国家实施了某种形式的出口限制，如阿根廷对玉米、小麦、大豆征收出口税，乌克兰对玉米、小麦、大麦、黑麦实行出口配额限制。到了 2010 ~2011 年国际粮价上涨期间，大多国家对粮食品种同时实行了多种出口限制措施，如印度对普通大米实行出口禁令、最低出口价格、出口配额等手段，巴基斯坦针对小麦同时采取出口配额、出口禁令措施。2020 年以来新冠疫情与自然灾害交织共振期间，俄罗斯、乌克兰、印度等国家对稻麦口粮采取了以出口配额或出口禁令为主的出口限制手段，这两种形式会造成严重的贸易扭曲，但参与国较少（钟钰等，2021）。总体上，尽管目前我国遭遇出口国粮食禁运的概率较小，但当国际粮食市场发生异动时，出口国仍有可能采取商业性禁运或限制出口措施，进而诱发短期内全球粮食供应紧张和粮价波动，对我国粮食进口的稳定性也会带来一定威胁。

表 4 -4　　近三次粮食市场异动与部分国家粮食出口限制措施

粮食市场异动时间	国家	粮食出口限制品种	出口限制形式
2007 ~2008 年粮食危机期间	阿根廷	玉米、小麦、大豆	出口税
	印度	普通大米	出口禁令、最低出口价格
	巴基斯坦	小麦	出口税
	俄罗斯	小麦、大麦	出口税、出口禁令
	乌克兰	玉米、小麦、大麦、黑麦	出口配额

续表

粮食市场异动时间	国家	粮食出口限制品种	出口限制形式
2010~2011 年 粮价上涨期间	阿根廷	玉米、小麦	出口配额
	印度	普通大米	出口禁令、最低出口价格、出口配额
	埃及	大米	出口税、出口禁令、出口配额
	巴基斯坦	小麦	出口配额、出口禁令
	俄罗斯	小麦、大麦	出口税、出口禁令
2020 年以来 新冠疫情与自然灾害 交织期间	俄罗斯	小麦、黑麦、大麦、玉米	出口配额
	乌克兰	小麦	出口配额
	印度	大米	暂停出口
	越南	大米	出口禁令
	柬埔寨	大米、稻谷	出口禁令

资料来源：根据夏尔马（Sharma，2011）报告附录及相关新闻报道整理。

（三）社会事件风险

社会事件风险，即当今世界处于百年未有之大变局，新冠疫情等社会事件层出不穷，导致国际粮食市场面临的不确定性、波动性和风险日益加剧，给我国粮食进口带来了安全隐患。

一方面，各种疫情的全球大流行助推全球市场不良预期的产生，挫伤了大量国家参与粮农贸易的积极性，使全球粮食供应链亮起红灯。为防控疫情，许多国家采取关闭边境口岸、限制人口流动等措施，使粮食市场面临生产要素投入不足和贸易中断风险，从而增加世界粮食的不安全预期，加剧国际粮食市场的供需紧张。2020~2021 年，世界粮食供求安全系数（本年度期末库存量与下年度消费量的比率）高达 30%，远高于 17%~18% 的安全警戒水平（黄汉权、李振，2021）。疫情蔓延也导致许多粮食出口国参与国际贸易的信心下降。2020 年 4 月以来，俄罗斯、哈萨克斯坦等国家陆续采取了暂停对中国出口大豆的举措，此举如多米诺骨牌般极具传递性，随后越南、塞尔维亚等国家也纷纷放缓本国粮食出口步伐。其中有部分国家在国际粮食贸易中具有举足轻重的地位，而它们实施的农产品出口限制措施在短期内容易引发粮价上涨，甚至可能造成部分地区出现囤粮现象，从而干扰全球粮食供应链的正常运转（王国敏和侯守杰，2021）。另一方面，部分国际港口由于饱受运力紧张、政治冲突、工人罢工等问题困扰，运输物流受到极大的不良影响。而新冠疫情无疑是雪上加霜，致使港口本就运营不佳的情况进一步恶化。2021 年 12 月，克拉克森研究在《2021 年航运市场总结与展望》中表示，集装箱船拥堵指数曾经达到 37.5% 的峰值，高于新冠疫情前 31.3% 的平均水平，导致市场实际运力的活跃度下降。全球船队运力增长 2.9%，低于近 10 年来 4.1% 的平均增速。船只压港现象严重，船舶周转次数降低、集装箱拥堵及利用率偏低，导致国际海运价格飙升、运输时长延长，极大增添了全球粮食供应链及我国粮食进口的风险性与不确定性。

（四）运输中断风险

运输中断风险主要指海上咽喉要道一旦出现运输中断或堵塞，导致粮食腐化、运达延误等问题，让我国粮食供应链“如鲠在喉”，极大地影响我国粮食进口的安全性。

一方面，海上咽喉要道往往比较狭窄，在运输过程中极易发生堵塞或运输中断情况，对国际粮食贸易造成巨大冲击。以全球海运最重要的动脉之一苏伊士运河为例，其最窄处仅有 0.2 公里宽。2021 年 3 月“长赐号”货轮在此搁浅，造成苏伊士运河堵塞一周，致使全球贸易损失 60 亿 ~100 亿美元（傅梦孜，2019）。另一方面，海上咽喉要道往往缺乏替代路线，即使部分航道有替代方案，但运输风险依然较高。例如，土耳其海峡和霍尔木兹海峡没有可替代的路线；马六甲海峡尽管有巽他海峡、龙目海峡、望加锡海峡三条替代航道，但这些替代航道所在国政局相对不稳定，容易发生军事冲突和海上恐怖活动，另外望加锡海峡浅滩较多，地形相对复杂，该地海盗活动频繁且袭击成功率高，因而马六甲海峡的替代方案安全系数均低于马六甲海峡，存在较高的航运风险。此外，2002 ~2020 年，由于气候风险、安全和冲突风险以及政治与制度风险等因素，马六甲海峡等五处海运咽喉要道都曾发生过多次中断或阻塞。其中，巴拿马运河、苏伊士运河、土耳其海峡中断次数高达 8 次（见图 4 – 12）。除了海洋运输外，在内陆运输方面，由于中国粮食主要进口国基础设施落后，系统日趋拥挤老化，也会造成中断风险。美国、巴西内河交通负荷沉重，公路基础设施落后；俄罗斯、乌克兰等国在外部运输通道方面存在建设不足情况；泰国、越南等国同样面临公路建设不完备的问题，运输基础设施建设不充分，导致粮食运输存在成本上升、拥堵排队、迟延耽误甚至出现中断的风险（孙红霞和赵予新，2020）。

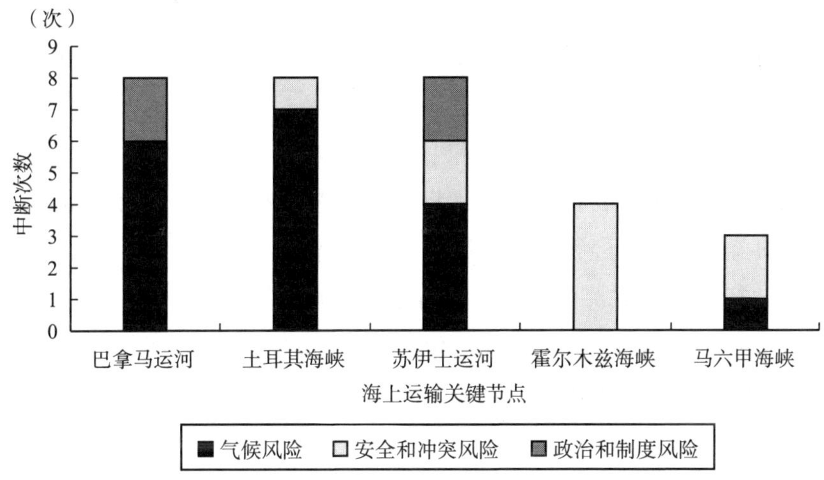

图 4－12　2002～2020 年主要海上运输要道中断发生次数及原因分析

资料来源：根据豪斯（House，2017）的数据整理。

（五）垄断控制风险

垄断控制风险，指国际四大粮商依托其在粮食贸易中的垄断地位，对我国粮食进口安全造成干扰所带来的风险。当前国际粮食市场是卖方市场，美国 ADM、邦吉、嘉吉、法国路易达孚四大国际粮商在种业、仓储、加工、运输等产业链环节凭借规模化、网络化、技术研发等优势，牢牢掌握了国际粮食领域的话语权，控制着全球 4/5 的粮食贸易量（杨静等，2017）。如 ADM 的业务遍及世界上 160 多个国家和地区，2021 年其粮食处理量 5425 万吨；嘉吉业务遍及 125 个国家和地区，拥有 570～600 艘的租赁船舶运输船队，每年运输货物达 2 亿吨。国际粮商给我国粮食安全进口带来的垄断控制隐患，不仅表现在垄断定价上，还体现在供应链垄断和技术垄断上。一方面，跨国粮商在全球粮源地兴建码头、仓库等大型现代物流设施，牢牢控制海运权进而控制粮食供应链。四大粮商在巴西和阿根廷出口大豆的市场份额中占比为3/5，并且高度控制着主产国大多数港口、铁路等运输设施，如果当地不向其采购散粮，主产国的粮食则无法装船出口，这无疑使我国在大豆进口上易面临“卡脖子”的风险。另一方面，国际粮商凭借技术垄断优势，为农民提供种子、化肥、农机等生产资料，以换取当地农民或合作社手里的粮食，由此紧紧地把粮源掌握在自己手中。当前中国进口如此多粮食，大多是从跨国粮商手中购买的“二手粮”，在一定程度上把跨国粮商“养肥养膘”了。此外，四大粮商依托其关键的农业生产技术和资本优势进军我国粮食产业，如由ADM参股的益海嘉里集团，综合品牌矩阵广，核心品牌优势明显，它以1302.98亿元的品牌价值在由每日经济新闻每经智库联合清华大学经济管理学院中国企业研究中心编制的“2021中国食品饮料上市公司品牌价值榜”中排名第二。并且凭借领先技术和研发优势，近三年在小包装食用植物油、包装面粉、包装米等现代渠道市场份额排名第一，对我国中小粮食企业的生存空间造成一定程度的威胁①。

五、本章小结

在粮食危机爆发期间，粮食供求基本面没有发生显著变化，粮食供求系统外的货币问题、收入分配问题等外源性突发因素是粮价飙升的罪魁祸首，加之全球化进程“开倒车”，贸易保护主义盛行，使得利用国际市场面临更大的风险和挑战。对于中国而言，在四次粮食危机期间粮食供应总体稳定，国内粮价波动较小，受到的影响和冲击相对有限，这与我国始终高度重视粮食安全、稳定粮食生产紧密相关。特别是党的十八大以来，以习近平同志为核心的党中央把粮食安全作为治国理政的头等大事，形成了新时代国家粮食安全理论体系框架和内容结构，国家粮食安全治理体系和

① 资料来源：《益海嘉里金龙鱼粮油食品股份有限公司2021年半年度报告》。

治理能力现代化不断推进，国内粮食持续增产、库存充裕、供应充足、市场稳定、不依赖进口，有力应对了数次粮食危机的冲击，中国特色粮食安全之路越走越稳、越走越宽。2021 年中央经济工作会议也明确指出：我们要利用“两个市场”，但必须有一个安全线，超过了以后就要亮红灯。为保障我国粮食进口安全、高效、稳定，需要对国内外两个市场、两种资源统筹利用，努力防范国际粮食市场输入性影响。牢牢把住粮食进口主动权，既要积极推动农产品进口多元化战略，也要升级粮食国际供应链掌控能力和风险管控。在向第二个百年奋斗目标迈进的新征程上，要牢牢守住粮食安全这条底线，从立足国内、培育主体、集聚要素、统筹内外、转变角色等入手，进一步提升国家粮食安全治理水平和保障能力，以国内稳产保供的确定性来应对外部环境的不确定性，将“中国饭碗”端稳端牢。

第五章

粮食安全省长责任制的演变

粮食安全省长责任制作为中央压实地方粮食安全主体责任的专门制度，经历了一定时间的演变。要深入分析粮食安全省长责任制下的地方政府粮食生产保障行为及机制，还需要对粮食安全省长责任制的改革历程、演变情况进一步详细分析。因此，本章梳理了“米袋子”省长负责制，到粮食安全省长责任制，再到党政同责的粮食安全省长责任制的演变过程，明晰了粮食安全省长责任制对地方粮食安全工作的要求，以及粮食安全省长责任制作用于地方粮食安全的理论分析。

粮食安全是一种特殊的公共物品。构建国家粮食安全保障体系不仅需要发挥市场在粮食资源配置中的作用，还需要各级政府承担起保障粮食安全的主体责任。为调动地方政府积极性，1994 年国家开始实行“米袋子”省长负责制，规定各省（自治区、直辖市）的行政首长负责本地区粮食的供需平衡和粮价的相对稳定（韩一军，2016）。2014 年，中央建立健全粮食安全省长责任制，更全面、更系统、更具体地规定了地方政府在保障国家粮食安全方面的事权与责任。实践证明，实施粮食安全省长责任制是落实地方政府承担保障粮食安全主体责任的重要手段，是推进粮食安全各项政策措施落地的有力保障，是保障我国粮食供给、稳定市场价格的有效举措。确保国家粮食安全一刻都不能放松，这需要持续强化落实粮食安全责任制，着力构建更高层次、更高质量、更可持续的粮食安全保障体系。

一、粮食安全省长责任制的演变

（一）“米袋子”省长负责制（1994～2013年）

中央对地方政府落实粮食安全主体责任的要求是明确的、一贯的，约束地方政府粮食安全责任的专门制度始于1994年的“米袋子”省长负责制，其是粮食安全省长责任制的前身。国家粮食管理体制总体上经历了统购统销、购销调拨包干、粮价和经营放开等几个关键阶段，而在购销调拨包干阶段已经出现中央提高地方粮食安全责任的治理思路，开始逐步构建粮食安全分省负责的制度。在我国“块块”政府结构下（陈家喜，2018），省级政府对地方治理的干预程度逐步上升，对包括地方粮食安全工作的自主权、资源配置权等不断加强，意味着地方政府对辖区内粮食安全的影响逐渐加重，国家也开始不断强调地方政府承担粮食安全责任。1993年，由于广东等部分南方省份粮食减产，粮食供求缺口加大，同时叠加当年通货膨胀，市场粮价出现大幅上涨，涨幅高达15%～20%，曾引起一些居民的恐慌（温桂芳，1994）。次年，粮食供需失衡从局部蔓延至全国，供求矛盾进一步拉高粮价，直接影响了当时国民经济的正常循环（鲁晓东，1996）。在粮食供给已严重威胁到社会稳定的现实背景下，“米袋子”省长负责制应运出台。1994年国务院出台《关于深化粮食购销体制改革的通知》，明确提出开始实行各省级人民政府领导负责制，对地方粮田面积、粮食产量、粮食供给、粮价稳定等负责，平衡地方粮食总量，省级政府领导被明确提出负责辖区内粮食生产、储备等工作，“米袋子”省长负责制的雏形开始出现。1995年《政府工作报告》中，进一步强调要坚持“米袋子”省长负责制，要求各省要保证粮食种植面积，全力提高单产，保障本省的粮食供应。“米袋子”省长负责制以专门名称出现在政策“舞台”，成为压实地方粮食生产及粮食安全相关工作责任的主要地方保障政策。1995年，为完善央地共治的粮食安全治理体系，国务院出台《关于粮食部门深化改革实行两条线运行的通知》，具体划分央地政府间的粮食事权，平衡两级粮食生产总量，要求“各级政府要切实做好本地区的粮油总量平衡工作，大力发展粮油生产”，进一步明确了地方对辖区粮食安全之责。

为完善和落实“米袋子”省长负责制，加强地方政府抓粮积极性，国家又相继出台一系列相关文件。1996 年国务院出台《关于做好当前粮食收购和储存工作的通知》，针对当时粮食工作中存在的一些困难和问题，要求各地保护和提高农民粮食生产积极性，确保粮食持续稳产增收，进一步为地方粮食生产工作作出具体安排。1998 年国务院印发《关于进一步深化粮食流通体制改革的决定》，根据实际情况再次划分央地间粮食责权，拟全面落实粮食省长负责制，要求各省级政府做好粮食生产引导工作，提高地方粮食生产治理力度，确保实现粮食有效供给，调整粮食生产品种结构实现市场产需平衡，以及粮食工作的其他环节事项，对地方政府开展粮食工作规定了更具体的内容。2004 年国务院印发《关于进一步深化粮食流通体制改革的意见》，进一步推进粮食购销市场化改革，并从生产、流通和安全方面明确了各省级政府领导粮食工作方面的责任，完善了粮食省长负责制。2006 年国务院印发《关于完善粮食流通体制改革政策措施的意见》，强调全面落实粮食省长负责制，要求各省级政府切实承担起辖区内粮食生产、流通、安全等责任，维持粮食市场价格基本稳定，确保市场粮食有效供给，实现粮食总量平衡。2011 年，国务院印发《关于开展 2011 年全国粮食稳定增产行动的意见》，要求进一步强化地方粮食安全主体责任，通过逐层分解粮食安全任务，强化省内市、县级政府的粮食安全责任，提高对粮食的重视程度和资源投入，实现粮食生产稳定（见图 5 - 1）。

（二）粮食安全省长责任制（2014 年至今）

1. 粮食安全省长责任制的初始阶段（2014 ~ 2020 年）

自“米袋子”省长负责制实施以来，各级政府坚定扛起地方粮食安全主体责任，抓紧抓牢抓稳粮食生产、流通、储备等各个环节，使得全国粮食生产形势总体良好。但随着我国粮食产量实现丰收，同时市场经济快速发展提高了粮食流通的效率，部分地方粮食调入成本低于生产成本，出现

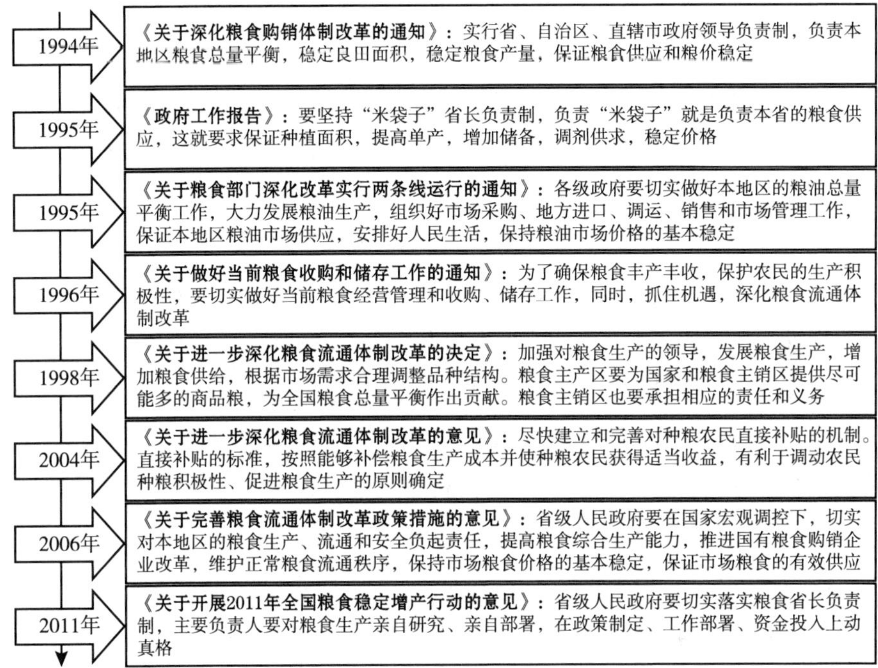

图5－1　“米袋子”省长负责制主要相关政策文件梳理

放松粮食生产、过度依靠中央和省外调入的现象。2014 年国务院印发《关于建立健全粮食安全省长责任制的若干意见》（以下简称《意见》），正式出台了粮食安全省长责任制，该制度明确要求进一步强化地方政府维护国家粮食安全的责任制，以构建粮食安全保障体系。对比“米袋子”省长负责制，粮食安全省长责任制围绕粮食生产、储备、流通、产业发展、市场稳定、质量安全等方面全方位划分了地方各级政府承担粮食安全的事权和责任。同时，为保证《意见》在各省份切实有效实施，2015 年国务院办公厅进一步印发《粮食安全省长责任制考核办法的通知》，出台针对地方落实粮食安全省长责任制的专项考核制度，对考核目的、对象、组织、步骤和原则进行了规定，并对监督检查、考核内容、评分办法、实施步骤、结果运用、工作要求等具体事项作出安排（韩俊，2015；刘明月等，2021）。对比“米袋子”省长负责制，粮食安全省长责任制的政策内容更丰富，也更具体，对地方粮食生产的要求提高到粮食可持续生产能力，要求地方从根源上稳定粮食生产。

随后，为完善和优化粮食安全省长责任制考核机制，充分发挥其对粮食安全省长责任制实施的监督和激励作用，国家每年出台关于开展粮食安全省长责任制考核的通知，根据实际情况不断优化考核程序和指标。2016年，国家发展改革委、农业部等部门印发《关于开展2016年度粮食安全省长责任制考核工作的通知》《2016年度粮食安全省长责任制考核评分细则》和《2016年度粮食安全省长责任制考核评分表》，进一步明确了考核工作安排、工作要求、评分指标、评分方法、评分结果、年度考核任务、评分标准等内容。2017年，国家发展改革委、农业部等部门和单位继续印发《关于认真开展2017年度粮食安全省长责任制考核工作的通知》，再次对考核内容进行完善，明确考核评分指标，取消了定性考核，将年度考核任务调整优化为46项；在考核评分方面开始对部分重点考核事项实行倒扣分，并调整了抽查省份和非抽查省份的考核方式。2018年，国家发展改革委、农业农村部等部门印发《关于认真开展2018年度粮食安全省长责任制考核工作的通知》，考核评分对抽查省份和非抽查省份考核计分的权重进行了调整；考核提出新的要求，要坚持问题导向、底线思维，加大考核发现问题整改的力度。2019年，国家发展改革委、农业农村部等部门和单位印发《关于认真开展2019年度粮食安全省长责任制考核工作的通知》开展当年考核，突出要优化改进考核方式，维护考核的权威性。2020年，国家发展改革委、农业农村部等部门和单位印发《关于认真开展2020年度粮食安全省长责任制考核工作的通知》，重点强调抓好增强粮食综合生产能力、保持粮食播种面积和产量基本稳定等五个方面年度重点任务落实，并加强了粮食安全省长责任制考核的相关要求（见图5-2）。

从“米袋子”省长负责制到粮食安全省长责任制，地方政府的粮食安全责任从以粮食有效供给为主，转变到增强粮食综合生产能力，且延伸到粮食储备、市场等更全面、更系统的环节。在制度的实施机制上，粮食安全省长责任制的严格程度更高，“米袋子”省长负责制强调负责，强调对本地区粮食生产、流通、安全等全面负责；而粮食安全省长责任制强调责任，从“负责制”到“责任制”，地方粮食安全保障制度的法治化逐步加强，同时粮食安全省长责任制拥有专门的考核制度，拥有更强的监督力度（周竹君和王健，2017）。显然，粮食安全省长责任制更加有利于明确地方

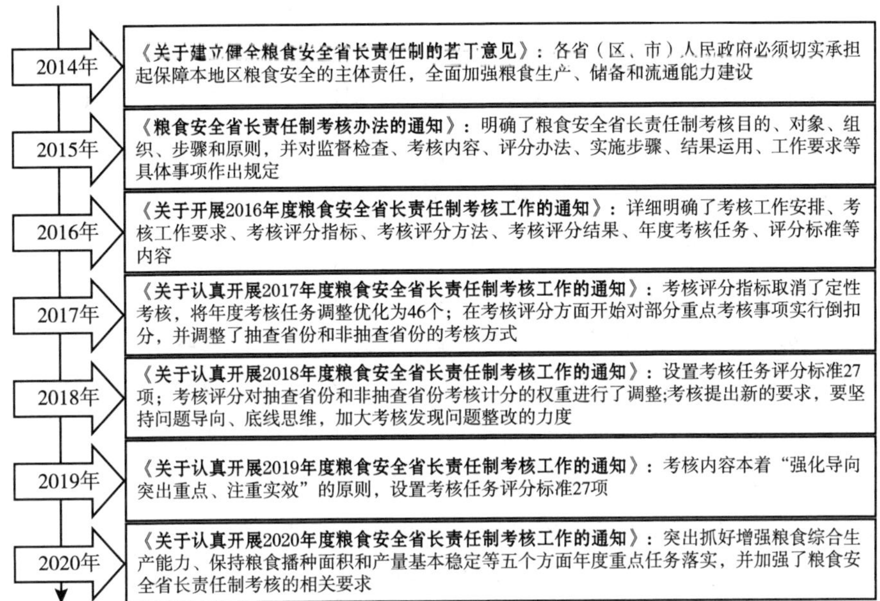

图 5－2　粮食安全省长责任制主要相关政策梳理

各级政府的事权，压实地方领导主体责任，增强地方政府抓粮积极性，激励地方贯彻落实中央和国家粮食安全战略的相关决策部署。

2. 粮食安全省长责任制的新阶段：粮食安全党政同责（2021 年至今）

粮食安全党政同责，是在粮食安全省长责任制这一战略框架下，对责任主体的“提档升级”，赋予粮食安全这个“国之大者”更高的政治站位，增加了各省粮食安全的主体责任，将地方党委也纳入保障辖区内粮食安全问责的主体范畴（刘明月等，2021；刘慧和赵一夫，2023）。自粮食安全省长责任制实施以来，各省高度重视粮食生产工作，创下我国粮食持续丰产丰收的佳绩，但我国粮食可持续生产还存在一些深层次问题，包括资源约束持续紧张、种粮收益普遍偏低等问题（钟钰和甘林针，2022），造成局部地区耕地“非粮化”、粮食生产下滑等危险局面。尤其是 2020 年新冠疫情大流行给全球粮食安全敲响警钟，部分主要产粮大国和主要粮食出口国为了保障国内粮食需求，开始限制粮食出口，随意干扰国际市场。显然，国际市场的不稳定性难以成为我国粮食来源的主要渠道，任何时候中国人民都必须牢牢端稳“饭碗”，“饭碗”里要装“中国粮”，把握粮食安全主动权（崔奇峰等，2020）。为此，我国不断调整粮食安全政策，要求落实党政同责的粮食安全省长责任制（刘明月等，2021）。2020 年 12 月，习近平在中央农村工作会议上明确提出，“地方各级党委和政府要扛起粮食安全的政治责任，实行党政同责，‘米袋子’省长要负责，书记也要负责”，拉开粮食安全党政同责的“大幕”。

随后，2021 年中央一号文件《中共中央 国务院关于全面推进乡村振兴加快农业农村现代化的意见》再次提出实行粮食安全党政同责，地方各级党委和政府要切实扛起粮食安全主体责任。2021 年《政府工作报告》在宏观经济调控指标中，首次纳入粮食产量保持在 1.3 万亿斤以上的指标。2021 年新修订的《粮食流通管理条例》纳入粮食安全党政同责相关内容，要求压实本地区粮食安全主体责任，不断完善粮食安全省长责任制，做好本行政区域粮食的总量平衡和地方储备粮等的管理工作。2021 年 12 月，习近平总书记在主持召开中央政治局常委会会议专题研究“三农”工作时再次强调，党政同责需要真正见效，大家都有稳定粮食生产、保证粮食安全的责任。党的二十大报告提出，全方位夯实粮食安全根基，全面落实粮食安全党政同责。显然，粮食安全不仅是经济问题，更是稳定国计民生的政治问题，对地方政府和领导的粮食安全治理要求更高、更严（见图 5－3）。

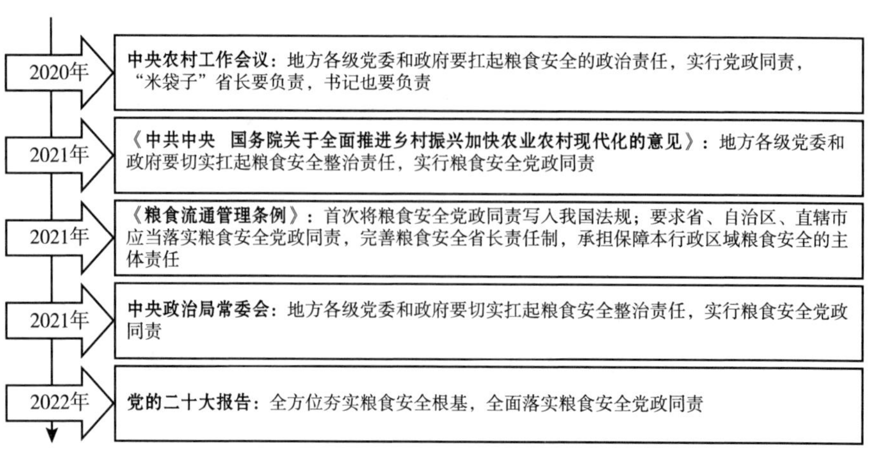

图 5－3 粮食安全党政同责主要政策文件、会议和报告梳理

（三）“米袋子”省长负责制与粮食安全省长责任制的关联

“米袋子”省长负责制与粮食安全省长责任制都是分配中央和地方粮食事权的基本制度。两者之间是承前启后的关系，前者是后者的基础，第一次明确了地方政府对粮食工作的责任；后者是前者的继承和发展，更全面、更系统、更具体地规定了地方政府的主体责任。实践证明，“米袋子”省长负责制是保障供应、稳定价格行之有效的做法，粮食安全省长责任制也是新时期加强粮食生产、储备和流通能力建设的重要举措，两者为保障我国粮食安全作出重要贡献。

然而，“米袋子”省长负责制与粮食安全省长责任制也存在明显的区别。第一，在主体责任方面，粮食安全省长责任制规定的更全面、更具体、更系统。“米袋子”省长负责制的主体责任主要涉及生产、流通和储备方面，粮食安全省长责任制还规定了粮食质量安全、粮食产业健康发展以及节粮减损等方面的责任，体现了政府对粮食生产、储备、流通、消费等各环节全方位的重视。第二，在落实机制方面，粮食安全省长责任制更严格、更严肃。“米袋子”省长负责制强调负责，即要求地方政府在国务院宏观调控下对本地区的粮食生产、流通、安全实行全面负责。粮食安全省长责任制强调责任，并实施严格的考核机制，考核结果与领导班子的综合考核评价直接挂钩。由省长“负责制”到“责任制”，保障粮食安全这一制度的法律性质在逐步强化，为地方政府依法治粮提供操作依据（周竹君和王健，2017）。第三，在实施效果方面，粮食安全省长责任制更有力、更有效。“米袋子”省长负责制没有统一的考核指标体系，地方政府在政策落实过程中会面临责任主体众多、统一协调困难的局面，导致落实效果有限。粮食安全省长责任制明确要求建立监督考核机制，并实施党政同责，更加有利于明确地方各级党政干部的事权与责任，深入贯彻落实国家粮食安全战略和中央的一系列决策部署（见图 5 -4）。

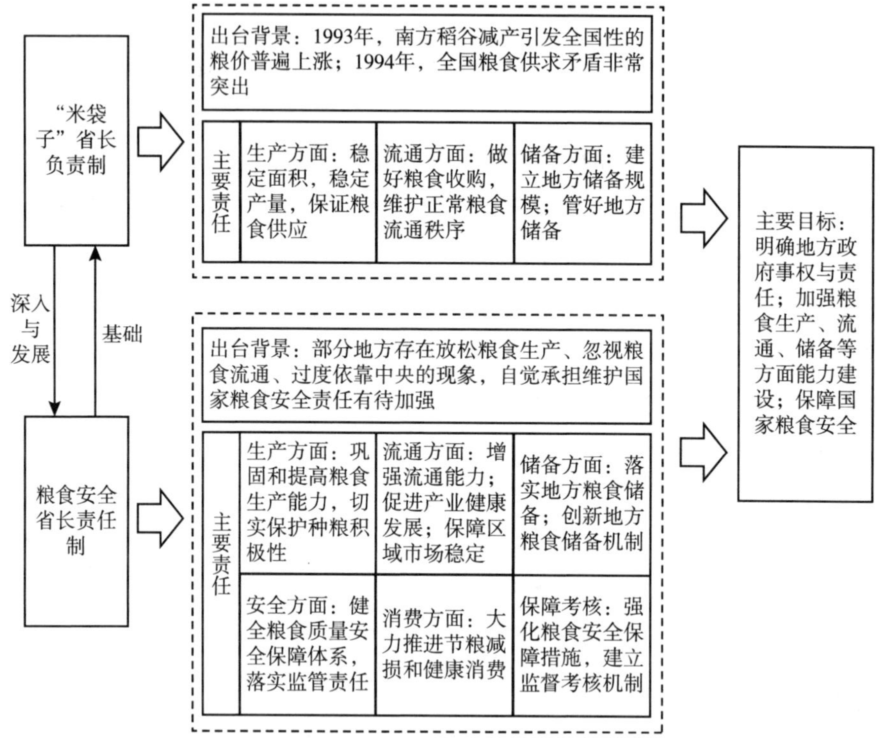

图5-4 "米袋子"省长负责制与粮食安全省长责任制的关系

二、粮食安全省长责任制对地方粮食安全工作的要求

粮食安全省长责任制对地方粮食安全工作提出10个方面的要求，分别是强化粮食安全意识和责任、巩固和提高粮食生产能力、切实保护种粮积极性、管好地方粮食储备、增强粮食流通能力、促进粮食产业健康发展、保障区域粮食市场基本稳定、强化粮食质量安全治理、大力推进节粮减损和健康消费、强化保障措施和监督考核。在对各省级政府进行粮食安全省长责任制考核时，共设置了定性和定量两类指标考核（见图5-5）。定性考核主要由农业农村部、质检总局、国家粮食局对各省（自治区、直辖市）人民政府粮食生产扶持政策、配合加强进口粮食质量安全把关、开展

粮食产销合作、“放心粮油”工程建设、节粮减损5个方面进行定性评估。定量指标考核主要包括增强粮食可持续生产能力、保护种粮积极性、增强地方粮食储备能力、保障粮食市场供应、确保粮食质量安全、落实保障措施6个方面14个重点考核事项和27项考核指标。定性评估在2017年已取消，定量指标考核体系一直延续至今。

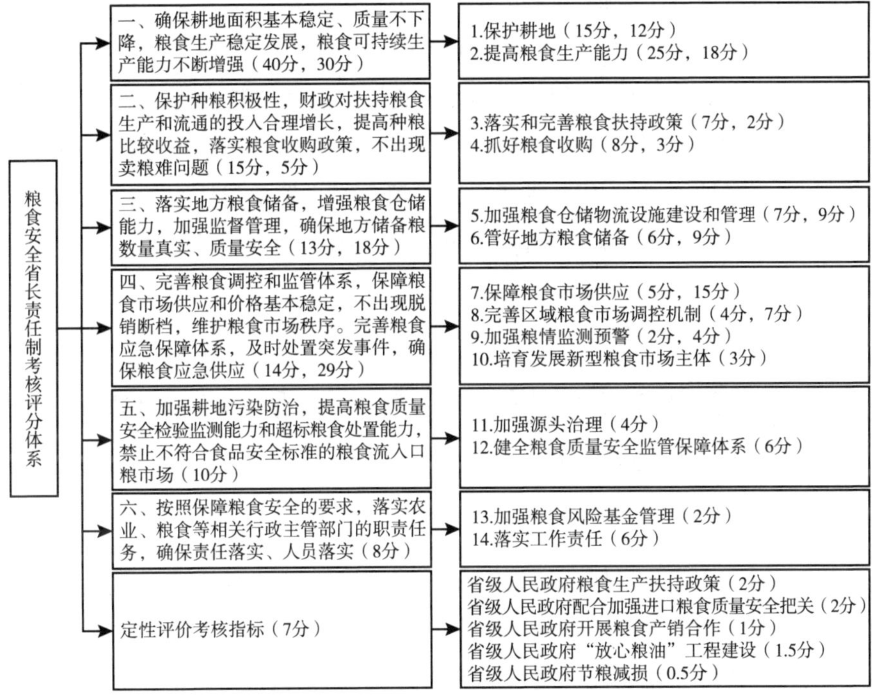

图5-5　粮食安全省长责任制考核评分体系

注：图中项目有两个分值的，前者为粮食主产区分值，后者为非主产区分值。

资料来源：《关于开展2016年度粮食安全省长责任制考核工作的通知》中附件2《2016年度粮食安全省长责任制考核评分表》。

粮食安全省长责任制的工作内容和考核指标分值对地方粮食工作有重要引导作用，在考核指标中，第一项考核内容增强粮食可持续生产能力针对粮食生产本身，第二项考核内容保护种粮积极性也是粮食生产的重要指标，虽然对粮食主产区和非主产区的考核分值不同，但粮食生产相关的两方面考核指标在6个定量指标考核中占比都是最高的。主产区粮食生产相关考核总分为55分，超过总分100分的一半。非主产区粮食生产相关考核总分值35分，虽然低于主产区，但其占定量指标考核分值的35%，比其他类型考核内容分值占比都高。显然，粮食安全省长责任制对地方粮食生产有较高要求，无论是主产区还是非主产区，都将粮食生产作为粮食安全顺位第一的内容进行考核。再分析粮食安全省长责任制对地方粮食安全的其他要求，国家对非主产区在增强地方粮食储备能力和保障粮食市场供应两方面的考核内容上分值比主产区高，在确保粮食质量安全和落实保障措施两方面对主产区和非主产区的分值相同，定性评价考核指标在主产区和非主产区的考核分值也是相同的。从《关于建立健全粮食安全省长责任制的若干意见》和对各省的粮食安全省长责任制落实情况专项考核指标分析可知，国家对地方粮食生产高度重视，粮食安全省长责任制的出台对地方粮食生产将产生不可忽视的影响，这也为后文进行实证检验提供了现实制度背景。

三、粮食安全省长责任制作用于地方粮食安全的理论分析

粮食安全往往是指保证任何人在任何时候能买得到又能买得起为维持生存和健康所必需的足够食品。粮食安全具有公共属性，具备效用的不可分割性、消费的非竞争性、受益的非排他性三个特征。随着市场经济迅速发展，特别是财税体制改革深化后，在粮食安全上“搭便车”现象越演越烈（胡靖，2000）。沿海省份经济发达，但耕地和劳动力资源供给有限，从事粮食生产的比较效益远远低于非粮生产，在利益的驱动下放弃粮食生产，通过粮食自由流通实现本地方粮食安全目标是其“优势策略”。种粮大省集中精力发展粮食生产，虽然维护了国家粮食安全，但牺牲了发展机会，放弃粮食生产也是这个地方的“优势策略”。如果所有地方都选择自己的“优势策略”，则整个国家的粮食安全将无法得到保障，经济增长也会因此而受到威胁，“公共品悲剧”就会形成和蔓延，粮食危机随之出现。假如没有政府干预，最终结果是不同地区进行“合作博弈”，具有生产优势的地方继续生产粮食，其他地方对具有生产优势的地方给予补偿，以弥

补生产粮食的机会成本。然而“合作博弈”往往发生在“公共品悲剧”之后，付出的代价太大，为了防止粮食危机发生，中央会采取一定的政策制度防止“公共品悲剧”发生。

解决粮食安全问题，是通过相互制约的组织体系，并进行各主体之间的权责划分、权责制衡来实现的（李曼，2009）。在这个制度体系中，中央和地方政府之间存在委托代理关系。1994 年，我国开始实施“米袋子”省长负责制，建立中央统一领导、地方分级负责的粮食管理机制，防止沿海经济发达省份“搭便车”现象。然而，实施过程中存在着严重的信息不对称现象，如果中央进行粮食安全政策的监督检查，地方政府才会实施其相应的政策法规。为防止地方政府在执行过程中出现道德风险和逆向选择行为，需要建立监督约束机制，以及时纠正越权和不法行为。2014 年，中央依据粮食供求平衡呈现的新特征，实施粮食安全省长责任制，健全中央和地方粮食安全分级负责制，并建立了监督考核制度。2015 年，国务院印发《粮食安全省长责任制考核办法》，完善激励约束机制。将考核结果与地方政府主要负责人综合考核评价挂钩，对成绩突出的在项目资金安排和粮食专项扶持政策上优先考虑，激励地方政府抓粮积极性。对成绩不合格的责令限时整改，约束地方政府在粮食安全方面履行责任。

粮食安全省长责任制中的问责制度是一种强化政府自我控制、提升政府管理效能的自律机制，在构建现代化的责任政府、构建更具公信力的公共行政方面具有显著的制度优势。粮食安全省长责任制考核办法，有力地提高了地方政府在粮食安全保障方面的责任意识，促进了我国粮食安全的改善。然而，粮食安全保障与地方经济发展存在一定的张力，地方政府对粮食安全保障不具备和经济增长同等的强烈意愿，被动性执行决定了中央需要进一步完善粮食安全保障政策的执行机制。引入问责，将粮食安全保障工作与领导干部紧密联系起来，不仅能有效规避问责客体运用手中权力干扰、逃避责任追究，还能体现党的全面领导的优越性。2020 年底中央农村工作会议和 2021 年中央一号文件《中共中央 国务院关于全面推进乡村振兴 加快农业农村现代化的意见》明确粮食安全要实行党政同责，这标志着粮食安全的责任追究从行政问责演变为政治问责，为我国粮食安全保障政策执行提供了基于政党逻辑的调节“中央—地方”关系的新路径。粮食安全实施党政同责，强调党委和政府领导干部在粮食安全保障工作中的责任，从政治责任的高度来贯彻落实党中央决策部署、切实推进粮食安全保障工作。这是在特定国家治理需求下的制度性创新，有利于将党的领导这一中国制度优势转化为国家治理效能，也有利于强化法治责任的落实。

四、本章小结

从“米袋子”省长负责制，到粮食安全省长责任制，再到党政同责的粮食安全省长责任制，地方粮食安全责任制一直是压实地方粮食安全主体责任、保障国家粮食安全的重要政策手段。在具体内容上看，粮食安全省长责任制对主产区和非主产区的粮食生产都有具体要求，这为粮食安全省长责任制影响粮食生产的研究思路提供了重要现实制度背景。粮食安全省长责任制出台后，主产区粮食生产进一步提升，粮食产量、面积、单产；平衡区粮食生产保持稳定，自给率止跌回升；主销区粮食产量也出现一定增加，粮食单产较大幅度提高。目前我国粮食生产区域不平衡现状值得警惕，继续强化、优化、推动粮食安全省长责任制落实，压实地方政府粮食安全主体责任，提高地方政府和领导抓粮稳粮积极性，因地制宜实施粮食生产政策方案对保障粮食安全具有重要意义。

第六章

粮食安全省长责任制对粮食生产的影响研究

前文详细阐述了粮食安全省长责任制在提高地方政府抓粮积极性、压实地方粮食安全主体责任上的引导作用，将督促地方因地制宜落实中央粮食支持政策、强化地方支持手段，进而稳定地方粮食生产，从源头上保障国家粮食安全。本章将运用双重差分法，验证粮食安全省长责任制对粮食生产是否存在直接影响。并进一步进行机制检验，分析粮食安全省长责任制是否有通过提高地方政府抓粮积极性来实现粮食增产的途径。

根据前文回溯，自 20 世纪 90 年代我国就建立起粮食安全省长负责制，以专门强调地方政府保障粮食安全的责任。20 世纪 90 年代“米袋子”省长负责制实施两三年后，学者们充分肯定了省长负责制对地方粮食安全的积极影响（叶兴庆，1996；张红宇等，1996；宋洪远，1997；国务院研究室农村经济研究司课题组，1997）。认为该制度直接明晰了省级政府在粮食问题上的责任，大大增强了地方政府对粮食生产的高度责任感。各级政府出台各类粮食生产支持政策，配套多元调控手段，千方百计扩大粮食播种面积、提升单产水平，全力提高粮食产量。广东、江苏、浙江、福建等沿海地区制定比往年更严格的粮食生产指标和措施，强调务必实现预定目标，对比 1990 年，1993 年上述四省的粮食产量分别下降 15.6%、1.2%、9.5%、1.2%，而 1995 年比 1994 年分别增产 135.3 万吨、240.1 万吨、26.9 万吨、32.5 万吨。河南、河北、安徽等粮食主产省制定 5 年粮食增产目标，1995 年比 1994 年分别增产 8.5%、6.5%、10.7%。实践证明，“米袋子”省长负责制对保持粮食生产的稳定增长发挥了快速且有效的作用（叶兴庆，1996；张红宇等，1996；宋洪远，1997；国务院研究室农村经济研究司课题组，1997）。但“米袋子”省长负责制还存在一些不完善的地方，导致部分地方政府并未真正履行好地方粮食安全责任，出现粮食生产区域不平衡的局面。2014 年，中央针对粮食生产的新问题、新形势、新目标，出台粮食安全省长责任制，以期更好压实地方粮食安全主体责任，稳定地方粮食生产，保障国家和区域粮食安全，但学界对此讨论不足。

本章选择粮食安全省长责任制为研究对象，运用双重差分法实证检验粮食安全省长责任制对粮食生产的影响，以补充现有粮食安全政策体系研究，为完善粮食安全省长责任制提供科学合理的政策参考。边际贡献主要在于：（1）粮食安全省长责任制是保障国家粮食安全的一个重要政策，已有文献多对其实施效果进行定性分析，在此基础上补充实证模型检验该政策是否实现粮食增产的政策目标。（2）粮食连续丰收的佳绩来自“两个积极性”，即农民种粮积极性和地方政府抓粮积极性，目前学界对农民种粮积极性的研究成果丰硕，但鲜少讨论地方政府抓粮积极性。从粮食安全省长责任制通过提高地方政府抓粮积极性，进而作用于粮食生产的思路进行机制研究，补充对地方政府抓粮积极性的讨论。（3）对粮食安全省长责任制通过提高地方政府抓粮积极性，进而作用于粮食生产的影响机制进行实证检验，为完善区域粮食安全保障政策路径提供参考。

一、研究设计与研究假说

粮食安全省长责任制作为保障国家粮食安全的一项基本制度，是中央督促地方政府落实粮食安全主体责任的重要手段，是推进粮食安全相关政策措施落地的有力抓手（陈锡文，2015）。其形成和相应的政策规范与中国的粮食生产状况密不可分，“米袋子”省长负责制就是其形成的重要基础（刘明月等，2021）。1993 年和 1994 年全国粮食减产，直接导致粮食有效供给大幅下降，粮食供求矛盾突出，市场粮价急剧上升，干扰国民经济的正常发展（鲁晓东，1996；张红宇等，1996）。“米袋子”省长负责制应运而生，随后国务院还相继出台一系列文件（见图6－1），以完善和优化“米袋子”省长负责制对地方粮食生产的要求，强化地方粮食供应责任。政策实施后，一些省份取得粮食增产增收的佳绩，也引致了全国粮食总产的提高。

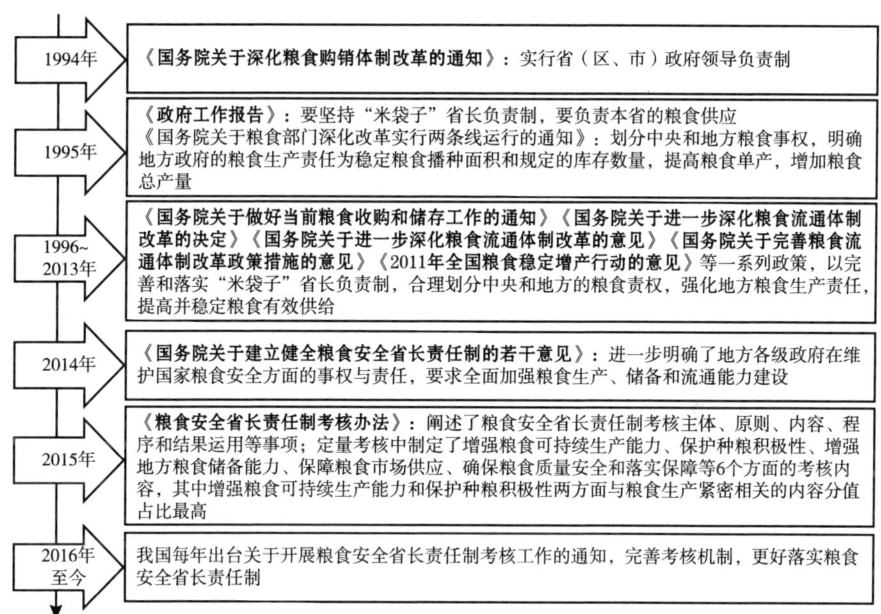

图6－1　“米袋子”省长负责制和粮食安全省长责任制对粮食生产的要求

随着我国粮食生产实现连续增长，部分地方存在放松粮食生产、忽视粮食流通、过度依靠中央的现象（韩一军，2016）。到2014年，三大粮食区域中，粮食主产区和平衡区的粮食产量在上升，而主销区粮食产量却大幅下降，平衡区和主销区内部分省份的粮食产量也出现一定程度下滑。正如本书第三章对粮食生产现状的分析，我国粮食生产状况总体良好，但区域供需差异性大。主产区粮食聚集程度上升，平衡区粮食生产能力正在退化为主销区，主销区粮食产销缺口进一步扩大。逐渐拉大的产需缺口增加了对流通调剂的依赖，但我国粮食流通效率低，抗风险能力偏弱（毛学峰等，2015），给粮食区域保障带来风险，从而对各省份自身粮食供给能力，即粮食生产能力提出更高要求。

在我国粮食生产新形势、新问题下，“米袋子”省长负责制“提档升级”为粮食安全省长责任制，以更具体翔实的内容对地方提出粮食安全要求。同时，国务院办公厅于2015年进一步印发《粮食安全省长责任制考核办法的通知》，首次出台专门的省级粮食安全治理实绩考核，有力提高了地方抓粮激励水平（韩俊，2015；刘明月等，2021）。随后，这一考核每年都进行，并且随着考核经验在逐步完善，以更好地督促粮食安全省长责任制落实（见图6－1）。粮食安全省长责任制提高了省级政府对粮食生产的重视程度，地方政府层层制定责任制，下达粮食生产硬指标，抓粮积极性空前高涨，对地方粮食生产的稳定与提高效果显著。2014年后粮食产量持续上升，2022年粮食人均占有量已达483公斤，远超400公斤的国际粮食安全标准线，粮食供给水平达到新高度。粮食主产区和平衡区产量延续上升趋势，主销区产量止跌回升。基于上述分析，提出研究假说。

假说6.1：实施粮食安全省长责任制有利于促进地方粮食生产。

我国幅员辽阔、地区资源禀赋和社会发展不平衡，各项领域治理既需要中央宏观调控，还需要充分调动地方积极性以因地施策达到治理目标。因此，我国在治理上实行多层级管理架构，上级政府高度集权，同时下级政府较大程度保留地方分权（Qian & Xu，1993；程仲鸣等，2020）。在具体落实环节，一方面，实行属地化行政逐级发包的管理体制，给予地方政府一定程度的治理自主权，对地方社会发展各项决策和资源配置有较大程度的影响力和控制权；另一方面，实行政治集权模式，在干部人事管理上具有集中人事权，实行“下管一级”的制度，上级决定下级领导的评定、提拔等。地方领导兼具政府代理人和自利者的双重身份，有地方治理成效和个人晋升的双重诉求（赵静等，2013）。这一管理机制在引导地方政府和领导贯彻落实党中央决策部署上发挥了“指挥棒、风向标、助推器”作用（周黎安，2007；Xu，2011；侯青川等，2015；吴延兵，2017）。

学者们发现，当中央加大对地方创新、和谐、环保、脱贫等领域的强调，并提高考核强度时，这些领域治理成效与地方领导晋升的关联度就会提升，极大地刺激了地方领导对这些领域的注意力和资源投入的增加，最终提高了这些领域的治理成效，达到国家治理目标（练宏，2016；何艳玲和李妮，2017；陈家喜，2018；汪三贵和钟宇，2021）。粮食安全省长责任制的核心政策目标是进一步强化地方维护粮食安全责任，加快构建国家粮食安全保障体系。最终解决进一步强化地方自觉承担维护国家粮食安全责任的政策问题，是在我国多层级管理构架中提高地方政府抓粮积极性的重要举措。讨论地方政府抓粮积极性主要有两方面表现，一个是思想意识的变化，用粮食注意力表征；另一个是具体行动，用土地整治表征（见图6－2），作用粮食生产的路径如下。

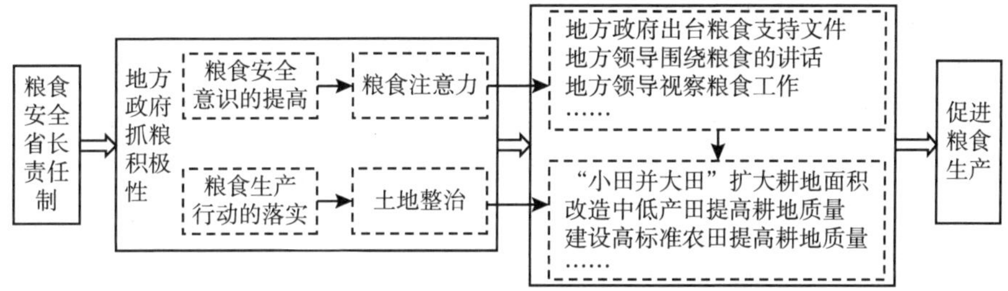

图6－2　粮食安全省长责任制通过调动地方政府抓粮积极性促进粮食生产的机制路径

第一，粮食安全省长责任制提高了地方政府对粮食的注意力，进而提高粮食生产水平。学界使用注意力来表示地方政府对地方某一治理领域的关注程度（西蒙，2021），在注意力有限的现实情况下，地方政府同时承担经济、环境、卫生、文化等多元治理目标（刘松瑞等，2020；陈科霖和谷志军，2022），决定了各领域难以在同时获得同样的关注程度，进而引发注意力可能集中于某些治理领域并忽视另一些领域的情况，即“注意力分配”（庞明礼，2019）。粮食安全省长责任制旨在强化地方政府的粮食安全意识和责任，同时伴随专门的省级粮食安全检查，检查结果向国务院报告，并作为年度考核的重要内容，纳入考核评分体系，成为地方政府评优的重要参考。粮食治理对地方政府的政治激励就此形成，进而引导地方政府给予粮食更多注意力。一方面，省级政府对粮食的注意力通过出台粮食支持文件、围绕粮食讲话、视察粮食工作等途径作为信号进行传递，市、县、镇政府在接收到信号后会出现“层层加码”现象（周黎安等，2015），各级政府将增加粮食生产资源投入并提高粮食生产的监督力度，全力提高粮食生产治理成效，最终促进地方粮食生产。另一方面，我国领导对某领域的高度重视已形成了相对稳定的治理工具组合，包括“领导牵头、部门协调、财政支持、结果导向”四个方面，各主体彼此理解领导注意力变化的重要性，在工作动力和责任意识上显著高于一般事项（庞明礼，2019）。当粮食注意力开始提升，其他主体将迅速作出反应，提高地方粮食工作的制度保障水平，影响地方粮食生产。

第二，粮食安全省长责任制将引导地方政府提升土地整治，进而提高粮食生产。粮食安全省长责任制明确了地方政府维护国家粮食安全的责任，并对各环节做了清晰部署。在巩固和提高粮食生产能力中，提出坚决守住耕地红线、加快建设高标准农田、提高粮食生产科技水平、建立新型粮食生产经营体系、增强粮食可持续生产能力 5 个方面的要求。同时，在粮食安全省长责任制考核内容中，也是从这 5 个方面对地方粮食生产工作进行检查。其中对土地的要求涉及篇幅最大，排序靠前，且考核中与土地相关的指标分值占比在粮食生产中最高。显然，粮食安全省长责任制在粮食生产工作上对土地整治给予较高权重，将引导地方政府加大对土地整治的资源投入和监督力度，以保障地方耕地的数量和质量。一方面，土地整治中“小田并大田”等举措将扩大耕地面积，进而提高粮食可播种面积，为地方粮食增产提供基础（秦立建等，2011）。另一方面，土地整治中改造中低产田、建设高标准农田等项目将有效提升耕地质量，提高粮食生产效率和单位面积产出，进而提高粮食产量（胡新艳和戴明宏，2022）。显然，地方土地整治工作也是地方政府抓粮积极性的重要表现之一。基于上述分析，提出研究假说。

假说 6.2：粮食安全省长责任制存在通过提高地方政府抓粮积极性以促进地方粮食生产的机制路径。

二、模型、变量与数据

（一）模型设置

粮食安全省长责任制于 2014 年 12 月 31 日颁布，2015 年在全国范围内规范实施并对粮食生产开始发挥作用。由于粮食安全省长责任制在同一时间对全国各省份同步实施，所以不存在自然的实验组和对照组。借鉴已有研究（胡新艳和戴明宏，2022），利用样本受政策影响的强弱区分实验组和对照组。以各省份是否为粮食主产区作为区分实验组和对照组的依据，将主产区的13个省份作为实验组，粮食生产非主产区的18个省份作为控制组。这意味着粮食安全省长责任制实施的不同时点上，同一地方粮食生产是变化的，制造了同一地方在政策实施前后粮食生产的变化；同时在同一时期内不同地方间的粮食生产也存在明显差异，制造了同一时间点上不同地方间粮食生产的差异，具有准自然实验的特征。因此，选择双重差分模型估计粮食安全省长责任制对粮食生产的影响。

1. 基准回归模型

为识别粮食安全省长责任制对粮食生产影响，构建如下经典双重差分模型：

$$\ln Grain_{it} = \alpha + \beta Province_i \times I_t^{post} + \theta X_{it} + \mu_i + \gamma_t + \varepsilon_{it} \tag{6.1}$$

其中，$\ln Grain_{it}$表示第i个省份在t时期的粮食产量，并取自然对数；$Province_i$表示粮食生产组别虚拟变量；I_t^{post}表示粮食安全省长责任制建立时点的虚拟变量；X_{it}表示随时间变化的控制变量；α为常数项；β和θ为待估计参数；μ_i表示省份固定效应；γ_t表示年份固定效应；ε_{it}为随机误差项。采用省份和时间的双向固定效应模型，估计参数β即为建立粮食安全省长责任制对粮食生产的影响。

2. 平行趋势检验与政策的动态影响分析

平行趋势假设成立是双重差分模型估计结果有效的重要条件，即在粮食安全省长责任制建立以前，样本中的实验组和对照组在时间上的粮食生产变化趋势一致。参考已有学者的方法（Nunn & Qian，2011；梁志会等，2022），构建平行趋势检验模型：

$$\ln Grain_{it} = \alpha + \sum_{t=2004}^{2020} \beta_t Province_i \times E_t + \theta X_{it} + \mu_i + \gamma_t + \varepsilon_{it} \tag{6.2}$$

其中，E_t表示年份虚拟变量，其他系数和变量的设定与模型一相同。如果粮食安全省长责任制对粮食生产的影响显著，则在粮食安全省长责任制实施以前，实验组与年份虚拟变量的交互项系数 β_t 将不显著。还使用式（6.2）估计粮食安全省长责任制建立对粮食生产的动态影响。

3. 中介检验模型设置

选择中介效应模型进行机制检验，即粮食安全省长责任制通过提高地方政府的粮食注意力和土地整治力度，进而作用于粮食生产的机制路径。参照温忠麟等（2022）的研究，按照逐步回归法，构建模型：

$$M_{it} = \alpha + \beta Province_i \times I_t^{post} + \theta X_{it} + \mu_i + \gamma_t + \varepsilon_{it} \tag{6.3}$$

$$\ln Grain_{it} = \alpha + \beta Province_i \times I_t^{post} + \sigma M_{it} + \theta X_{it} + \mu_i + \gamma_t + \varepsilon_{it} \tag{6.4}$$

其中，M_{it}为机制变量，σ 为待估计系数，其他变量含义与式（6.1）保持一致。

（二）变量选择

1. 被解释变量

粮食生产是核心被解释变量，其内容丰富，在基准模型中用各省份的粮食产量表征。粮食产量是各省份粮食生产的最终结果，将其代入模型估计，结果具有代表性。稳健性检验中，还使用粮食种植面积、粮食自给率、粮食人均占有量 3 个学界常用于衡量粮食生产的指标进行估计，变量在模型中使用对数形式。

2. 核心解释变量

粮食安全省长责任制是核心解释变量，利用粮食安全省长责任制实施阶段和是否为粮食主产区的虚拟变量交互项表征。其中粮食安全省长责任制实施阶段的虚拟变量设置为：时间在 2015 年及以后的赋值 1，2015 年以前的赋值 0。是否为粮食主产区虚拟变量设置为：粮食主产区的 13 个省份作为实验组，赋值 1；粮食非主产区的 18 个省份作为控制组，赋值 0。

3. 机制变量

根据前文的路径分析，选择地方粮食注意力和土地整治两个机制变量表征地方政府的抓粮积极性。其中土地整治数据较易获得，使用改造中低产田与高标准农田示范工程面积之和表征，改造中低产田和高标准农田示范工程是土地整治的两个核心项目，其进展对地方土地整治水平有代表性。

粮食注意力的度量较为困难，注意力代表着地方政府对特定事务的关注和重视程度，是一个较为抽象的概念，对其直接测量比较困难。以往学者主要从政府工作报告（文宏和赵晓伟，2015）、权威领导批示（陈思丞和孟庆国，2016）、新闻报道频次（梅赐琪等，2015；曾润喜和朱利平，2021）、相关政策法规和公开信息（谭海波等，2019）等文本内容中获取注意力的数据。结合研究需求和数据可获得性，选择地方与国务院政府工作报告中粮食相关词频的比值作为粮食注意力的代理变量。政府工作报告主要包含两个方面内容：一是总结前一年政府工作的成绩和经验；二是安排新一年政府发展方向和工作重心（詹新宇和刘文彬，2020）。可以说政府工作报告是一个地方最高级别的报告文件，是各级政府注意力分配和资源投入的“风向标”，报告内容严格以政府意志为纲领，特定词语出现的时间、背景和频次等都经过深思熟虑，其文本是政府注意力分配或变化的重要载体和分析窗口（文宏和赵晓伟，2015）。通过提取政府工作报告中粮食相关词频，用来定量描述地方政府连贯的粮食注意力是一种较为优良的选择（侯新烁和杨汝岱，2016）。

政府工作报告中粮食相关词频数据依靠人工搜集，首先通过国务院网站和各省份人民政府网站获取国务院和内地 31 个省份 2003 ~ 2020 年共 558 份政府工作报告，初读以了解粮食相关政策导向。其次确定 5 类粮食相关词：一是直接描述粮食本身，搜索关键词为“粮”；二是粮食品种类，搜索关键词为“谷”“稻”“麦”“玉米”“薯”“豆”“青稞”；三是耕地类，搜索关键词“耕地”“农田”“灌溉”；四是种子类，搜索关键词“种业”“种子”“种质”“种源”；五是其他类，搜索关键词“单产”“米袋子”“吃饭”。随后提取有效关键词频测算地方政府粮食注意力。目前有一些技术手段可以快速提取文本中的词频，但是单纯的词频提取可能出现严重问题：一是词频重复，“粮食单产”中同时有“粮”和“单产”，“稻谷”同时有“稻”和“谷”等，有可能在使用技术手段提取时重复计算；

二是词义内涵不一致，报告中的所选关键词可能并不指向粮食，比如“精神食粮”中的“粮”、“吃饭财政”中的“吃饭”、“豆腐渣工程”中的“豆”等，与粮食无直接关系。所以直接采用技术手段提取词频值得怀疑，需要校对处理。为保证词频有效性和准确性，逐篇阅读 558 份政府工作报告，以是否专门描述与粮食相关的内容作为有效词频的识别依据，同时着重处理前面提到的两个问题，投入大量精力剔除了重复词频、内涵不一致词频等，最终获得报告文本中与粮食相关的有效词频。

为最大限度展示地方政府对粮食的“主动性”注意力，使研究结果对调动地方政府粮食工作自主性、落实粮食安全省长责任制、稳定粮食生产更有参考性。将地方政府工作报告粮食词频与国务院政府工作报告粮食词频的比值视为地方粮食注意力，这一处理与中国政治行政体制带有“压力型”体制特点有关，地方政府可能在上级政府压力下对某领域进行“非主动性”调整，是一种“表现型”政治（周志忍，2010；杨雪冬，2012）。在粮食工作上，地方政府往往会根据上年或近几年中央经济工作会议、中央农村会议等会议精神与要求调整地方工作报告内容。比如中央会议与文件频繁出现粮食字眼时，地方会及时同向调整，这一调整可视为地方政府为响应上级作出的“非主动性”注意力，通过对国务院政府工作报告粮食词频的比值，可以削弱“非主动性”注意力，更好地反映地方政府对粮食的“主动性”注意力。

4. 控制变量

本部分选择与地方粮食生产相关的五类控制变量。

（1）粮食生产条件变量。土地要素和农业基础设施是粮食生产的基本前提（孙良顺，2016；伍骏骞等，2017），选择三个变量：一是耕地资源，代表粮食生产土地要素水平，用各省份耕地面积表征；二是水利灌溉条件，代表粮食生产的供水基础设施水平，用有效灌溉面积占耕地面积比值表征；三是机械化水平，代表粮食生产的技术水平，用农业机械总动力占耕地面积的比值来表征。

（2）灾害和气候因素变量。粮食生产对自然条件有一定的依赖性，地方自然灾害和气候变化对其影响不可忽视（钟钰和甘林针，2022），其中受灾情况，用农作物受灾面积占农作物播种面积的比值表征；气候选择温度、湿度和日照时数，分别用年均温度、年均降水量和年均日照时数表征。

（3）经济社会发展变量。地方经济发展水平会作用粮食生产，一方面经济发达地区有更完善的基础设施建设，包括交通、道路等，有利于农资、农产品运输，对粮食生产有正向作用；另一方面经济发展的资源投入可能与粮食生产所需资源存在竞争关系，越发展经济越不利于粮食生产（张志新等，2022），选择经济增长水平和交通条件 2 个变量。经济增长水平用人均 GDP 表征，交通条件用每平方公里内的公路里程长度表征。

（4）地方领导特征。粮食生产有独特的自然和经济属性，考验着地方领导的治理能力，尤其是粮食安全省长责任制明确将地方粮食安全工作与地方领导联系在一起，地方领导对最终粮食生产治理成效有重要影响，参考学者们在研究领导作用治理绩效时的研究（王贤彬等，2009；刘杨和马亮，2022），选择领导的年龄、专业、是否有农业部门工作经历 3 个变量。一是领导年龄，20 世纪 80 年代领导“终身制”打破后，年龄成为领导晋升的重要限制指标，是领导晋升的主要压力之一。领导会根据自身年龄调整任期内辖区资源配置，进而影响地方各项发展绩效，用领导实际年龄表征；二是领导专业，粮食生产有独特的属性，有农业专业背景的领导可能在粮食生产的资源配置等治理上更有优势，用领导专业是否与农业相关的虚拟变量表征；三是领导是否有农业部门工作经历，粮食生产的经济自然双重属性考验着领导的执政能力，有经验者或许更有优势，用领导专业是否有农业部门工作经历的虚拟变量表征。

（5）分管农业副职领导特征。“分管型副职模式”是中国各级政府普遍采用的一种领导分工方式。中央和地方各级政府都存在若干副职领导，这些副职领导分管不同领域、不同功能的部门，并承担其工作的具体责任（马亮和王程伟，2019）。在中国的治理现实中，“一把手”往往强调管理特征，而分管副职往往强调专业特征（刘杨和马亮，2022）。粮食生产治理工作集聚自然资源、地理规划、技术水平、资源整合等多项专业能力，主要领导在专业领域可能并不十分擅长，而分管副职往往具备更强的专业知识，可以在地方粮食生产治理工作上发挥更高的专业优势，提高粮食生产治理水平。同时，由于资源的有限性，地方政府内部同级的不同领导之间也存在为自己管辖领域竞争资源的情况（梁平汉和高楠，2017），这也考验着分管副职为粮食生产争取资源的能力。同时正副职领导关系和谐程度也直接影响领导班子凝聚力、“战斗力”的强弱（廖和平等，2015），关系到地方粮食生产治理效果。因此，还选择分管农业副职领导的年龄、专业、是否有农业部门工作经历、是否本地人、是否担任过基层组织负责人5个变量。分管农业副职领导的年龄、专业、是否有农业部门工作经历的具体表征指标与地方领导相同，是否本地人由分管农业副职领导籍贯是否为其执政省的虚拟变量表征；是否担任过基层组织负责人由分管农业副职领导是否担任过乡、村、大队、公社负责人或书记的虚拟变量表征。

（三）数据来源与描述性分析

考虑到1998～2003年全国粮食生产处于下行期间，数据观测区间选择2004～2020年31个省份（不含港澳台）面板数据。其中粮食产量、粮食种植面积、粮食人均占有量、耕地面积、有效灌溉面积、农业机械总动力、农作物受灾面积、农作物播种面积、气温、降水量、日照时数、人均GDP、人均GDP指数（1978＝100）、失业率、公路里程、行政面积来自《中国统计年鉴》《中国农村统计年鉴》及各省份统计年鉴。粮食自给率测算的相关数据来自《全国农产品成本收益资料汇编》《中国统计年鉴》和各省份统计年鉴。地方领导特征和分管农业副职领导特征相关变量来自手工搜集，主要数据来源有中国政要资料库、中国经济网地方党政领导人物库、人民网等领导信息和简历。改造中低产田面积与高标准农田示范工程面积来自《中国财政统计年鉴》，政府工作报告粮食词频来自国务院和各省份人民政府《政府工作报告》。主要变量的描述性统计见表6－1。

表6－1　变量的描述性统计结果

变量名称	变量内容	单位	均值	标准差
粮食产量	粮食产量	万吨	1903.8	1673.4
粮食种植面积	粮食种植面积	千公顷	3630.2	3036.0

续表

变量名称	变量内容	单位	均值	标准差
粮食自给率	当年粮食产量/粮食消费量	—	0.877	0.634
粮食人均占有量	粮食人均占有量	公斤	434.13	347.09
土地整治	改造中低产田与高标准农田示范工程面积之和	万亩	0.694	0.474
粮食注意力	地方政府报告粮食词频/国务院政府工作报告粮食词频	—	78.563	50.796
土地资源	耕地面积	万公顷	380.19	308.87
水利灌溉条件	有效灌溉面积/耕地面积	—	0.597	0.233
机械化水平	农业机械总动力/耕地面积	千瓦/公顷	8.725	4.262
受灾情况	农作物受灾面积/农作物播种面积	—	0.201	0.148
温度	气温	摄氏度	14.420	5.027
湿度	降水量	毫米	911.8	535.0
日照时数	日照时数	小时	2034.3	562.8
经济发展水平	人均 GDP	元	41570.7	27951.4
交通条件	每平方公里内的公路里程长度	公里	0.808	0.502
领导年龄	周岁	岁	58.222	3.708
领导专业	是否与农业有关，有关 =1，无关 =0	—	0.046	0.209
领导是否有农业部门工作经历	是否有农业部门工作经历，有 =1，无 =0	—	0.163	0.370
副职领导年龄	分管农业副省长的年龄	岁	54.996	3.775
副职领导专业	分管农业副省长的专业是否与农业有关，有关 =1，无关 =0	—	0.159	0.366
副职领导是否有农业部门工作经历	分管农业副省长是否有农业部门工作经历，有 =1，无 =0	—	0.252	0.435
副职领导是否本地人	分管农业副省长籍贯是否与工作地一致，是 =1，否 =0	—	0.639	0.481
副职领导是否担任过基层组织负责人	分管农业副省长是否担任过乡、村、大队、公社负责人或书记，是 =1，否 =0	—	0.235	0.425

三、实证结果与分析

（一）基准回归模型估计结果

为验证假说6.1实施粮食安全省长责任制有利于促进地方粮食生产，对式（6.1）进行实证检验。基准回归模型结果展示在表6－2中，列（1）为普通标准误下的模型估计结果，结果显示，实施粮食安全省长责任制正向作用于粮食生产，且在1%的显著性水平上显著。即在控制其他条件的情况下，粮食安全省长责任制提高了17.2%的粮食生产水平，具有显著的经济意义。再分别采用稳健标准误、六大区域①层面的聚类稳健标准误、省级层面的聚类稳健标准误进行估计，结果分别在列（2）~（4）中。结果显示，无论采用何种标准误，粮食安全省长责任制都在1%的置信水平下显著有利于粮食生产，基准模型估计结果较为稳健。据此，研究假说6.1得到验证。

表6－2　　基准回归模型估计结果

变量	（1）	（2）	（3）	（4）
政策实施	0.172*** （0.023）	0.172*** （0.038）	0.172*** （0.042）	0.172*** （0.038）
土地资源	0.735*** （0.066）	0.735** （0.278）	0.735** （0.276）	0.735** （0.278）
水利灌溉条件	0.637*** （0.101）	0.637* （0.319）	0.637 （0.346）	0.637* （0.319）
机械化水平	0.004 （0.004）	0.004 （0.008）	0.004 （0.005）	0.004 （0.008）
受灾情况	－0.178*** （0.051）	－0.178*** （0.047）	－0.178** （0.046）	－0.178*** （0.047）

① 六大区域：华北地区5个省份，包括北京、天津、河北、山西、内蒙古；东北地区3个省份，包括辽宁、吉林、黑龙江；华东地区7个省份，包括上海、江苏、浙江、安徽、福建、江西、山东；中南地区6个省份，包括河南、湖北、湖南、广东、广西、海南；西南地区5个省份，包括重庆、四川、贵州、云南、西藏；西北地区5个省份，包括陕西、甘肃、青海、宁夏、新疆。

续表

变量	(1)	(2)	(3)	(4)
温度	-0.223** (0.109)	-0.223 (0.131)	-0.223 (0.139)	-0.223 (0.131)
湿度	0.015 (0.026)	0.015 (0.025)	0.015 (0.030)	0.015 (0.025)
日照时数	0.116* (0.059)	0.116 (0.082)	0.116 (0.068)	0.116 (0.082)
经济发展水平	-0.299*** (0.046)	-0.299** (0.118)	-0.299* (0.143)	-0.299** (0.118)
交通条件	-0.052 (0.046)	-0.052 (0.107)	-0.052 (0.085)	-0.052 (0.107)
领导年龄	0.154* (0.092)	0.154 (0.180)	0.154 (0.217)	0.154 (0.180)
领导专业	-0.067** (0.029)	-0.067* (0.036)	-0.067 (0.047)	-0.067* (0.036)
领导是否有农业部门工作经历	0.045** (0.018)	0.045 (0.038)	0.045 (0.054)	0.045 (0.038)
副职领导年龄	-0.154* (0.087)	-0.154 (0.137)	-0.154 (0.220)	-0.154 (0.137)
副职领导专业	0.046** (0.020)	0.046* (0.026)	0.046* (0.021)	0.046* (0.026)
副职领导是否有农业部门工作经历	0.029 (0.018)	0.029 (0.024)	0.029 (0.023)	0.029 (0.024)
副职领导是否本地人	0.063*** (0.015)	0.063** (0.025)	0.063* (0.026)	0.063** (0.025)
副职领导是否担任过基层组织负责人	0.055*** (0.017)	0.055 (0.040)	0.055 (0.067)	0.055 (0.040)
常数项	4.853*** (0.944)	4.853** (2.248)	4.853*** (0.962)	4.853** (2.248)
控制变量	控制	控制	控制	控制
时间控制	控制	控制	控制	控制
地区控制	控制	控制	控制	控制
样本量	527	527	527	527
R^2	0.570	0.570	0.570	0.570

注：①***、**、*分别表示1%、5%、10%的显著性水平，下同。②列（1）~（4）括号内数字分别为普通标准误、稳健标准误、六大区域层面的聚类稳健标准误、省级层面的聚类稳健标准误。

分析控制变量结果，生产条件变量中，农田水利设施对促进粮食生产有显著正向作用。但机械化水平对粮食生产的影响已不显著，这与学者们的研究结论一致，国内农机购置补贴政策激发了农机购买量，提高了农业机械总动力，但其使用效率并未持续增加（潘彪和田志宏，2018）。灾害和气候因素变量中，受灾情况和温度提高对粮食生产不利，证实我国粮食生产还未完全摆脱“靠天吃饭”的情况。经济社会发展中，经济发展水平负向作用于粮食生产，显然地方经济发展对粮食生产的带动还需提高。地方领导特征变量中，地方领导的年龄和农业部门工作经历并不显著影响粮食生产，而农业专业的领导甚至负向作用于粮食生产。这与地方领导负责全面统筹地方工作有关，地方领导的管理能力需求高于专业能力，而专业能力较强的专家型领导往往在分管副职的位置配合管理型地方领导，能更好地发挥地方治理的正向作用（刘杨和马亮，2022）。这一点在分管副职领导特征中有体现，农业专业的副省长对粮食生产有显著正向作用。同时，副职领导是本地人时，对地方资源有信息优势，更有利于地方粮食生产治理。

（二）平行趋势检验与政策的动态检验

根据式（6.2）进行平行趋势检验与政策的动态检验，首先选择粮食安全省长责任制建立前一年（2014 年）为基期，结果在表 6 – 3 的列（1）和列（2）中，分别为未加入控制变量和加入控制变量的检验结果；再将基准期扩大，选择粮食安全省长责任制建立前两年，即 2013 年和 2014 年两年为基期，结果在表 6 – 3 的列（3）和列（4）中，分别为未加入控制变量和加入控制变量的检验结果。根据结果，基期前的系数由显著为负，逐渐转为不显著为正，再逐渐过渡到基期前一年及以后显著为正，表明实施粮食安全省长责任制对粮食生产的影响存在显著的正向作用。

从政策的动态效应看，列（1）和列（2）中 2013 年的影响系数显著为正，说明粮食安全省长责任制对粮食生产的影响存在一定的预期效应。出台粮食安全省长责任制有较强的政策背景，2012 年和 2013 年连续两年的中央一号文件将粮食安全工作放在部署新一年“三农”工作的首位。2013 年中央经济工作会议对次年经济工作进行部署，国家粮食安全的切实保障成为首要任务，同年，中央农村工作会议提出，要坚持以我为主、立足国内、确保产能、适度进口、科技支撑的国家粮食安全战略。2014 年中央一号文件《中共中央 国务院关于全面深化农村改革加快推进农业现代化的若干意见》更是将第一章内容全部用于完善国家粮食安全保障体系的阐述，占据全文超过 1/8 的篇幅。显然，中央通过各项重要会议、重要文件将粮食安全提到新的政治高度。根据理性预期理论，地方政府能明显接收到国家不断提高粮食安全重视程度的信号，在地方治理上有所行动，提高了地方粮食生产成效，所以政策实施前一段时间内就可以观测到粮食安全省长责任制对粮食生产的促进作用。政策实施后，影响系数始终显著为正，表明粮食安全省长责任制对地方粮食生产的促进作用较为稳定。影响系数在 2017 年，即政策实施后第 3 年达到第一次系数高峰，随后就呈现较为稳定的小幅波动。显然，随着粮食安全省长责任制实施的完善和推进，其对粮食生产的促进效应从快速提升期，逐渐转换到稳定作用期。

表 6-3　　平行趋势检验结果

变量	(1)	(2)	(3)	(4)
DID_2004	-0.090* (0.046)	-0.104** (0.046)	-0.139** (0.059)	-0.143** (0.057)
DID_2005	-0.073 (0.048)	-0.088 (0.052)	-0.121** (0.056)	-0.129** (0.061)
DID_2006	0.004 (0.048)	0.014 (0.048)	-0.045 (0.049)	-0.027 (0.043)
DID_2007	0.006 (0.046)	0.008 (0.047)	-0.042 (0.049)	-0.032 (0.045)
DID_2008	0.023 (0.047)	0.029 (0.039)	-0.025 (0.043)	-0.013 (0.040)
DID_2009	0.001 (0.052)	0.042 (0.051)	-0.047 (0.047)	0.001 (0.047)
DID_2010	0.039 (0.046)	0.043 (0.049)	-0.010 (0.036)	0.001 (0.045)

续表

变量	(1)	(2)	(3)	(4)
*DID*_2011	0. 087 (0. 051)	0. 065 (0. 050)	0. 038 (0. 037)	0. 024 (0. 040)
*DID*_2012	0. 096 * (0. 049)	0. 081 (0. 048)	0. 048 (0. 033)	0. 039 (0. 037)
*DID*_2013	0. 145 ** (0. 053)	0. 123 ** (0. 056)		
*DID*_2015	0. 213 *** (0. 054)	0. 179 *** (0. 049)	0. 165 *** (0. 041)	0. 137 *** (0. 038)
*DID*_2016	0. 240 *** (0. 054)	0. 205 *** (0. 050)	0. 191 *** (0. 043)	0. 163 *** (0. 041)
*DID*_2017	0. 273 *** (0. 059)	0. 243 *** (0. 046)	0. 224 *** (0. 052)	0. 202 *** (0. 043)
*DID*_2018	0. 265 *** (0. 066)	0. 215 *** (0. 047)	0. 217 *** (0. 060)	0. 174 *** (0. 043)
*DID*_2019	0. 291 *** (0. 075)	0. 246 *** (0. 046)	0. 243 *** (0. 070)	0. 205 *** (0. 045)
*DID*_2020	0. 275 *** (0. 074)	0. 229 *** (0. 053)	0. 227 *** (0. 069)	0. 188 *** (0. 049)
控制变量	未控制	控制	未控制	控制
时间控制	控制	控制	控制	控制
地区控制	控制	控制	控制	控制
样本量	527	527	527	527
R^2	0. 350	0. 597	0. 344	0. 593

注：①括号内数字为省级层面的聚类稳健标准误。②控制变量同表 6 - 2，估计结果省略。

（三）稳健性检验

使用更换实证模型、安慰剂检验、调整样本量和替换变量 4 个方法进行稳健性检验，分析如下。

1. 更换实证模型

考虑到在双重差分模型中，人为区分实验组和对照组可能对实证结果造成干扰。再将粮食安全省长责任制作为一般解释变量放入传统面板回归模型进行再检验。按照表6-2结果，在传统面板回归模型中也分别使用普通标准误、稳健标准误、聚类标准误、聚类稳健标准误进行估计，同时使用未加入控制变量的模型进行检验，结果展示在表6-4中。显然，无论是否加入控制变量，不同标准误下粮食安全省长责任制都显著有利于粮食生产，与基准回归结果一致。

表6-4　　　　稳健性检验：传统面板回归模型结果

变量	(1)	(2)	(3)	(4)	(5)	(6)	(7)	(8)
政策实施	0.195*** (0.040)	0.691*** (0.084)	0.195*** (0.067)	0.691*** (0.170)	0.195** (0.068)	0.592** (0.189)	0.195*** (0.067)	0.691*** (0.170)
控制变量	未控制	控制	未控制	控制	未控制	控制	未控制	控制
时间控制	控制	控制	控制	控制	控制	控制	控制	控制
地区控制	控制	控制	控制	控制	控制	控制	控制	控制
样本量	527	527	527	527	527	527	527	527
R^2	0.186	0.519	0.186	0.519	0.186	0.519	0.186	0.519

注：①列（1）和列（2）括号内数字为普通标准误，列（3）和列（4）括号内数字为稳健标准误，列（5）和列（6）括号内数字为六大区域层面的聚类稳健标准误，列（7）和列（8）括号内数字为省级层面的聚类稳健标准误。②控制变量同表6-2，估计结果省略。

2. 安慰剂检验

考虑到粮食安全省长责任制建立的动态影响存在一定的预期效应，在安慰剂检验时，将研究时间提到政策实施的前3年，即使用粮食安全省长责任制建立前2004~2011年的样本数据，将2008年和2009年作为粮食安全省长责任制实施时点进行安慰剂检验，检验结果见表6-5中列（1）和列（2）。政策实施对粮食生产的影响虽然为正，但均不显著。显然，在粮食安全省长责任制建立前并不存在政策效应，基础回归的估计结果具有稳健性。

表 6 – 5　　稳健性检验：改变政策干预时点、调整样本量、替换变量的回归结果

变量	2008 年政策实施	2009 年政策实施	删除 2004 年样本	增加 2003 年样本	删除直辖市样本	被解释变量为粮食种植面积	被解释变量为粮食自给率	被解释变量为粮食人均占有量
	(1)	(2)	(3)	(4)	(5)	(6)	(7)	(8)
2008 年政策实施	0.088 (0.054)							
2009 年政策实施		0.080 (0.048)						
2015 年政策实施			0.149 *** (0.033)	0.197 *** (0.044)	0.151 *** (0.045)	0.170 *** (0.038)	0.232 *** (0.042)	0.241 *** (0.045)
控制变量	控制	控制	控制	控制	控制	控制	控制	控制
时间控制	控制	控制	控制	控制	控制	控制	控制	控制
地区控制	控制	控制	控制	控制	控制	控制	控制	控制
样本量	217	217	496	558	459	527	527	527
R^2	0.449	0.436	0.587	0.58	0.626	0.468	0.684	0.538

注：①括号内数字为省级层面的聚类稳健标准误。②控制变量同表 6 – 2，估计结果省略。③列（1）、列（2）为 2004 ~ 2011 年样本数据的估计结果。

3. 调整样本量

参考学者研究（骆永民等，2020），通过减小和扩大样本量再进行回归估计，检验结果如表 6 – 5 中列（3）和列（4），样本量发生变化，粮食安全省长责任制都显著正向作用于粮食生产。考虑到直辖市具有一定的特殊性，参照陆铭和陈钊（2004）的研究，将北京、天津、上海、重庆 4 个直辖市剔除，列（5）的结果依旧显示粮食安全省长责任制对粮食生产有显著正向作用，前文的基本结论仍然成立。

4. 替换变量

粮食生产内容丰富，其在各类研究中的代理指标有所不同，在地区总量层面还包括粮食种植面积、粮食自给率，在人均层面选择粮食人均占

有量表征粮食生产，作为被解释变量进行检验，检验结果如表 6－5 中列（6）～列（8）所示。显然，粮食安全省长责任制有利于粮食生产，核心结论稳健。

四、地方政府抓粮积极性的机制检验

前文的实证结果表明，实施粮食安全省长责任制显著促进了地方粮食生产。理论分析认为，粮食安全省长责任制具有提高地方政府抓粮积极性的传导机制。据此，通过式（6.3）和式（6.4）组成的中介效应模型验证粮食安全省长责任制提高粮食生产水平的机制路径。表 6－6 报告了机制模型的估计结果，列（1）和列（3）的结果显示，粮食安全省长责任制对提高粮食注意力和土地整治均具有显著的正向影响。显然，粮食安全省长责任制显著提高了地方政府的抓粮积极性，在有限注意力和资源下，地方政府的粮食注意力分配排位提前，并且粮食生产要素投入得以提高。这一结论与学者们发现中央提高对某治理领域的强调时，能刺激地方政府增加在这些领域注意力和资源投入的结论是一致的（练宏，2016；何艳玲和李妮，2017；姜雅婷和柴国荣，2017；汪三贵和钟宇，2021）。

表 6－6　　　　机制检验的估计结果

变量	粮食注意力	粮食生产	土地整治	粮食生产
	(1)	(2)	(3)	(4)
政策实施	0.167** (0.063)	0.129*** (0.038)	0.243** (0.103)	0.137*** (0.042)
粮食注意力		0.041* (0.021)		
土地整治				0.087*** (0.016)
控制变量	未控制	控制	未控制	控制
时间控制	控制	控制	控制	控制
地区控制	控制	控制	控制	控制

续表

变量	粮食注意力	粮食生产	土地整治	粮食生产
	(1)	(2)	(3)	(4)
样本量	527	527	434	434
R^2	0.411	0.575	0.247	0.600

注：①括号内数字为省级层面的聚类稳健标准误。②控制变量同表 6 - 2，估计结果省略。③由于《中国财政统计年鉴》对改造中低产田面积与高标准农田示范工程面积的数据仅更新到 2017 年，所以列（3）和列（4）的数据样本区间为 2006 ~ 2017 年，样本量为 434。

表 6 - 6 列（2）和列（4）的结果显示，粮食注意力和土地整治对粮食生产具有显著的正向影响，这一结果证实粮食安全省长责任制存在通过提高地方政府抓粮积极性，进而促进了地方粮食生产的机制路径。显然，省级政府对粮食注意力的提高信号传递到了下级政府和其他相关部门，市、区级政府也相应提高了对粮食生产的重视程度和资源投入，在各级政府和各部门的配合治理下，粮食生产治理效率和质量都得到提升（周黎安等，2015；庞明礼，2019）。从行动上也可以明显看到，在土地整治上，改造中低产田、提高高标准农田建设等有效提升了耕地质量，将积极作用地方粮食生产效率和单产，最终提高地方粮食生产水平（秦立建等，2011；胡新艳和戴明宏，2022）。显然，粮食安全省长责任制通过提高地方政府抓粮积极性，进而稳定粮食生产的政策目标已经取得显著成效，地方政府的抓粮积极性是提高并稳定地方粮食生产的重要途径。据此，研究假说 6.2 得到验证。

五、本章小结

本章基于 2004 ~ 2020 年 31 个省份面板数据和准自然实验思路，利用双重差分模型估计粮食安全省长责任制对地方粮食生产的影响。这证实粮食安全省长责任制对地方粮食生产有显著促进作用，平均可以提高 17.2% 的粮食生产水平，这一结论通过了更换实证模型、安慰剂检验、调整样本量和替换被解释变量的稳健性检验。同时，粮食安全省长责任制存在提高地方政府抓粮积极性以促进地方粮食生产的机制。显然，实施粮食安全省长责任制有效引导了地方政府加强对粮食生产的重视程度，并且在行动上切实支持粮食生产。通过地方政府的努力，强化粮食生产的支持，增加粮食生产的资源投入、加强粮食生产的过程监督等，可以起到提高农民种粮积极性、改善粮食生产基础设施等作用，最终获得粮食产量提升的佳绩。

第七章

财政分权、粮食安全省长责任制与粮食生产

粮食安全省长责任制规定了地方政府的粮食安全事权，这一政策要求地方彻底改变依靠中央的粮食工作逻辑。这一变化不仅与我国粮食生产本身有关，还与我国财税体制改革密不可分。“分税制”改革后，地方政府财政支配权得到大幅提高，加大地方粮食生产责任成为必然。财权影响事权，财政分权是调整央地间财政关系的一种专门制度安排，在一定程度上决定了地方财政资源配置权力和能力的大小，影响地方各领域治理成效，对地方粮食生产的影响不可忽视。本章通过面板回归模型和逐步回归方法，讨论我国财政分权对地方粮食生产的影响，并分析粮食安全省长责任制对上述两者关系的调节作用。

粮食是特殊商品，政府是稳定地方粮食生产的重要主体，在落实粮食支持政策、建设粮食生产基础设施、优化粮食生产社会环境等方面具有重要作用。调整财政支出是政府参与地方治理的基本手段，在我国市场化经济逐步发展过程中，为弥补市场机制的缺陷、优化地方治理体系，政府财政支出发挥了重要作用。我国央地财政关系经过了很长一段时间的调整，旨在探索财政分权的适度规模。1994 年“分税制”改革是我国财政分权制度完善的重要标志（缪小林等，2014），本书的研究也是以此次财政分权为依据进行讨论。随着党的十八大以来，中央不断压实地方粮食安全主体责任，对地方粮食安全的重视程度只增不减，粮食生产支持的财政支出持续增加（普冀喆和钟钰，2021）。在此背景下，研究财政分权对地方粮食生产的影响，以及粮食安全省长责任制的调节作用，对探索中国式财政分

权体制机制改革与端牢中国“饭碗”，具有重要的理论和现实意义。

在影响地方粮食生产因素的研究方面，第一章研究综述中已明确，学者们从要素角度研究发现技术进步、生产投入加大等对粮食持续增产作出积极贡献（姜长云和王一杰，2019），丰富了地区粮食生产相关理论。同时，学者们也认为粮食生产离不开政府支持，结合我国在资源配置上的政府和市场双轨制模式，政府参与会对地区社会发展产生深刻的影响（韩喜平和蔄荔，2007；高鸣等，2017）。大量研究结论都支持上述观点，费佐兰等（2016）采用因子分析法分析显示，产粮大县奖励政策有效提高了农民收入，提升了农民种粮积极性。高鸣等（2017）通过 Heckman 样本选择模型证实粮食直补政策在减少粮食生产效率损失上有积极作用，有效提高了粮食生产效率。胡新艳和戴明宏（2022）运用双重差分模型实证检验了高标准农田建设政策对粮食增产有显著的积极效应。但任何粮食生产支持都需要“真金白银”的投入，即实际的财政支出，因此政府财政支出对地方粮食生产的研究值得重视。财政分权作为调整央地间财政资源配置结构的专项制度，财政支出权力可能影响到地方政府产业发展偏好和粮食生产，这在以往少数文献中得到过初步探索（姜长云，2004）。罗必良（2010）的研究认为财政分权提高了地方财政支配权力，地方政府偏向将财政资源投入有利于提高财政收入和经济增长的领域，对粮食生产有损害。而范东君（2015）的研究出现不一样的结果，财政分权加快了土地财政扩张，土地财政损害了主销区粮食生产，但促进了主产区粮食生产。

显然，财政分权这一中国重要财政体制对地方粮食生产的影响不可忽视。为此，本书运用面板回归模型，实证检验财政分权与粮食生产之间的关系，以及粮食安全省长责任制在两者之间的调节作用。相比以往研究，边际贡献主要有以下三个方面。第一，补充了财政分权对地方粮食生产的影响。已有文献对财政分权如何影响地方粮食生产的分析较少，结论也并不一致。从省级层面探究财政分权对粮食生产的影响，发现财政分权显著损害了地方粮食生产，为推动地方财政配置改革提供理论基础与实践依据。第二，研究粮食安全省长责任制对财政分权与粮食生产之间的调节作用，研究发现粮食安全省长责任制有效抑制了粮食主产区和以主产区省份为主的中西部地区财政分权对粮食生产的损害，但加剧了粮食非主产区和东部地区财政分权对粮食生产的损害。这一发现对粮食安全省长责任制未来优化改革方向提供重要参考。第三，既讨论全样本数据，也区分不同区域，回答了财政分权如何作用于粮食生产，以及粮食安全省长责任制的调节作用是否具有一般性和普适性。通过分样本回归发现，财政分权对粮食生产的影响，以及粮食安全省长责任制的调节作用存在显著地区差异，为各地区实施差异化财政分权制度和粮食安全省长责任制考核制度提供经验支撑。

一、央地财政关系的调整与变化

在分析财政分权对粮食生产的影响前，需要先回溯我国财政分权发展脉络，理清央地政府间的财政权力变化。自新中国成立以来，央地间财政关系大致经历了 3 个阶段，地方政府的财政权力短期内有所波动，但总体呈扩大趋势（项怀诚，2009；龚浩和任致伟，2019）。参考学者们的做法，按照重大事件及结果作为中央和地方间财政关系的划分标准（张军，2007），对央地财政关系变化进行梳理。

（一）“统收统支”到分权探索（1949～1978 年）

中华人民共和国成立之初，为实现国民经济的恢复和稳定，在较短时间内统一了财政收支管理体系，即中央统一管理国家财政，决定所有的财政收支内容和程度，地方政府执行中央关于财政收支的决定，自身没有财政支配权力（周飞舟，2009）。在中央统一领导下，财政经济工作取得巨大成就，3 年多的时间内，国民经济有了显著恢复，1953 年提出过渡时期的总路线，开始了我国经济建设的第一个五年计划。当时国家认为在一穷二白、资本匮乏的情况下，靠市场自发积累，难以快速实现工业化，只能集中资源，采取计划配置的方式，才能推动工业的快速发展（楼继伟和刘尚希，2019）。遂学习苏联模式，逐步取消市场，以计划配置资源。为适应计划经济体制需要，财政制度也转为高度集中，实行统收统支。整个“一五”期间，财政高度集权，地方政府的财政收入和支出比重都不超过30%（陈硕，2010）。地方政府、企业、各部门皆听从中央计划安排，经济体制全面计划化，各经济主体没有任何激励。

1956年毛泽东同志发表《论十大关系》，提出由于中国与苏联的资源、人口、经济基础等条件存在巨大差异，我国无法完全照搬苏联模式的计划经济，只能自己探索适合中国国情的社会主义发展道路（Lieberthal，1995；楼继伟和刘尚希，2019）。分权的国家管理方式优于集权（苏立，2004）。根据《论十大关系》的精神，1957年中央开始下放财政权力，央地财政格局发生巨变。1958～1961年，地方政府财政收入在全国财政收入总额中的占比从19.6%大幅上涨至78.5%（陈硕，2010）。分权管理下地方财政支出权力扩大，激励了地方政府、各部门、广大干部发展工业的热情和努力，但也出现急于求成、急躁冒进的倾向。由于忽视了客观经济规律，反而为主观主义的“多、快”开了方便之门，并逐步演变为以钢为纲、以粮为纲的“大跃进”，导致国民经济比例严重失调，财政经济进入困难时期（楼继伟和刘尚希，2019）。

“大跃进”导致的经济困难迫使中央开始重新调整央地间财政关系，开始减少地方财权（武力，2007）。国家预算在央地间使用同一本账，维持收支平衡，不允许地方有赤字预算等（陈硕，2010）。但收权只是暂时的，通过激励地方政府来实现国家发展的路径依旧值得尝试。“文化大革命”十年间，国家财政体制处于动荡状态，1968年实行“收支两条线（收入全部上缴，支出由中央分配）”；1969年实行“总额分成，一年一变”；1970年实行“定收定支，总额分成”；1971～1973年实行“定收定支，收支包干，保证上缴（或差额补贴），结余留用，一年一定”；1974～1975年实行“收支固定比例流程，超收另定分成比例，支出按指标包干”；1976～1979年实行“定收定支，收支挂钩，总额分成，一年一变。部分省（市）试行‘收支挂钩，增收分成’”（楼继伟和刘尚希，2019）。显然，中央在不断探索央地财政权力关系，这个阶段的地方财政权力变化较大，规章制度不断调整，打乱了经济和财政管理系统，削弱了财政调控能力（楼继伟和刘尚希，2019）。

（二）“财政包干”体制时期（1979～1993年）

在经历多次收放财政权力之后，我国开始打破高度集中的“统收统支”财政体制。为调动地方政府积极性，1980年国务院发布《关于实行“划分收支、分级包干”财政管理体制的通知》，将统收统支的“吃大锅饭”改为实行“分灶吃饭”的“财政包干”管理体制。“财政包干”的“划分收支、分级包干”体制规定了各级政府在财政收支上的权责，财力分配从“条条”为主改变为“块块”为主，各级财政拥有了自己的收支范围，各负其责，权责利结合。这一时期，地方政府财政管理权力提高，可以独立制定预算，在一定程度上按照自身意愿决定预算支出和中央分享预算收入（Oksenberg & Tong，1991）。这一时期的财政体制既可以保证中央财政收入占比不下滑，1979～1984年中央财政收入占比从20.1%回升到40.5%（陈硕，2010），还能提高地方政府的激励，鼓励地方政府为获得更高的本级财政收入，积极主动谋求发展以实现区域财政收支自立。但这种体制一方面可能衍生地方政府隐瞒税源的行为，中央由于信息劣势难以掌握真实的地方经济运行情况，所以导致中央无法获得应有且足额的财政资源；另一方面“财政包干”在不同省份实施不同形式的包干制，包括收入递增包干①、总额分成②、总额分成加增长分成③、上解额递增包干④、

---

① 以1978年决算收入和地方应得的支出财力为基数，参照各地近几年的收入增长情况，确定地方收入递增率（环比）和留成、上解比例。实施省份：北京市4%和50%；河北省4.5%和70%；辽宁省（不包括沈阳市和大连市）3.5%和58.25%；沈阳市4%和30.29%；哈尔滨市5%和45%；江苏省5%和41%；浙江省（不包含宁波市）6.5%和61.47%；宁波市5.3%和27.93%；河南省5%和80%；重庆市4%和33.5%。

② 根据前两年的财政收支情况，核定收支基数，以地方支出占总收入的比重，确定地方的留成和上解中央比例。实施省份：天津市46.5%；山西省87.55%；安徽省77.5%。

③ 在“总额分成”办法的基础上，收入比上年增长的部分，另定分成比例，即每年以上年实际收入为基数，基数部分按总额分成比例分成；增长部分除按总额分成比例分成外，另“增长分成”比例。实施省份：大连市27.74%和27.26%；青岛市16%和34%；武汉市17%和25%。

④ 以1987年上解中央的收入为基数，每年按一定比例递增上缴。实施省份：广东省14.13亿元和9%；湖南省8亿元和7%。

定额上解[①]、定额补助[②]等（楼继伟和刘尚希，2019），存在央地间“一对一”的谈判机制，财政体制的规范性、透明性和可持续性不足，国家财政收入比重下滑，1979～1993年从28%下降到12%，中央调控能力减弱（吴敬琏，2010；楼继伟，2022）。

（三）“分税制”时期（1994年至今）

“分税制”改革是我国财政体制改革的重要标志性事件，1993年党的十四届三中全会通过《中共中央关于建立社会主义市场经济体制若干问题的决定》，提出将财政包干制改为分税制，以更好的处理政府间的财政关系（楼继伟，2022）。随后，国务院发布《关于实行分税制财政管理体制的决定》，以财权与事权相结合为依据，在财政收入上，按照税种性质划分中央财政收入和地方财政收入，中央税主要包括维护国家权益、进行宏观调控的相关税种，央地共享税主要指同社会经济发展直接相关联的税种，地方税主要包括一些更适合地方征管的税种。在财政支出上，明确央地间财政支出的边界和范畴，中央财政支出主要是关于国家安全、外交、中央国家机关运转、国家经济结构的调整、协调地区发展等相关的支出，地方财政支出主要包括本地区机关运转、经济社会事业发展所需支出。同时，还建立中央对地方的税收返还和转移支付制度。分税制从根本上消除了财政体制不稳定的弊端，在央地间建立起稳定规范的分配关系，有效调动了地方政府积极性。从分税制财政支出分配看，地方治理所需的财政支出主要来自地方政府，也就意味着地方财政支出水平的大小直接影响地方资源配置、治理成效。分税制改革实施以来，根据财政体制运行实际情

---

① 按原来核定的收支基数，收大于支的部分，确定固定的上解数额。实施省份：上海市105亿元；山东省（不包括青岛市）2.89亿元；黑龙江省（不包括哈尔滨市）2.99亿元。

② 按原来核定的收支基数，支大于收的部分，实行固定数额补助。实施省份：吉林省1.25亿元；江西省0.45亿元；福建省0.5亿元（1989年开始执行）；陕西省1.2亿元；甘肃省1.25亿元；海南省1.38亿元；内蒙古自治区18.42亿元；广西壮族自治区6.08亿元；贵州省7.42亿元；云南省6.73亿元；西藏自治区8.98亿元；青海省6.56亿元；宁夏回族自治区5.33亿元；新疆维吾尔自治区15.29亿元；湖北省和四川省由武汉市和重庆市上缴本省的部分作为中央对地方的补助。

况，中央又多次调整央地的事权与支出责任，地方实际财政支出权力在发生变化（龚浩和任致伟，2019），意味着其在地方治理的财政影响力也在发生变化，这为讨论财政分权对粮食生产的作用提供了现实背景。

二、研究设计与研究假说

由于分税制改革前，央地财政分权结构不稳定，因此以分税制改革后为背景。分税制改革后，在央地财权上，地方政府获得了独立的财政预算制定权；在央地事权上，地方财政主要承担本级经济社会发展的财政支出。即地方政府在地方治理的财政影响力开始加大，也将深刻影响地方粮食生产支持的体系建设和粮食生产成效。学界对财政分权作用于地方经济社会各领域的影响观点主要有以下三种。

第一种观点认为财政分权对辖区内公共物品的供给和经济社会发展有利。一方面原因是，对比中央，地方政府对辖区内经济社会发展有信息比较优势，能更好地提供与当地居民生活偏好、经济社会发展相匹配的公共物品（Tiebout，1956；Besley et al.，2003；Grisorio & Prota，2015）；财政分权能有效提高地方政府在公共物品供给和基础设施建设方面的财政支出效率，提升辖区内经济发展速度和质量（Oates，1985）。另一方面原因是，财政联邦制理论认为居民存在“用脚投票”的情况，地方政府为获取更多居民选票，会提升辖区内居民生活水平，扩大与居民生活福利相关的公共物品提供，财政分权显然有利于地方按自身偏好进行各领域资源配置和努力程度，直接提升辖区内居民的生活福利（Weingast，2009；刘承礼，2011）。

将上述观点应用到财政分权对地方粮食生产的影响考察中，一是粮食是重要工业原料和辅助材料，对生产酒精、饮料酒、溶剂、医药等有不可替代的作用，地方可通过“订单生产”、就地加工等对加工业起到“建链、延链、补链、强链”的作用，稳定粮食生产有利于促进地方工业发展，加快地方经济循环；二是口粮是居民生存必备物资，端牢“饭碗”是地方百姓宜居宜业的最基础要求，稳定粮食生产符合居民生活需求；三是保障粮食安全一直是中央执政的重点领域之一，党的十八大以来，中央不断提升粮食安全的政治高度，对地方粮食安全提出政治要求，地方政府有稳定地方粮食生产、保障粮食安全的政治激励。因此，地方政府从推动地方经济增长、提高居民生活条件等角度出发，都具有稳定地方粮食生产的内在激励。基于以上前提，财政分权可以从两个路径提高地方粮食生产水平。第一，从提高地方政府财政支出效率的角度，地方政府对地方发展相关信息的获取和资源整合有比较优势。财政分权提高了地方财政资源配置的自主性、灵活性和高效性，使其更好发挥信息优势，提高地方政府财政支出对粮食生产的治理效率，有利于稳定地方粮食生产。同时，财政分权还有助于地方政府对粮食生产的实际情况进行跟踪监督和效果评估，及时调整相应的治理方案，不断优化政府支持对粮食生产的提升作用（叶兴庆，1996）。第二，从财政分权影响地方政府支出偏好的角度，粮食作为居民生存果腹的基本物质条件以及加工业的重要原材料，粮食具有特殊的公共物品属性（韩一军，2016）。分权使得地方政府获得更大的财政支出自主权和资源配置权，在中央提高对地方粮食安全考核的过程中，地方政府有权提高粮食生产财政支出以及其他资源配置，并配套更严格的过程监督，努力提高粮食安全程度，促进地方粮食生产。据此，提出研究假说。

假说 7.1：财政分权有利于发挥地方政府对粮食生产的引导和保障作用，促进粮食生产。

但是，学界第二种观点与第一种观点相反，认为中国式财政分权制度在完整性和规范性上还存在不足（周业安和章泉，2008），财政分权提高了中央约束地方政府行为的难度（吴延兵，2017）。粮食虽然是一些加工业的基本要素，但粮食生产对土地、财政等要素的需求较高，由于土地价格和劳动力价格的上升，我国粮食生产成本持续上升，其经济比较优势偏低（甘林针等，2022）。同时，粮食生产还伴有周期性和高风险性，财政收益和经济发展的直接贡献可能并不如生产建筑等行业稳定和显著，这就会导致地方政府减少对粮食生产的支持，出现地方粮食生产资源配置的市场与政府“双失灵”，粮食生产遭到损害。一方面，财政分权可能引致地方政府加大粮食生产以外的基础设施等生产性财政支出，因为地方生产性基础设施等具有地区独享的特征，而粮食在市场经济发展过程中存在较强的外部性（张宇，2013）。外部性差异会影响地方对不同领域的投资排序，进而出现资源配置扭曲和效率损失。粮食省际间调运和市场流动等特征，使某省高投入所产出的粮食有可能快速流动到另一省份，这种“为他人作嫁衣”的行为不符合地方政府自利性激励。从财政分权影响地方政府资源配置的角度看，由于粮食的外部性原因，地方对粮食生产要素投入的激励不足，财政分权会抑制地方政府抓粮积极性，损害地方粮食生产。另一方面，当前地方政府面临经济、环境、教育、农业等多元治理目标和考核体系，在有限的地方资源和注意力约束下（曾润喜和朱利平，2021），粮食生产存在经济与自然双重风险性，并且还具有周期性。所以在面对多重发展目标时，即便中央要求压实地方粮食生产责任，地方也会在粮食生产上选择机会主义，将主要精力放在政绩凸显度高的领域（Borge et al.，2014），降低了地方政府抓粮积极性。若地方政府将资源过多放在粮食生产上，则可能降低年度考核成绩，在省际比较中失利，结果导致粮食生产治理领域劣币驱逐良币，出现选次弃优的逆向选择（渠敬东，2012），有可能直接导致粮食减产。据此，提出与假说 7.1 相反的假说。

假说 7.2：财政分权会降低地方政府抓粮积极性，抑制地方政府在粮食生产过程中的积极作用，导致粮食生产受损。

第三种主要研究观点认为，财政分权对地方经济社会发展各领域的影响是有条件的，会随着国家发展战略调整、经济发展阶段变化、地区产业结构重心等差异化因素而出现不同的作用结果。在研究过程中，往往将条件指标作为门槛变量、中介变量、调节变量等引入实证模型中进行检验，研究讨论不同情境下财政分权作用于某领域治理成效的复杂性。比如在地区异质性上，经济发展水平越高的地方，财政分权越有助于经济增长的提高（缪小林等，2014）。在具体事件上，1994 年分税制改革是财政分权与经济增长关系变化的分界线，分税制改革前，财政分权对地方经济增长有一定的损害，而在那之后，财政分权开始正向作用经济增长（谢贞发和张玮，2015）。

以上述研究为依据，财政分权对经济增长的影响存在区域差异，那么财政分权对地方粮食生产是否也存在区域异质性？粮食生产的资源禀赋依赖程度较高，并且需要较强的财政支持相关基础设施建设、机械升级改造等，即地方资源、财政等现实情况的差异性将导致财政分权对粮食生产的作用不同。例如，根据各地综合条件，在粮食生产要素较为丰裕的主产区，粮食生产自然条件较好，政府财政等资源投入的边际收益比较高，地方政府就更愿意投资，粮食生产受益较大。而在粮食生产要素相对较低的非主产区，获得与主产区同等粮食生产成效的政府投资需求可能更大，在地方政府投入的多元选择下，粮食生产被选择的机会可能会比较靠后，进而出现财政分权负向作用粮食生产的情况。在区域经济异质性上，经济发展水平相对较低的中西部地区，粮食生产的基础设施建设、资金和劳动力投入等相对缺乏，不易为经济增长作出稳定和显性的贡献。而同时，其他生产性投资具有见效快、稳定性强、风险低、政绩显著等特点，成为地方政府推动经济增长的重要力量。在比较收益下，地方政府在粮食生产上的资源投入边际收益远远低于其他生产性领域，引致地方政府加大对生产性领域的投入，而“挤出”了对粮食生产的支持，对粮食生产造成损失。而在经济发展水平较高的东部地区，粮食生产所需的基础设施建设等财政资金缺口相对较小，地方政府可能更希望加大相关投入，维持地方各领域均衡发展，粮食生产将向好发展。由此，提出假说 7.3 和假说 7.4。

假说 7.3：财政分权对地方粮食生产的影响存在区域资源异质性，财政分权有利于主产区的粮食生产，但会造成平衡区和主销区粮食生产的损失。

假说 7.4：财政分权对地方粮食生产的影响存在区域经济异质性，财政分权有利于经济发达的东部地区粮食生产，但会造成中西部地区粮食生产的损失。

财政分权和粮食安全省长责任制影响粮食生产的机理如图 7－1 所示。

上述分析显著表明财政分权对粮食生产的影响不可忽视，为了压实地方粮食安全责任、提高地方抓粮积极性、稳定地方粮食生产。中央出台粮食安全省长责任制，试图在地方政府面对多领域发展目标、多元化考核的现实情况下，提高对粮食生产的重视程度和实质投入。学者们发现改革开

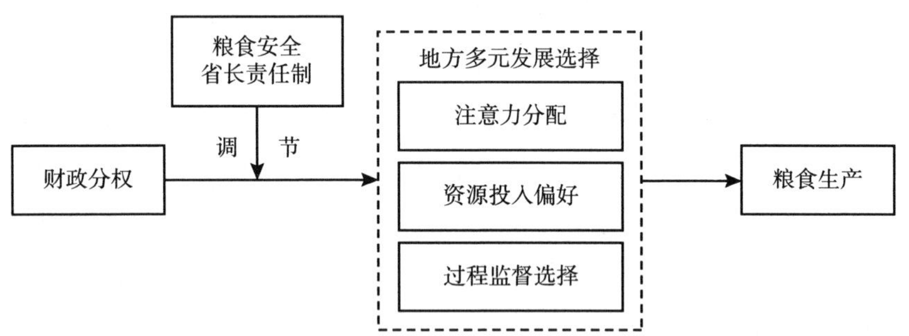

图7－1 财政分权和粮食安全省长责任制影响粮食生产的机理

放以来，创造我国经济增长奇迹的重要原因之一就是有效提高了地方政府的积极性和促进地方竞争（姚洋和张牧扬，2013；胡光旗和踪家峰，2022），但这也引发了一系列负面效应。在很长一段以经济增长为发展核心的时间内，地方政府千方百计、投入大量资源发展经济。在经济比拼的思维主导下，存在较多政策引致的扭曲，冲击了对经济增长直接效果不快、不稳、不显著的领域发展，比如生态环境恶化、粮食生产下滑、民生保障不足等（袁方成和姜煜威，2020）。在国家发展新形势下，中央开始调整发展战略，并根据实际情况优化地方政府和领导政绩考核指标，2013年中组部发布《关于改进地方党政领导班子和领导干部政绩考核工作的通知》，明确要求“选人用人不能简单以地区生产总值及增长率论英雄”，“要看全面工作，看经济、政治、文化、社会、生态文明建设和党的建设的实际成效”。粮食安全省长责任制伴随着相应考核，规定地方粮食安全考核结果将纳入地方政府考核参考。当粮食安全成为地方政府考核的重要内容后，地方政府会加大对粮食生产的投入，修正财政分权可能对粮食生产带来的副作用。但这种修正对粮食生产可能也存在地区差异性，在粮食安全省长责任制考核表中，对主产区和非主产区粮食生产相关指标的考核分数不同，主产区粮食生产的考核分数总分为55分，而非主产区为35分，分数的不同可能引致修正结果的差异。对主产区修正为正向，而对非主产区修正方向不一定。由此，提出假说7.5和假说7.6。

假说7.5：粮食安全省长责任制可以抑制财政分权对地方粮食生产的负面影响。

假说7.6：粮食安全省长责任制作用财政分权与地方粮食生产的关系

存在区域异质性，能抑制财政分权对主产区和以主产区省份为主的中西部地区的粮食生产的负面影响，而对非主产区和以非主产区省份为主的东部地区的粮食生产的作用方向不一定。

三、模型、变量与数据

（一）模型设置

1. 基准回归模型

为了检验财政分权对地方粮食生产的影响，首先设定基准模型：

$$\ln Grain_{it} = \alpha_0 + \alpha_1 fis_{it} + \sum \alpha X_{it} + \mu_i + \gamma_t + \varepsilon_{it} \tag{7.1}$$

其中，$\ln Grain_{it}$表示第 i 个省份在 t 时期的粮食产量，并取自然对数；fis_{it}表示第 i 个省份在 t 时期的财政分权；X_{it}表示随时间变化的控制变量；α_0 为常数项；α_1 和 α 为待估计参数；μ_i 表示省份固定效应；γ_t 表示年份固定效应；ε_{it}为随机误差项。模型使用省份和时间的双向固定效应模型，估计参数 β 即为财政分权对粮食生产的影响。

2. 调节变量模型设置

参考张璇等（2017）和程仲鸣等（2020）的思路建立调节模型：

$$\ln Grain_{it} = \beta_0 + \beta_1 fis_{it} + \beta_2 fis_{it} \times policy_t + \beta_3 policy_t + \sum \beta X_{it} + \mu_i + \gamma_t + \varepsilon_{it} \tag{7.2}$$

其中，$policy_t$ 为粮食安全省长责任制实施的虚拟变量，2015 年以前赋值为 0，2015 年及以后赋值为 1，β 为待估计参数，其他变量与式（7.1）相同。

3. 机制检验模型设置

本书使用中介效应模型进行机制检验，参考已有研究对中介效应模型的设计，运用逐步回归法（Baron & Kenny，1986；李政和杨思莹，2018）。

第一步，以地方政府抓粮积极性作为被解释变量，以财政分权为解释变量，检验财政分权对地方政府抓粮积极性的影响；第二步，以地方粮食产量为被解释变量，地方政府抓粮积极性为解释变量，检验地方政府抓粮积极性对粮食生产的影响。按照此思路设计中介效应模型：

$$attention_{it} = \theta_0 + \theta_1 fis_{it} + \sum \theta X_{it} + \mu_i + \gamma_t + \varepsilon_{it} \tag{7.3}$$

$$\ln Grain_{it} = \lambda_0 + \lambda_1 attention_{it} + \sum \lambda X_{it} + \mu_i + \gamma_t + \varepsilon_{it} \tag{7.4}$$

其中，$attention_{it}$表示地方政府抓粮积极性，如果财政分权通过影响地方政府抓粮积极性，进而影响粮食生产，那么 θ_1 和 λ_1 系数均应当显著，并且如果 $\theta_1\lambda_1$ 符号与式（7.1）中 α_1 一致，则证明财政分权存在通过影响地方政府抓粮积极性进而影响地方粮食生产的中介效应，为 $\theta_1\lambda_1$；如果 $\theta_1\lambda_1$ 符号与 α_1 相反，则存在财政分权通过影响地方政府抓粮积极性进而影响地方粮食生产的遮掩效应，为 $\theta_1\lambda_1$，即地方政府抓粮积极性起到的间接作用一定程度上掩盖了财政分权对地方粮食生产的真实影响效果。

同时，为了检验控制地方政府抓粮积极性的间接效应后，财政分权对粮食生产的影响是否依旧显著，进一步构建模型：

$$\ln Grain_{it} = \varphi_0 + \varphi_1 fis_{it} + \varphi_2 attention_{it} + \sum \lambda X_{it} + \mu_i + \gamma_t + \varepsilon_{it} \tag{7.5}$$

若财政分权对地方粮食生产既存在直接影响，又存在通过地方政府抓粮积极性进而影响粮食生产的间接影响，那么 φ_1 和 φ_2 均应通过显著性检验。

（二）变量选择

1. 被解释变量

粮食生产是核心被解释变量，其内容丰富，本章与前一章保持一致，选择粮食产量表征地方粮食生产最终结果，后文使用粮食面积进行稳健性检验。

2. 核心解释变量

财政分权是核心解释变量，财政分权的测算方式并未在学界达成一致，考虑到研究目的主要是针对地方政府财政支出的自主权，所以参考学者已有研究成果（傅勇和张晏，2007；陈硕和高琳，2012），使用标准化后的人均财政支出指标，测算方式为财政分权 = 省级人均财政支出/（省级人均财政支出 + 全国人均财政支出）。

3. 调节变量

调节变量为粮食安全省长责任制实施，《关于建立健全粮食安全省长责任制的若干意见》是 2014 年 12 月发布，正式发挥政策作用于 2015 年开始，所以 2015 年以前赋值为 0，2015 年及以后赋值为 1。

4. 中介变量

参照第五章机制变量，选择地方政府抓粮积极性作为中介变量，使用地方粮食注意力表征，测算方式也与第六章一致。

5. 控制变量

选择与地区粮食生产相关的 5 类控制变量。第 1 类是地方竞争压力。按照很长一段时间“为增长而晋升”的经济晋升锦标赛逻辑，参考钱先航等（2012）、曾润喜和朱利平（2021）的研究成果，选择领导晋升压力来表征地方竞争压力。通过各省份 GDP 增长率、财政盈余、失业率 3 个重要宏观经济指标测算晋升压力。其中财政盈余 = （地方财政收入 - 地方财政支出）/地方财政收入，失业率则为各省份城镇登记失业率。考虑到各地资源禀赋差距，中央对地方政府的考核一般会采取相对绩效评价，遵循“可比地区”原则（周黎安等，2005；周黎安，2007），使用各省份 GDP 总量在全国 GDP 的占比作为权重测算全国加权平均数。晋升压力的具体测算过程为，各省份 GDP 增长率小于同年全国加权平均 GDP 增长率时，为该省份赋值 1，否则赋值 0；各省份财政盈余小于同年全国加权平均财政盈余时，为该省份赋值 1，否则赋值 0；各省份失业率大于同年全国加权平均失业率时，为该省份赋值 1，否则赋值 0；再将 3 组得分相加得出该省份的晋升压力，数值越大则代表晋升压力越大。这一指标包含了地方主要经济发展指标，替代了第六章经济社会发展变量。其他 4 类控制变量分别为粮食生产条件变量、灾害和气候因素变量、地方领导特征和分管农业副职领导特征，具体指标与第六章相同。

（三）数据来源与描述性分析

样本数据观测区间与第六章一致，选择2004～2020年31个省份面板数据。其中粮食产量、粮食面积、有效灌溉面积、农业机械总动力、农作物受灾面积、农作物播种面积、气温、降水量、日照时数等数据来自《中国农村统计年鉴》《中国统计年鉴》和各省份统计年鉴。地方竞争压力测算所需指标GDP增速、财政盈余、失业率，以及财政分权测算所需的省级人均财政支出、全国人均财政支出来自《中国统计年鉴》《中国财政统计年鉴》和各省份统计年鉴。地方领导特征和分管农业副职领导特征相关变量来自手工搜集，主要数据来源有中国政要资料库、中国经济网地方党政领导人物库、人民网等领导信息和简历。政府工作报告粮食词频来自国务院和各省份《政府工作报告》。主要变量的描述性统计见表7－1。

表7－1　变量的描述性统计结果

变量名称	变量内容	单位	均值	标准差
财政分权	省级人均财政支出/(省级人均财政支出+全国人均财政支出)	—	0.471	0.105
粮食产量	粮食产量	万吨	1903.8	1673.4
粮食面积	粮食种植面积	千公顷	3630.2	3036.0
地方竞争压力	通过GDP增速、财政盈余和失业率测算综合晋升压力	—	1.774	0.881
土地资源	耕地面积	万公顷	380.191	308.874
水利灌溉条件	有效灌溉面积/耕地面积	—	0.597	0.233
机械化水平	农业机械总动力/耕地面积	千瓦/公顷	8.725	4.262
受灾情况	农作物受灾面积/农作物播种面积	—	0.201	0.148
温度	气温	摄氏度	14.420	5.027
湿度	降水量	毫米	911.77	535.03
日照时数	日照时数	小时	2034.27	562.78

续表

变量名称	变量内容	单位	均值	标准差
领导年龄	周岁	岁	58. 222	3. 708
领导专业	专业是否与农业有关，有关 =1，无关 =0	—	0. 046	0. 209
领导是否有农业部门工作经历	是否有农业部门工作经历，有 =1，无 =0	—	0. 163	0. 370
副职领导年龄	分管农业副省长的年龄	岁	54. 996	3. 775
副职领导专业	分管农业副省长的专业是否与农业有关，有关 =1，无关 =0	—	0. 159	0. 366
副职领导是否有农业部门工作经历	分管农业副省长是否有农业部门工作经历，有 =1，无 =0	—	0. 252	0. 435
副职领导是否本地人	分管农业副省长籍贯是否与工作地一致，是 =1，否 =0	—	0. 639	0. 481
副职领导是否担任过基层组织负责人	分管农业副省长是否担任过乡、村、大队、公社负责人或书记，是 =1，否 =0	—	0. 235	0. 425

四、实证结果与分析

（一）基准模型回归结果

对假说 7. 1、假说 7. 2、假说 7. 3 和假说 7. 4 进行实证检验，并在运行过程中使用固定时间和地区的双向固定模型，其中时间固定以年份为准，地区固定以省份为准，为降低异方差，对所有实值数据作对数处理。在分析过程中，首先检验全样本财政分权对地方粮食生产的影响（见表 7 -2），结果显示财政分权对粮食生产存在显著负向作用，即假说 7. 1 不成立，而假说 7. 2 成立；其次进行粮食主产区和非主产区的地区异质性分析，无论是主产区还是非主产区，财政分权都对地方粮食生产造成显著损害，假说 7. 3 不成立；最后进行东中西部的地区异质性分析，3 个区域的财政分权也显著损害了地方粮食生产，假说 7. 4 不成立。在粮食生产上，地方财权与事权并不匹配，财政分权程度越高的地方粮食生产水平越低。这一研究结论与罗必良（2010）的研究成果一致，粮食生产风险高、经济收益低等特点，以及其特殊公共物品属性，使其成为地方标尺竞争下的牺牲品，地方财政支出权力越大，越不利于粮食生产。

表 7-2　财政分权作用于粮食生产的回归结果

变量	全样本	主产区	非主产区	东部	中部	西部
财政分权	-0.846*** (0.239)	-0.761*** (0.258)	-0.689** (0.348)	-1.226** (0.506)	-1.148*** (0.311)	-1.825*** (0.483)
地方竞争压力	0.047*** (0.010)	0.027*** (0.010)	0.031** (0.014)	0.059** (0.023)	0.014 (0.011)	0.024* (0.013)
地方竞争压力的平方	-0.013 (0.008)	0.023*** (0.007)	-0.034*** (0.011)	-0.022 (0.013)	-0.004 (0.011)	0.018 (0.014)
土地资源	0.937*** (0.071)	0.701*** (0.089)	0.716*** (0.104)	1.152*** (0.182)	0.689*** (0.098)	0.259** (0.100)
水利灌溉条件	0.825*** (0.107)	1.010*** (0.135)	0.540*** (0.149)	0.895*** (0.245)	0.836*** (0.139)	0.260* (0.156)
机械化水平	0.003 (0.004)	-0.009** (0.004)	0.005 (0.006)	-0.011 (0.012)	-0.006 (0.004)	-0.014** (0.007)
受灾情况	-0.112** (0.055)	-0.188*** (0.058)	-0.129* (0.073)	-0.125 (0.107)	-0.195*** (0.059)	-0.088 (0.080)
温度	-0.137 (0.118)	-0.003 (0.101)	-0.158 (0.188)	0.108 (0.297)	0.106 (0.107)	-0.498*** (0.152)
湿度	0.011 (0.028)	0.007 (0.025)	0.038 (0.040)	0.064 (0.065)	-0.024 (0.032)	0.018 (0.034)
日照时数	0.059 (0.063)	-0.025 (0.056)	0.192** (0.091)	0.025 (0.159)	0.046 (0.073)	-0.008 (0.078)
领导年龄	0.098 (0.099)	0.099 (0.094)	0.119 (0.144)	0.615** (0.248)	-0.249** (0.108)	0.011 (0.133)
领导专业	-0.040 (0.031)	0.026 (0.026)	-0.131** (0.051)	-0.322** (0.141)	0.036 (0.023)	0.002 (0.042)
领导是否有农业部门工作经历	0.020 (0.020)	-0.034** (0.015)	0.112*** (0.032)	0.146* (0.080)	-0.015 (0.014)	-0.005 (0.028)

续表

变量	全样本	主产区	非主产区	东部	中部	西部
副职领导年龄	-0.137 (0.093)	0.062 (0.082)	-0.239* (0.136)	-0.260 (0.185)	-0.043 (0.084)	0.091 (0.151)
副职领导专业	0.055** (0.022)	0.052** (0.020)	0.067** (0.033)	-0.046 (0.075)	0.012 (0.021)	-0.003 (0.031)
副职领导是否有农业部门工作经历	0.006 (0.019)	-0.033* (0.018)	0.063** (0.028)	0.110** (0.055)	-0.018 (0.019)	0.015 (0.028)
副职领导是否本地人	0.058*** (0.016)	0.008 (0.014)	0.104*** (0.024)	0.025 (0.034)	0.044** (0.018)	0.009 (0.022)
副职领导是否担任过基层组织负责人	0.033* (0.018)	-0.020 (0.017)	0.059** (0.028)	0.086* (0.048)	-0.041** (0.020)	-0.011 (0.023)
控制变量	控制	控制	控制	控制	控制	控制
时间控制	控制	控制	控制	控制	控制	控制
地区控制	控制	控制	控制	控制	控制	控制
样本量	527	221	306	187	136	204
R^2	0.501	0.862	0.487	0.526	0.922	0.634

在控制变量上，全样本地方竞争压力与粮食生产之间为正相关线性关系，即地方竞争压力越大，地方政府越青睐于转换“赛道”，发展粮食生产，以提高地方考核。这一结论在东部和西部地区都成立，而在中部地区不成立。值得注意的是，当样本区分主产区和非主产区后，地方竞争压力与粮食生产出现了非线性的关系，在主产区，地方竞争压力与粮食生产呈正“U”型关系，即随着竞争压力的增加，地方政府对粮食生产的重视程度和治理效果呈现先下降后上升的趋势。这说明在多元考核目标下，当竞争压力面临一定程度落后时，地方政府青睐持续加大地方经济发展追逐，一旦超过某一阈值，地方政府在总绩效最高的追求下，可能选择转换“赛道”去发展粮食生产以提高粮食生产绩效，进而获得总绩效增加。而在非主产区，竞争压力与粮食生产呈倒“U”型关系，即随着竞争压力的增加，地方政府对粮食生产的重视程度和治理效果呈现先上升后下降的趋势。非主产区在面对增加的竞争压力时，会首先选

择转换"赛道"去发展粮食生产，但粮食生产并不是非主产区核心发展目标，当地方竞争压力持续加大时，会降低粮食生产，而专注其他领域，造成粮食生产的损害。其他控制变量对粮食生产的影响，与第六章相同。

（二）粮食安全省长责任制的调节作用

粮食安全省长责任制的调节作用回归分析结果如表7-3所示，在全样本中，实施粮食安全省长责任制加重了财政分权对粮食生产的损害，假说7.5不成立。据表7-2，未在模型中添加粮食安全省长责任制时，财政分权的代理变量在1%水平上显著为负，系数为-0.846。在实施粮食安全省长责任制后，这一系数变化为-0.912。但划分粮食主产区和非主产区后，粮食安全省长责任制的调节作用出现了差异。粮食安全省长责任制有效抑制了财政分权对主产区粮食生产的负面影响，财政分权系数从-0.761变为-0.632。显然粮食安全省长责任制重点强调了主产区的粮食生产功能，要求主产区承担起国家粮食生产重任，主产区资源开始向粮食生产转移，财政分权对粮食生产的损害减弱。比较遗憾的是，粮食非主产区并不存在粮食安全省长责任制对财政分权损害粮食生产的抑制作用，反而加重了财政分权对粮食生产的负面影响，这与粮食安全省长责任制主要内容有关，粮食安全省长责任制对主产区粮食生产相关指标的考核分值高于非主产区，而非主产区在粮食储备和流通方面的考核分值高于主产区。这就使得部分主观上就不愿意提供更多粮食生产支持的非主产区地方政府，在客观上也对粮食生产工作存在一定程度的轻视，粮食安全省长责任制在某种程度上甚至加强了对非主产区粮食生产的损害。在东中西部的实证结果中，以主产区省份为主的中部和西部地区出现与主产区同样的结果，即粮食安全省长责任制抑制了财政分权对粮食生产的负面作用。而以非主产区省份为主的东部地区与非主产区出现同样的结果，粮食安全省长责任制加重了财政分权对粮食生产的负面作用，假说7.6得到验证。

表 7－3　　粮食安全省长责任制的调节作用结果

变量	全样本	主产区	非主产区	东部	中部	西部
财政分权	－0.912*** (0.233)	－0.632** (0.252)	－0.706** (0.346)	－0.986** (0.464)	－1.182*** (0.303)	－1.910*** (0.479)
粮食安全省长责任制与财政分权的交互项	－0.633*** (0.119)	0.808*** (0.221)	－0.349** (0.170)	－1.418*** (0.261)	0.950** (0.387)	0.342** (0.152)
粮食安全省长责任制	0.066* (0.037)	0.302*** (0.045)	0.016 (0.051)	0.142* (0.082)	0.315*** (0.050)	0.307*** (0.069)
地方竞争压力	0.042*** (0.010)	0.021** (0.010)	0.030** (0.014)	0.058*** (0.021)	0.012 (0.010)	0.026* (0.013)
地方竞争压力的平方	－0.015* (0.008)	0.019*** (0.007)	－0.036*** (0.011)	－0.026** (0.012)	－0.006 (0.010)	0.018 (0.014)
土地资源	0.889*** (0.069)	0.635*** (0.088)	0.703*** (0.103)	0.689*** (0.186)	0.636*** (0.098)	0.218** (0.100)
水利灌溉条件	0.720*** (0.106)	0.943*** (0.132)	0.475*** (0.152)	0.278 (0.251)	0.733*** (0.142)	0.256* (0.154)
机械化水平	0.005 (0.004)	－0.012*** (0.004)	0.008 (0.006)	－0.002 (0.011)	－0.005 (0.004)	－0.016** (0.007)
受灾情况	－0.112** (0.053)	－0.195*** (0.056)	－0.116 (0.073)	－0.126 (0.097)	－0.192*** (0.058)	－0.113 (0.079)
温度	－0.124 (0.115)	0.042 (0.098)	－0.128 (0.187)	0.139 (0.271)	0.075 (0.105)	－0.499*** (0.150)
湿度	0.012 (0.027)	0.007 (0.024)	0.036 (0.040)	0.088 (0.059)	－0.023 (0.031)	0.021 (0.034)
日照时数	0.054 (0.062)	－0.035 (0.054)	0.171* (0.091)	0.102 (0.146)	0.038 (0.071)	0.017 (0.078)
领导年龄	0.159* (0.097)	0.061 (0.092)	0.154 (0.144)	0.664*** (0.227)	－0.219** (0.106)	－0.051 (0.134)
领导专业	－0.036 (0.030)	0.038 (0.026)	－0.111** (0.052)	－0.330** (0.129)	0.049** (0.023)	－0.017 (0.042)
领导是否有农业部门工作经历	0.008 (0.019)	－0.036** (0.015)	0.090*** (0.033)	0.163** (0.073)	－0.016 (0.013)	0.007 (0.029)

续表

变量	全样本	主产区	非主产区	东部	中部	西部
副职领导年龄	-0.164* (0.091)	0.070 (0.079)	-0.264* (0.135)	-0.303* (0.169)	-0.001 (0.083)	0.126 (0.150)
副职领导专业	0.056*** (0.021)	0.049** (0.020)	0.072** (0.033)	-0.039 (0.068)	0.024 (0.021)	-0.012 (0.031)
副职领导是否有农业部门工作经历	0.011 (0.019)	-0.023 (0.018)	0.061** (0.027)	0.087* (0.051)	-0.011 (0.019)	0.010 (0.028)
副职领导是否本地人	0.059*** (0.015)	0.007 (0.014)	0.107*** (0.024)	0.032 (0.032)	0.042** (0.018)	0.005 (0.022)
副职领导是否担任过基层组织负责人	0.038** (0.018)	-0.029* (0.017)	0.061** (0.028)	0.099** (0.044)	-0.058*** (0.020)	-0.010 (0.022)
控制变量	控制	控制	控制	控制	控制	控制
时间控制	控制	控制	控制	控制	控制	控制
地区控制	控制	控制	控制	控制	控制	控制
样本量	527	221	306	187	136	204
R^2	0.53	0.872	0.495	0.607	0.927	0.646

注：括号内数字为普通标准误。

（三）稳健性检验

使用替换变量和调整样本量两种方法进行稳健性检验，分析如下。

1. 替换变量

核心检验使用粮食产量代指粮食生产，现使用粮食面积纳入模型代指粮食生产进行稳健性检验。财政分权作用于粮食生产的结果在表7-4中，粮食安全省长责任制的调节作用结果在表7-5中。根据结果，无论是全样本数据，还是考虑区域异质性，财政分权都显著损害了粮食生产。考虑粮食安全省长责任制的调节作用后，粮食安全省长责任制的调节作用显著，在全样本、非主产区和东部地区，加重了财政分权对粮食生产的损害，而抑制了主产区、中部和西部地区财政分权对粮食生产的损害。各项结论皆与前文一致，基础回归的估计结果具有稳健性。

表7-4　稳健性检验：变量替换为粮食面积

变量	全样本	主产区	非主产区	东部	中部	西部
财政分权	-0.656*** (0.224)	-0.487*** (0.166)	-0.620* (0.341)	-1.295** (0.508)	-0.549** (0.218)	-1.104*** (0.409)
控制变量	控制	控制	控制	控制	控制	控制
时间控制	控制	控制	控制	控制	控制	控制
地区控制	控制	控制	控制	控制	控制	控制
样本量	527	221	306	187	136	204
R^2	0.386	0.792	0.516	0.587	0.852	0.289

注：括号内数字为普通标准误；控制变量同表7-2，估计结果省略。

表7-5　稳健性检验：变量替换为粮食面积的粮食安全省长责任制的调节作用结果

变量	全样本	主产区	非主产区	东部	中部	西部
财政分权	-0.726*** (0.216)	-0.414** (0.164)	-0.637* (0.339)	-1.017** (0.450)	-0.583*** (0.206)	-1.214*** (0.396)
粮食安全省长责任制与财政分权的交互项	-0.667*** (0.110)	0.456*** (0.144)	-0.358** (0.167)	-1.638*** (0.254)	0.932*** (0.263)	0.441*** (0.126)
粮食安全省长责任制	-0.121*** (0.035)	0.120*** (0.029)	-0.179*** (0.050)	-0.067 (0.080)	0.134*** (0.034)	0.087 (0.057)
控制变量	控制	控制	控制	控制	控制	控制
时间控制	控制	控制	控制	控制	控制	控制
地区控制	控制	控制	控制	控制	控制	控制
样本量	527	221	306	187	136	204
R^2	0.431	0.803	0.525	0.681	0.869	0.341

注：括号内数字为普通标准误；控制变量同表7-2，估计结果省略。

2. 调整样本量

考虑到2007年我国财政支出统计口径发生了变化，2007年前后可能出现一定的不可比性，所以将样本容量从2004~2020年缩小至2007~2020年进行检验。财政分权作用于粮食生产的结果在表7-6中，粮食安全省长责任制的调节作用结果在表 7 - 7 中。结果显示，财政分权在全样本和各地区都显著负向作用于粮食生产。考虑粮食安全省长责任制的调节作用后，粮食安全省长责任制显著加重了全样本、非主产区、东部地区财政分权对粮食生产的负向作用，但有效抑制了主产区、中西部地区财政分权对粮食生产的损害。各项结论与前文保持一致，核心结论稳健。

表 7 - 6　　稳健性检验：样本容量缩小到 2007 ~ 2020 年

变量	全样本	主产区	非主产区	东部	中部	西部
财政分权	- 1. 089 *** (0. 286)	- 0. 814 *** (0. 267)	- 0. 824 * (0. 432)	- 1. 976 *** (0. 568)	- 1. 032 *** (0. 379)	- 0. 717 * (0. 473)
控制变量	控制	控制	控制	控制	控制	控制
时间控制	控制	控制	控制	控制	控制	控制
地区控制	控制	控制	控制	控制	控制	控制
样本量	434	182	252	154	112	168
R^2	0. 514	0. 863	0. 544	0. 632	0. 921	0. 648

注：括号内数字为普通标准误；控制变量同表 7 - 2，估计结果省略。

表 7 - 7　　稳健性检验：样本容量缩小到 2007 ~ 2020 年的粮食安全省长责任制的调节作用结果

变量	全样本	主产区	非主产区	东部	中部	西部
财政分权	- 1. 077 *** (0. 276)	- 0. 692 *** (0. 251)	- 0. 819 * (0. 428)	- 1. 605 *** (0. 526)	- 1. 379 *** (0. 338)	- 0. 889 * (0. 476)
粮食安全省长责任制与财政分权的交互项	- 0. 588 *** (0. 112)	0. 797 *** (0. 171)	- 0. 355 ** (0. 169)	- 1. 234 *** (0. 258)	1. 473 *** (0. 302)	0. 258 * (0. 131)
粮食安全省长责任制	- 0. 028 (0. 034)	0. 215 *** (0. 033)	- 0. 045 (0. 050)	0. 011 (0. 078)	0. 280 *** (0. 036)	0. 120 ** (0. 053)
控制变量	控制	控制	控制	控制	控制	控制
时间控制	控制	控制	控制	控制	控制	控制
地区控制	控制	控制	控制	控制	控制	控制
样本量	434	182	252	154	112	168
R^2	0. 547	0. 882	0. 554	0. 695	0. 94	0. 658

注：括号内数字为普通标准误；控制变量同表 7 - 2，估计结果省略。

（四）地方政府抓粮积极性的机制检验

如前文所述，财政分权提高了地方政府的财政支出自主权，进而影响地方财政支出结构以及资源配置结构。那么财政分权是否会通过影响地方政府抓粮积极性进而影响粮食生产？为检验这一间接效应，首先实证检验地方政府抓粮积极性对粮食生产的影响，若地方政府抓粮积极性能够显著提高地方粮食生产，再进一步考察财政分权对地方政府抓粮积极性的影响，拥有更高财政分权程度，即更大财政支出自主权的地方政府是否会改变地方政府抓粮积极性。如果两者显著，那么存在财政分权通过影响地方政府抓粮积极性进而作用于粮食生产的间接效应。首先实证检验式（7.4），结果如表7－8列（1）所示，地方粮食注意力在1%的置信水平下有利于粮食生产，即粮食注意力能够有效提高粮食生产水平。这一结果符合预期，如第六章所述，地方政府工作报告是地方接下来一年以及一段时间内的发展方向，向地方政府、各部门都释放了工作重点信号。地方政府以及各部门都将在未来工作中将资源向重点领域倾斜、提高重点领域治理过程监督等。当粮食词频增加时，即省政府对粮食的注意力提高时，地方政府和各部门将迅速接收到工作信号，更主动地参与粮食生产工作，有助于地方粮食生产。

进一步考察财政分权对粮食生产的影响，即对式（7.3）进行验证，结果如表7－8列（2）所示，可以看出财政分权对地方粮食注意力在1%的置信水平下显著为负，即财政分权抑制了政府粮食注意力。这一结果同样符合预期，如前文所述，由于粮食是特殊的公共物品，某地区的粮食生产本身对地方经济增长的贡献相对比较低，且还存在“为他人作嫁衣”的利他行为。此外，粮食生产的利润低、周期长、风险大等特点也在一定程度上抑制了地方政府的粮食偏好。财政分权下地方政府财政支出自主权扩大，最后可能降低了地方政府抓粮积极性。综上所述，初步判断财政分权抑制地方政府粮食注意力从而导致粮食生产降低的间接效应值为－0.200（$\theta_1\lambda_1$），并具体表现为中介效应而非遮掩效应。

式（7.5）的检验结果如表7－8列（3）所示，在控制了地方粮食注意力对粮食生产的间接效应后，财政分权对粮食生产的回归系数依旧在1%的置信水平下显著为负，且其数值大小较原模型中指标系数 -0.846 绝对值更小，进一步证明了粮食注意力中介效应的存在。

表 7-8　　机制检验的估计结果

变量	粮食生产	地方粮食注意力	粮食生产
	(1)	(2)	(3)
地方粮食注意力	0.082*** (0.018)		0.073*** (0.018)
财政分权		-2.443*** (0.619)	-0.668*** (0.239)
控制变量	控制	控制	控制
时间控制	控制	控制	控制
地区控制	控制	控制	控制
样本量	527	527	527
R^2	0.510	0.372	0.518

注：括号内数字为普通标准误；控制变量同表 7-2，估计结果省略。

五、本章小结

本章通过 2004~2020 年省级面板数据，使用面板回归模型和逐步回归方法，讨论我国财政分权体制对地方粮食生产的影响，并分析粮食安全省长责任制对上述两者关系的调节作用。结果表明，财政分权显著损害了地方粮食生产，这一结论在区分粮食产区和非产区、东中西部后皆成立。而粮食安全省长责任制实施后，粮食安全省长责任制对财政分权与粮食生产之间的关系存在显著的调节作用，有效抑制了财政分权对粮食主产区、中部和西部地区粮食生产的损害，但加剧了财政分权对非主产区和东部粮食生产的冲击。就作用机制而言，财政分权有通过降低地方政府抓粮积极性，进而损害粮食生产的作用路径。总体看，粮食安全省长责任制对财政分权作用粮食生产具有显著调节作用，即实施粮食安全省长责任制效果显著。由于粮食安全省长责任制对不同区域的粮食安全制定了差异化的考核指标，引致了不同地区粮食生产的差异化调节方向。粮食安全省长责任制在政策落实上是有效的，但在粮食供需区域均衡的目标下，粮食安全省长责任制考核指标需进行一定的调整，才能继续稳定主产区粮食生产，遏制住目前非主产区粮食生产下滑的局面。

第八章

中国式现代化下的粮食安全治理路径研究

前文详细阐述了粮食安全省长责任制对地方政府粮食生产保障水平的研究，随着经济社会发展的变化，我国粮食安全治理工作应如何开展，才能更好保障国家粮食安全，值得深思。粮食安全治理能力是衡量国家治理文明程度的重要标杆。中国共产党历来高度重视治理体系和治理能力建设问题，不断探寻国家治理体系和治理能力现代化发展道路。从党的十八届三中全会首次提出完善和发展中国特色社会主义制度，推进国家治理体系和治理能力现代化，再到党的二十大提出在未来五年内实现更高水平的国家治理体系和治理能力现代化、更加完善的社会主义市场经济体制、更高水平的开放型经济新体制，“治理现代化”的宏伟蓝图逐渐清晰。粮食安全治理是国家治理体系的重要组成部分，也是关乎国家安全和社会稳定的基石。推动粮食安全治理现代化不仅是推进中国式现代化的内在要求，也是央地合力维护国家总体安全的关键一环。

我国在粮食安全治理上已经取得了丰硕成绩和独到经验，为今后国家粮食安全治理体系完善和治理能力建设提供了宝贵的经验借鉴。目前，我国进入中国式现代化建设新阶段，粮食安全保障面临着复杂形势，既有的治理压力尚未解决，新的风险挑战层出不穷。在此情形下，我国粮食安全治理亟须作出动态调整。面向中国式现代化建设新征程，对标国家治理体系和治理能力现代化的总任务及总要求，回顾以往治粮历程并总结改革经验，立足当前稳粮形势制定目标任务，全面研判总结粮食安全治理的堵点问题，有利于明晰中国式现代化背景下我国粮食安全治理的新方略和新路径，以期全方位夯实国家粮食安全治理根基，确保中国式现代化行稳致远。

一、国家粮食安全治理的内涵要义

（一）国家粮食安全治理的概念界定

国家治理在中国式现代化的国家治理话语体系当中通常被表述为治国理政，涵盖着国家对一切公共事务的治理。粮食安全治理是国家治理的重要内容，是国家治理体系在粮食安全领域的制度建构和具体展开。粮食安全治理是国家为确保粮食在数量、质量、生态、市场等多维安全的制度建构能力和制度运行能力。中国式现代化下的国家粮食安全治理可以理解为两层内涵：一是加快粮食安全治理能力现代化，通过多元治理手段的系统创新促进耕地、资本、技术、劳动等资源要素的迭代升级与优化配置，培育和发展粮食新质生产力，提高粮食产能巩固与提升的政策保障能力；二是推进粮食安全治理体系现代化，妥善处理好中央与地方、产区与销区等多方面权责利关系，提高多元复杂诉求下的协同治理能力。

粮食的多重属性决定了粮食安全治理与其他维度和领域治理存在一定区别。第一，粮食价值的不可替代性，决定粮食安全治理特殊重要。“不生粟之国亡”，没有粮食安全，就没有国家安全。粮食是维持人类生存的必需品，与其他商品和公共品相比，具有不可替代的使用价值。在人类文明演进中，粮食一直都是最特殊、最重要、最基本的物质存在。也正因如此，从中国古代的“仓廪实，天下安”“王者大用，政之本务”到现代的“国之大者”“永恒课题”，无不强调着粮食安全对国家长治久安和人民安居乐业的特殊意义。第二，粮食生产的弱质性，决定粮食安全治理风险交织。不同于交通、水利、通信等基础设施和教育、医疗、国防等公共服务的供给，粮食供给高度依赖光热水土等自然条件，使得粮食安全治理面临着相较于其他领域更复杂多变且难以抵抗的风险挑战。第三，粮食内涵的多样性，决定粮食安全治理的动态演化。长期以来，粮食概念被等同于谷物，即稻谷、小麦和玉米三大主粮作物，粮食口径偏小导致了传统粮食安全治理的边界狭窄。事实上，任何一个阶段的粮食都不仅指口粮作物。尤其是近年来，我国居民食物消费需求发生明显变化，食物消费格局由“粮菜”二元型转变为“粮菜蛋肉奶”多元型，居民对“菜篮子”产品种类需求越来越丰富。如何敏锐捕捉食物消费需求变化，科学理解和准确把握不同阶段粮食安全治理的内涵演变，考验着我国粮食安全治理的适应力和创新力。因此，从多个方面看，粮食安全治理都有着不同于其他领域的独特特征。

（二）国家粮食安全治理的要件构成

国家粮食安全治理是一个具有复杂治理结构和多元治理能力的系统，系统中的不同要件在总系统的协调下各具功能定位与价值目标。粮食安全治理以治理理念为指导，通过多种治理工具的运用，形成粮食安全治理机制，以确保粮食系统的平稳运行和稳定供给。可见，粮食安全治理是由治理理念、治理目标、治理主体、治理工具及治理机制等基本要件组成。粮食安全治理要件的现代性变革是粮食安全治理体系和治理能力现代化的基础。治理理念是治理体系的思想领跑者，粮食安全治理主体参与、治理目标确定、治理工具运用、治理机制形成都是在一定的治理理念指导下进行的，治理理念反映了一国对粮食安全治理的基本态度和未来走向；治理目标是治理体系的价值引领者，反映着治理体系的核心立场，中国式现代化下的粮食安全治理目标并非单一的工具理性和效率至上，而是粮食安全治理本身所包含的价值理性和公平正义。设定粮食安全治理目标不能仅基于效率目标的总量最大化，而应以公共利益最大化作为价值遵循。治理主体是治理体系的行动实施者，粮食安全治理观念的形成、治理目标的实现、治理机制的运行、治理工具的制定都离不开治理主体的作用发挥。

中国式粮食安全治理是多元主体共建共享的粮食安全治理模式，是从中央到地方、从普通农户到新型经营主体等协同参与的粮食安全治理；治理工具是治理体系的技术担纲者，治理工具是为了实现治理目标而采取的各种政策、法律、技术、规章、规范、标准的集合。在粮食安全治理领域，具体体现为保障粮食生产、促进粮食加工、稳定粮食消费、畅通粮食运输、维持粮食储备、协调粮食贸易的具体各种政策手段、技术模式、法律法规、政府规章、行业规范等措施；治理机制是治理体系的组织协调者，治理机制是治理体系各要件之间的相互联系、共同作用的关系和过程。粮食安全的治理机制主要包含市场治理机制、网络治理机制和国家治理机制，不同治理机制有其优势与缺陷，需要治理主体在治理实践中既要审慎，又要灵活。同时，充分尊重和鼓励不同地方粮食安全治理机制创新，通过自下而上的改革试点等方式检验治理机制创新成效，及时总结并上升至制度层面，由点及面地进行推广和运用。

（三）国家粮食安全治理的目标任务

1. 公共物品的最优供给

粮食安全治理是为了达到粮食安全的最优保障状态，其核心是粮食供给。就粮食本身来看，粮食属于准公共物品范畴，兼具私人物品和公共产品的部分特征，而粮食安全则属于公共物品范畴，粮食安全治理遵循公共物品的治理之道（钟钰等，2024）。粮食安全的最优保障内涵丰富。第一，总量足。确保粮食供给是推进中国式现代化的重要任务，必须立足国内来解决粮食安全问题，保持总量供应和自给率。第二，结构好。结构性短缺仍是影响我国粮食安全的最大问题，调整粮食的品种结构、种植结构、区域结构、进口结构、储备结构，形成粮食安全的最优保障水平是需要解决的长期性问题。第三，营养丰。我国粮食安全已经由强调数量安全到强调数量、质量、营养并重，居民食物消费已经从“能量消费”跨入“营养消费”的新阶段，能量供给过剩和营养元素供给的矛盾突出，需构建营养导向型的粮食供应体系，引导居民形成营养导向型的消费习惯。

2. 外部性问题的内部化

外部性问题的内部化是公共治理当中需要解决的核心问题之一。粮食安全治理涉及正负两方面的内部化。第一，粮食安全因其具有不可分割性、非竞争性和非排他性等公共物品特征而产生正的外部性。只要一国达到粮食安全状态，每个人不会因此而付出额外的边际成本就可以享受到高水平粮食安全保障所带来的益处。同时，一个人的粮食安全获得不会因其他人的消费而减少，即粮食安全的消费是面向全体公民的，而非局部的、个体的。第二，粮食安全保障的产出导向会造成农业面源污染和食品安全问题，产生负的外部性。长期以来，我国粮食安全保障以增产为导向，造成了粮食生产过程中耕地资源的不合理利用，如化肥农药亩均施用量过高、农资投入结构不均衡、资源利用方式不合理等突出问题，降低资源利用效率的同时带来大面积农业面源污染和大范围食品安全问题，给农业生态环境造成了严重的负外部性影响，粮食安全的可持续治理能力有待提升。

3. 宏观经济的平稳运行

粮价是百价之基，粮食对国家经济平稳运行有着举足轻重的作用。第一，由于粮食生产的季节性，所以供应具有一定的周期性，且粮食属于生活必需品，可替代性较低。因此，粮食的短期供给价格弹性和需求价格弹性都较小，粮食供给量变化对粮食价格变动影响大，粮食价格调控难度高，易出现“谷贱伤农”“米贵伤民”的状况，影响宏观经济稳健运行。第二，粮价关系市场价格稳定，粮食是食品加工、畜禽养殖、化学工业等诸多行业的原料来源，在工业生产者价格指数中占有重要地位，粮食价格波动会产生“牵一发而动全身”的效应。同时，以粮食为核心的食品在居民消费价格指数（CPI）中的权重最大，粮食价格波动对 CPI 的传导效应也最为明显（全世文等，2019）。因此，粮食价格是农产品中价格稳定的“锚”，粮食价格变动牵动着 CPI 的整体走势。第三，粮市为百市之首，关系国际贸易畅通。随着经济全球化走向深入，粮食市场与期货市场、国际市场的联系越来越紧密，粮食价格对自身供求关系的指示能力越来越弱，金融资本对粮价的操纵力越来越强，维持粮食市场稳定难度系数加大。如何在全球粮食市场趋利避害，在维持宏观经济平稳运行的同时寻求保障中国粮食安全的最优解，是粮食安全治理所要实现的基本目标之一。

4. 多源风险的防范化解

构建国家粮食安全风险治理体系、提升风险治理能力，已经成为中国式现代化下国家粮食安全治理的重要任务。第一，防范自然风险。粮食生产受自然因素影响大，洪涝、干旱、病虫等短期突发性灾害与全球气候变化、生态环境恶化、耕地资源退化等长期持续性影响相互交织作用，对粮食安全保障造成严重威胁，构建有效的防灾减灾救灾体系，是保障粮食产能、减少粮食损失、化解自然风险的必然要求。第二，防范市场风险。从国内市场风险来看，我国粮食市场价格“天花板”与种粮成本“地板”之间的利润空间不断被挤压，种粮收益持续下滑，为保证国内粮食市场稳定，多数时期国际国内粮价倒挂，尤其是玉米大豆等严重依赖进口的农产品；从国际市场风险来看，我国是粮食进口大国，依靠国际市场是中国粮食安全治理不得不面对的现实问题。第三，防范非传统风险。粮食安全除了受传统宏观经济因素和国家政策因素的影响外，还越来越受到粮食金融化、粮食贸易集团化、粮食能源化、粮食武器化以及地缘政治冲突等影响，维护国家粮食主权安全面临着严重的非传统因素挑战（张帅和于宏源，2023）。综上所述，国家粮食安全治理需要在多源风险冲击与交织下，提升粮食安全的风险治理能力。

5. 民生福祉的全面增进

习近平总书记强调“中国式现代化，民生为大”，这要求我们在坚守国家粮食安全底线的同时，必须要满足人民群众对美好幸福生活的向往，在物质文明、精神文明和生态文明的协调发展中，从整体上找到整个社会福利函数的最优解，实现全体人民的福祉安康。第一，在粮食安全保障的物质文明建设中增进民生福祉。粮食安全治理的关键在于调动农民种粮积极性，调动农民种粮积极性的关键在于让农民种粮有钱挣、生活有保障、劳动有体面、职业有发展。一方面，通过完善农业支持保护体系，构建保产量、稳价格、降成本、防风险、增效益的粮食生产者收益保障机制，确保粮食生产者有钱挣、有保障；另一方面，通过对种粮农户进行职业资格评定，并给予相应的资金支持、福利待遇和社会保障，提高种粮农民的获得感、幸福感、安全感。第二，在粮食安全保障的精神文明建设中兴盛文化福祉。中国式现代化是物质文明与精神文明相协调的现代化，中华文明根植于农耕文明，农耕文化是中华民族在长期的改造自然的实践中创造和发展出来并流传至今的优秀传统文化（耿鹏鹏和罗必良，2023）。从河北涉县旱作梯田到云南哈尼稻作梯田，从天人合一的生态哲学到巧夺天工的农业文化遗产，既蕴含着中国式现代化的文化基因，又彰显着粮食生产的多功能性与非经济价值对人类精神福祉的重要作用。第三，在粮食安全保障的生态文明建设中释放生态福祉。习近平总书记将良好的生态环境视为“最公平的公共产品，最普惠的民生福祉”，这一重要论断深刻揭示了生态红利与民生福祉之间的基本关系。一方面，严格控制农业面源污染，推进化肥减量增效和农业废弃物资源化利用水平（王帅等，2024），坚持山水林田湖草沙一体化保护和系统化治理。另一方面，提高优质农产品比重，满足人们的需求。

二、国家粮食安全治理的演变逻辑

（一）治理理念上从粮食安全迈向大农业观大食物观

我国传统粮食安全治理观念是以狭义的谷物安全为核心的粮食安全治理。传统粮食观念的形成有着深刻的历史和现实根源。一方面，人民群众的吃饭问题在较长时间里是困扰国家和社会治理的基本问题（韩杨，2022）。在“吃不饱”的压力下，粮食安全治理首先面向口粮供给，以保证人民生存的基本能量需要。另一方面，粮食安全治理是千百年来中国社会乃至整个人类社会治理面临的永恒课题，我国城乡居民的饮食结构是以“南稻北麦”为基本格局，谷物型的食物消费结构形成了中国长期以来的“民以食为天、食以谷为先”的传统观念。这种粮食安全治理理念实际上反映的是生产力水平较低、食物来源较少的状态下的粮食产销关系，是一种较低水平的粮食安全保障状态。随着居民收入水平和消费水平的持续提高，人们对食物的需求不再局限于吃得饱，而要向吃得好、吃得营养、吃得健康转变。1949 年我国居民人均可支配收入不足 50 元，2023 年居民人均可支配收入达到 39218 元，名义增长 784. 56 倍，扣除物价因素实际增长超 60 倍。居民消费水平的持续升级促使了食物消费结构由“粮菜”二元型向“粮肉菜果鱼”多元型过渡，膳食营养中谷物供能占比下降，肉类供能占比提高。根据发达国家和我国东部发达省份的经验，当人均国民生产总值超过1万美元时，食物消费中的粮食消费占比会逐渐下降，肉类消费缓慢增长，禽蛋、奶类及水产品等优质动物性蛋白消费比重逐渐上升，水果、蔬菜消费则呈现多样化趋势。面对人民群众对美好生活的需要，顺应我国居民食物消费结构变化趋势，《摆脱贫困》一书中提出以“大食物观”取代原来的“以粮为纲”的旧粮食安全治理理念，2015年中央农村工作会议中正式提出大农业观、大食物观。大农业观和大食物观拓展了传统粮食安全治理的内涵和边界，强调粮食供给的同时兼顾肉、蛋、奶、蔬、果、鱼等多种食物有效供给，食物来源上也从单一走向多元，既向耕地要食物，也向森林、草原、江河、湖海要食物、要能量、要营养。大农业观和大食物观打破了原有对粮食的片面、局限、狭隘认识，顺应了新形势下我国居民食物消费变化，在继承和延续原有粮食安全治理中数量安全的基础上，将粮食安全治理理念延伸至质量安全、结构安全、营养安全等多重内涵，成为我国粮食安全治理的基本理念和理论指导。

（二）治理目标上从产出导向迈向粮食产能全面提升

我国传统粮食安全治理以保持高度的粮食自给率为基本目标，强调粮食在数量上的绝对安全状态，这种治理目标的形成与当时的国内社会经济状况和国际局势有直接关系。提出“以粮为纲、全面发展”的口号，确立了粮食安全治理的总方针（张海荣，2019）。但由于当时粮食供需矛盾状态加剧和人地矛盾尚未凸显，在当时很多地方的粮食安全治理实践当中仅突出了“以粮为纲”的总方针，例如湖北省提出“以粮为纲，全面插秧”“向荒湖进军，插秧插到湖中心”的口号。1978年以后，我国对外开放脚步不断加快，融入世界分工大格局的程度越来越深，国内粮食生产面临的内外源风险挑战也日益复杂，亟须调整原来的以单一数量目标为导向的粮食安全治理模式。尤其是进入21世纪以来，我国保障粮食安全的关键因素已经发生重要变化。在此背景下，我国粮食安全保障目标逐渐由产量增加转向产能提升，多管齐下提升粮食综合生产能力，全方位夯实粮食安全根基。2021 年，国务院批准实施《全国高标准农田建设规划（2021—2030 年）》，通过农田土地整治、农田水利建设、土壤培肥改良等综合性措施，巩固粮食产能提升的物质保障；《国家黑土地保护工程实施方案》，从工程与生物、农机与农艺、用地与养地等多个方面提出保护黑土地“大熊猫”，守住耕地“命根子”的具体方略，夯实粮食产能提升的耕地保障。从治理目标上看，产出导向的粮食安全治理目标已经不能适应新时代、新阶段、新形势下我国粮食安全保障的需要，以数智技术赋能、基础设施建设、制度活力释放、结构调整适应等多元目标所组成的粮食产能提升方案已经成为我国粮食安全治理的新目标。

（三）治理主体上从政府主导迈向多元主体共治共建

中华人民共和国成立以后，为保证国家主权独立和工业化资金积累，我国对粮食实行高度的计划管控，粮食安全治理形成以政府为核心的单方治理（武舜臣等，2022）。为维持国家对粮食产、购、销的完全控制，粮食安全治理依托以人民公社为主体的“三级所有、队为基础”的粮食管理体制，粮食治理事权高度集中在政府手中。在政府主导的粮食安全治理模式下，农民粮食生产自主权和生产积极性极低，农业劳动生产率几乎没有实质性增长，1957 年到 1978 年年均增长率仅为 0.3%，农民所能分配到的粮食仅由 1055 斤增长为 1255 斤，大部分农民面临着“生产靠贷款、生活靠救济”的窘迫境地。1978 年后，以家庭联产承包责任制为核心的农村经营体制变革迅速席卷中国大江南北，我国粮食安全治理也逐渐走向政府与市场二元共治的道路，农民被赋予了更多的生产经营自主权。随着农产品购销及流通体制变革和市场化价格形成机制确立，粮食生产服务组织、市场中介组织、合作经济组织等新主体应运而生，为市场主体参与粮食安全治理提供了广阔空间。党的十八大以来，全球粮食安全治理体系面临的不确定性增加，中国式现代化下的粮食安全治理已不再是政府的“独角戏”，精准防范和有效化解粮食安全治理的多重风险和矛盾压力离不开社会多方力量的共同参与。政府、市场和社会等多元主体的协作与互动使得粮食安全治理体系渐趋开放和动态，为粮食安全治理体系和治理能力现代化提供了更广阔的发展空间和更强大的动力支持。第一，政府总揽全局，压实粮食安全治理的政治责任。从“米袋子”省长负责制到粮食安全省长责任制、粮食安全党政同责制，地方保障本辖区内粮食安全的事权划分和具体责任越来越明晰，粮食产销区利益补偿机制的探索体现了主产区、主销区、产销平衡区饭碗一起端、责任一起扛的战略部署。中央与地方协同联动、地方与中央责任共担，粮食安全不再仅是中央政府的单方面责任，而是中央到地方各级政府承担的共同责任。第二，经营主体广泛参与，撬动粮食安全治理的经济杠杆。随着农业经营体制变革加快，如雨后春笋般蓬勃出现的新型农业经营主体已经成为未来粮食生产最具潜能的一类主体。根据农业农村部相关数据，我国有种粮家庭农场 176.5 万个、种粮合作社 54.2 万家，占新型农业经营主体总数的 37.5%，新型农业经营主体成为粮食稳产增产的中坚力量。随着主体多元、功能互补、运行高效的现代粮食产业经营体系形成，粮食安全治理的主体效能也随之大幅提升。第三，社会主体共同建设，激活粮食安全治理的社会动能。社会主体具有更强的组织力、更大的灵活性、更高的动员力、更深的感召力，能够有效吸纳社会力量参与粮食安全治理。系统性的粮食安全治理不仅需要政府组织对公共性问题治理，亦需要非政府组织通过行业性的自律自治与持续性的宣传教育，在引导公民消费观念升级、改善膳食营养结构、节粮减损减少粮食浪费、协调处理行业内部矛盾等方面发挥积极作用。

（四）治理工具上从计划管控迈向多种工具协调运用

新中国成立初期，我国面临着国际社会封锁和国内经济短缺的双重压力，工业化成为当时特定历史情境下国家发展的头等战略需要。为满足工业化建设的资金需要和非农人口增加带来的粮食缺口，我国开始通过统购统销政策对粮食等重要农产品进行严格的市场管控。1953 年底，政务院颁布粮食统购统销令，实行粮食定产、定购、定销，通过配给制满足城乡居民粮食消费的基本需要，计划管控成为国家粮食安全治理的基本手段。这种粮食安全是在近乎完全自给下的极度短缺状态，依靠国家强制性保障实施的高度计划和管控下的粮食安全治理，本质上是摄取农业剩余实现工业化的原始积累，在治理工具的运用上带有高度的计划管控色彩和国家战略意图。随着 1978 年农村经济体制改革的大幕拉开，粮食安全治理开始从高度集中的计划调控向市场调节为主的嬗变转型（崔焕金和曾蓓；2021），与市场经济体制相伴生的粮食购销及要素市场化配置机制逐渐形成，粮食安全治理工具渐趋市场化。一方面，粮食购销的市场化。从 1985 年国家推行粮食合同订购取代国家统购到 1993 年粮食统购统销制度的彻底取消，粮食实现市场化流通、市场化定价。另一方面，粮食生产要素的市场化。从 1993 年城镇户籍管理制度改革允许农民进城务工经商到 2008 年中小城市落户制度改革，农民逐渐获得与城镇居民的同等待遇，城乡间劳动要素市场逐渐畅通；从 1984 年中央一号文件提出土地逐步向种田能手集中，到 2002 年《农村土地承包法》出台，农村土地流转市场逐步建立。粮食生产要素在城乡间、区域间的自由化流动和市场化配置，粮食安全治理工具也呈现出与市场经济体制相配适的市场化转型。党的十八大以来，以习近平同志为核心的党中央始终把粮食安全作为治国理政的头等大事，高屋建瓴地提出了新时代国家粮食安全治理的新方略和新论断，多样化粮食安全治理工具创新不断涌现。第一，完善市场化治理工具。新时代的粮食安全治理不仅面向国内大循环，更加依靠国际大循环，通过加快农业对外开放，降低农产品关税水平并提高贸易自由化程度，合理运用世贸组织规则，遵循比较优势原则从国际市场进口粮食作为国内粮食安全保障的补充手段。第二，出台法治化工具。长期以来，我国粮食安全的法制保障一直依附于其他农业类法律法规和部门规章，法律层级较低且相对零散，直至 2023 年 12 月《中华人民共和国粮食安全保障法》出台，标志着我国粮食安全治理法治化新高度，为我国粮食安全治理铸就了“护法神盾”，成为协调政府、企业、生产者、消费者、流通者等多主体复杂利益关系的法律准绳。第三，运用社会化治理工具。以行业标准、自律公约、自发倡议、道义警示等形式的社会化治理工具，增强粮食安全治理过程中的道德引导和良序善治，中国粮食行业协会发布的《粮食行业爱粮节粮自律公约》对于优化粮食安全治理环境、抑制粮食行业竞争失序起到了重要的引导作用。

（五）治理机制上从应急管理迈向多源风险系统治理

粮食生产具有自然再生产和社会再生产相互交织的特征，容易受到自然灾害风险和市场风险的影响，危及粮食安全并加剧粮食安全脆弱性。我国不断顺应市场发展和农业结构调整优化粮食安全治理机制，形成了以单灾种为主、分级分部门管理的工作格局，逐渐从单灾种防范向多灾种综合管理转变。2006 年颁布的《关于全面加强应急管理工作的意见》，首次将自然气象灾害、公共卫生事件等可能影响粮食安全的风险事件作为突发公共事件进行统一应急管理，自上而下的粮食安全应急管理体系逐渐建立。党的十八大以来，我国高水平对外开放取得前所未有的新局面，粮食安全治理也面临着前所未有的新挑战。世界百年未有之大变局加速演进，多种不确定性因素层层累积、交织作用，粮食安全治理能力面临着前所未有的重大考验。面对全球粮食市场的重大风险挑战，我国始终居安思危、未雨绸缪，形成了系统性粮食安全治理风险应对机制，牢牢将粮食安全主动权掌握在自己手中。第一，智能化风险预警机制不断升级。粮食风险预警预报平台的数智化升级大大提升了粮食全链条多源数据的获取能力，通过精准化模型预测和风险评估为灾害预警提供更加全面的技术支持。第二，体系化风险防范机制不断完善。我国近年来在高标准农田建设、节水灌溉、农田宜机化改造等方面取得良好进展，风险防范机制不断完善。第三，多样化救灾保障机制不断健全。农业生产和水利救灾资金、农业防灾减灾补助资金、国家救灾备荒种子储备资金等中央财政直接拨付的粮食救灾保障资金越来越丰富，粮食完全成本保险、种植收入保险等市场化风险分担机制越来越健全，多样化救灾保障机制不断健全（李天祥，2023）。

三、国家粮食安全治理的堵点问题

（一）供给如何保：多源食物供给难保障影响国民营养目标实现

第一，产需缺口拉大，食物自给能力明显下降。我国食物供需的基本格局是口粮自给有余，但饲料粮、果蔬、优质蛋白等都存在一定供给缺口，需要通过进口来弥补缺口（陈锡文。2021），一定程度上导致了食物自给率下降。根据中国农业科学院发布的《中国农业产业发展报告2024》预测，我国人均原粮消费到2035年将下降到152公斤，人均肉类食用需求将提高至78.94公斤，由此可以推知我国目前肉类缺口至少还有4300万吨。当前我国食物供给仅能够满足最低营养目标下的食物需求，高营养水平下的食物自给能力较低。

第二，产需错配加剧，食物供需结构矛盾突出。随着我国居民生活水平持续提高，食物消费需求呈现出了新的结构性变化，居民膳食消费水平与结构正在由温饱型向全面小康型转变（龙文进和樊胜根，2023）。这种结构性变化主要表现为谷物消费下降、肉蛋奶果蔬等多样性食物消费快速增长。然而，我国食物生产结构的调整速度远滞后于食物需求结构的升级速度，食物供需不匹配明显，食物供给结构性过剩与短缺并存问题，制约了国民营养健康目标的实现，成为影响我国粮食系统稳定的风险因素之一。

第三，环境约束趋紧，食物系统转型难度升级。联合国粮农组织发布的《食物系统与农业资源》报告中指出，在所有经济活动中，食物部门对自然资源使用和造成的环境影响最大，全球陆地生物多样性丧失的60%与粮食生产有关。长期以来，粮食增产目标导向下的水土资源高强度开发利用模式也导致耕地有机质含量持续下降，土地边际产出递减规律逐渐显现，扩面积增产的模式已经几乎无潜力可挖，提单产增产的模式亟须向可持续农食系统转型。

（二）种粮如何富：种粮农民收益难保障阻碍全民共同富裕进程

第一，粮食生产脆弱性加剧，威胁粮农生计稳定。脆弱性加剧主要表现在两个方面：一是自然环境变化带来粮食产量波动增强，威胁粮食供给能力；二是社会经济因素导致粮食生产要素不断外流和退化，加重粮食生产脆弱性。从自然因素来看，全球性气候变化是粮食生产面临的最严峻的自然风险，气候变化导致极端气象灾害和病虫害频发，导致粮食产量波动持续加大，极大地加剧了粮食生产脆弱性；从社会经济因素来看，由于种粮成本高企而收益偏低，粮食生产中的“非粮化”趋势、粗放式经营、农地撂荒、耕地面积缩减等现象日益严重，影响粮食综合生产能力，加剧粮食生产脆弱性的同时严重威胁种粮农民生计稳定。

第二，粮食经营性收益下滑，拉大粮农收入差距。我国粮食生产成本高企，粮食生产经营性收益因此持续被压缩（钟钰和巴雪真，2023）。2000 年，我国粮食生产亩均总成本为 282.08 元，亩均总产值为 352.96 元；2022 年，粮食生产亩均总成本上涨到 1252.70 元，亩均总产值上涨到 1442.00 元。在这期间，粮食亩均净收益却由 192.88 元下降到 186.30 元，剔除掉物价因素后粮食生产净收益已经为负。在此背景下，粮食主产区和主销区之间农村居民人均可支配收入差距成倍拉大（见图 8－1），我国 13 个粮食主产省份中有 10 个已经连续多年低于全国农民人均可支配收入平均水平。在 2002 年粮食产销区即将划定之时，全国人均收入位居前 10 的省份中，主产区有 6 个省份，2022 年已经缩减至 3 个。不仅城乡居民收入差距持续拉大，单就农村内部看，不同产销区之间农民收入差距也越来越大。

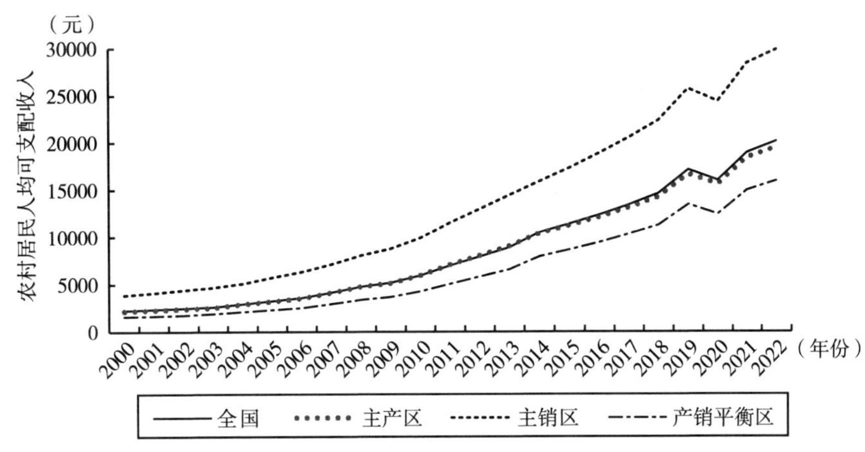

图 8－1　不同区域间农村居民人均可支配收入情况

资料来源：相关年份《中国农村统计年鉴》。

第三，城乡公共服务不均等，削弱粮农生活保障。脱贫攻坚的全面胜利标志着我国农村社会保障迈上了新的历史台阶，新时期的城乡社会治理的基本任务是缩小城乡区域发展差距、实现人的全面发展和全体人民共同富裕。细碎化经营仍是“大国小农”国情农情下农业生产经营的基本形式，种粮农民仍是维护国家粮食安全的中坚力量。然而，由于主产区“粮食大省、财政穷省”的趋势不断加剧，面向种粮农民的社会保障机制一直存在欠缺。种粮农民一直没有享受与城镇或其他职业同等的公共交通、文化娱乐、医疗保障等公共服务供给和养老保障、医疗保障、社会救助等社会保障待遇。这不仅影响了我国共同富裕进程的实现，还固化了土地的社会保障功能，造成了“离农不离地，进城不弃地”的难题。

（三）利益如何调：区域发展利益难协调降低主产区治理积极性

第一，粮食生产空间集聚性增强，主产区稳粮压力吃重。东部沿海地区处于对外开放的窗口地带，产业结构升级速度较快，农业产值占比较低，粮食供应依靠主产区。随着粮食产销区责任划分和粮食安全党政同责制的落实，主产区不仅要满足本省内的粮食需求，还要通过粮食的跨区域调配满足销区和产销平衡区的补缺（见表8－1）。2012～2022年，主产区粮食产量占全国粮食总产量的比重在75%以上，主产区商品粮供给责任吃重，对国家粮食总量安全的贡献率越来越高。

表8－1　　主产区粮食调出率变动　　单位：%

省份	2002年	2007年	2012年	2017年	2022年
河北	1.62	7.24	2.26	8.57	6.64
内蒙古	39.67	49.07	57.12	64.67	70.07
辽宁	0.99	11.08	7.70	12.58	17.85
吉林	56.64	57.76	64.18	71.27	72.02
黑龙江	53.87	58.08	71.02	78.33	80.59
江苏	9.35	6.40	-2.25	-10.23	-9.86
安徽	20.94	19.95	20.73	28.80	27.33
江西	3.05	12.91	5.93	4.05	-2.33
山东	1.86	14.29	6.52	11.78	10.85

续表

省份	2002 年	2007 年	2012 年	2017 年	2022 年
河南	18.75	32.26	27.37	28.81	29.29
湖北	1.41	1.00	-3.05	1.98	-3.68
湖南	5.70	10.39	3.85	-1.98	-6.41
四川	7.88	-1.92	-6.08	-12.27	-16.00

注：粮食调出率参考钟钰和洪菲（2019）的研究，以省域内粮食调出数量与省域内粮食产量之比表示。其中，粮食调出量等于省域内人均粮食占有量与全国人均粮食占有量之差和省域内人口总数的乘积。表中正值表示粮食调出率，负值表示粮食调入率。

资料来源：历年《中国统计年鉴》。

第二，粮食产销区发展机会不均，主产区抓粮动力衰减。为保障粮食安全，国家通过限定基本农田保护红线、划定粮食生产功能分区、加大粮食生产政绩考核等方式限制了主产区生产要素的自由流动，使得主产区丧失了许多非农产业的发展机会。在产业结构现代化转型中，农业在经济增长中的贡献率越来越低，政绩凸显性较弱。地方政府在政绩考核压力下，优先选择将财政资金分配到非农产业，由此导致地方政府抓粮积极性不高（甘林针和钟钰，2022）。

第三，横向利益补偿机制不健全，主产区保粮能力不足。当前我国粮食产销区利益补偿机制是通过中央财政纵向的直接转移支付和奖补资金来实现，同时要求有一定的地方政府资金配套，但由于主产区财政资金匮乏，不仅中央财政拨付的资金很难落实到粮食生产当中来，而且地方政府更难进行配套支持。不仅如此，黑龙江、河南、吉林等省份奖励资金已经连年下降，奖励资金的增产效应也呈现出边际递减的趋势。既有纵向补偿机制也难以为继，横向利益补偿机制尚未健全，主产区政府的保粮能力受到严重削弱，“想保保不住”的问题亟须提高警惕。

（四）风险如何控：管理职权事权难明晰削弱粮食安全治理效率

第一，数据监测事权不明晰，降低技术治理效率。健全、动态和完备的粮食统计监测体系是数字时代国家粮食安全治理的基础要素。“知己知彼，百战不殆”，摸清粮食家底，掌握粮食全产业链的数据变化，才能适时调整粮食安全治理目标、科学运用粮食安全治理工具、动态完善粮食安全治理机制。目前，我国粮食统计监测体系虽然已经由对户调查和自下而上的数据报送过渡到对地调查和空间抽样与遥感技术相结合的综合技术获取，但由于粮食作物熟制复杂、耕地细碎化严重、统计调查投入力度不足等多重原因，我国粮食统计监测的管理事权不明晰，粮食流通相关部门数据互通性和协作性较差，粮食流通规模和流向处于无迹可寻、无数可查的状态，使得我国粮食产销区省际利益补偿机制一直缺乏标准和依据。

第二，粮食储备事权不明晰，降低协作治理效率。从中国古代的常平仓到中华人民共和国成立后的“甲字粮”，粮食收储始终是粮食安全治理的重要手段（岳翔宇和夏艳秋，2023）。我国粮食储备一方面是为了解决在粮食紧缺条件下开仓放粮，确保人民生存需要；另一方面是通过粮食储备的“收”与“缩”改变市场供求关系，进而调整粮食市场价格，平抑市场物价。2018 年机构改革后，不同部门之间的组织事权尚需进一步明晰，中央和地方的机构改革速度和步调不一致，粮食储备责权不归一。粮食储备涉及资金筹集准备、储备计划制定、储备轮换安排、基础设施建设等多个环节，需要不同部门之间的协调配合。以收储资金准备为例，粮食收储资金由粮食和物资储备局、财政部、银保监会、农业发展银行等部门共同组建和运行粮食收购贷款信用保证基金，事权协调涉及各级各类各部门，而融资责任划分并无明确规定和依据。

第三，风险管理事权不明晰，降低风险应对效率。粮食安全治理既需要常态化治理机制，也需要关注突发事件触发点和应急管理薄弱点，构建粮食安全应急管理体系，提高风险应对的组织效率和协调能力（刘景景和钟晓萍，2024）。从机制上看，目前我国粮食安全风险管理部门的职能定位、事权边界与协调机制尚不完善，分隔性、条块式的应急管理机制在面对复杂风险和系统风险时协调性不足，部门协调联动行动框架尚未建立。从环节上看，目前我国粮食风险管理集中于应急储备，没有形成由生产保障到物资储备，从调运配送到分散供应的闭环系统，导致不同部门之间在管理环节上不畅通；从执行上看，我国粮食安全的应急预案大多是国家出台后地方再出台，很多地方政府照搬上一级政府的应急预案，内容同质化严重，当真正遇到突发事件时大概率出现执行失灵的情况。

（五）外力如何借：全球市场波动难把控加剧外部粮源风险干扰

第一，粮食“三高”格局增加国际粮食市场风险传导速度。当前我国粮食呈现“三高”齐头并增的问题，在一定程度上加剧了国际粮食市场风险向国内粮食市场的传导速度（朱晶等，2022）。受国内外粮价倒挂加剧和粮食进口调控政策限制，我国粮食结构性单一。当前粮食类农产品国际贸易高度集中，贸易风险也随之升高。以大豆为例，我国大豆高度依赖进口且进口来源地高度集中于美国和巴西，2021 年巴西因受厄尔尼诺现象影响大豆大面积减产，大豆出口份额下降，我国大豆进口迅速受到影响，进口量相比 2020 年下降 3.8%，进口均价从每吨 394.0 美元迅速飙升到 554.7 美元，国内饲料工业和养殖业受到较大冲击。

第二，非传统安全层出不穷放大原有市场风险波动程度。当前，经济全球化进入新的动荡变革期，粮食安全风险已经从传统的生产风险和市场风险蔓延至地缘政治、单边主义、极端气象事件等因素的影响，粮食的政治属性和战略属性越来越凸显（刘恩东，2014），粮食已经从“经济产品”衍生为“战略工具”。以地缘政治冲突为例，根据《全球粮食危机报告》，目前全球谷物贸易量占消费量的比重约为 17%，全球平均每 6 人中就有 1 人几乎完全依赖国际贸易获取粮食。任何一个区域发生粮食危机都有可能演化成为全球性的粮食市场波动。

第三，国内外粮食政策难接轨削弱我国外部粮源利用能力。国内粮食生产可能会面临着严重的进口冲击，尤其在我国粮食价格与国际市场倒挂严重的情况下，更需要在 WTO 的框架下采取有效的预防保障措施保障国内粮食市场稳定。近年来，以美国和巴西为首的世界主要农产品生产国对我国进行持续打压，我国遭受国际粮食贸易争端的案件逐年增多，涉诉的农产品也从稻谷、小麦、玉米延伸到食糖和油菜籽等多种作物。如何构建与国际规则接轨的农业生产支持政策体系、培育高素质国际贸易谈判人才队伍，是提高我国利用国际市场和外部粮源能力的必然选择。

四、国家粮食安全治理的推进方略

（一）立足国内：加快粮食生产能力提升，夯实粮食安全治理的基础保障

高水平粮食产能保障是中国式现代化下粮食安全治理的物质根基。上一轮千亿斤粮食产能提升行动的超目标完成为新一轮行动实施提供了坚实基础，在未来物质要素投入“天花板”和政策激励效果“天花板”的双重挤压下，分品种、分地区、分阶段确保粮食产能提升。

第一，分品种推进，以结构适应性调整挖掘粮食产能潜力。现阶段居民对肉类需求的增加，引致了饲料粮需求的增加。我国饲用玉米消费量占国内玉米消费量的65%以上，但近年玉米始终存在产需缺口，已连续数年突破进口配额限制。大豆则长期依赖进口，进口依赖度高达85%以上。玉米和大豆的单产水平也与其他国家单产水平存在较大差距。因此，新一轮千亿斤粮食产能提升行动在第一层次推进的品种应是玉米和大豆，这两种作物的供需变化是威胁我国粮食安全治理的主要因素，掌握这两种作物的供需便能扼住我国粮食安全治理能力的“咽喉”。

第二，分地区施策，以区域分工协作确保粮食产能稳定。下好国家粮食安全治理的全国一盘棋，以系统观和全局观推进粮食产能提升行动，重点提高产销平衡区和主销区粮食产能以弥补全国层面粮食产能短板。这并不是要求不同粮食生产功能分区都要实现完全自给，而是要依据自身资源禀赋和比较优势，多渠道稳定粮食产能和供给保障能力，维持一定的粮食自给率。依据自身粮食需求倒推守住自给率底线的耕地红线，发挥主销区和产销平衡区在资金投入、产业基础、技术水平等方面的优势，提高粮食单产水平以守住粮食自给率底线。

第三，分阶段施治，以目标阶梯式跨越加快粮食产能提升。在第一轮行动中，我国粮食产量分别在2010年、2012年和2015年实现从1.1万亿斤到1.2万亿斤再到1.3万亿斤的阶梯式跨越（刘慧和赵一夫，2024）。

以后的粮食安全治理中，需要根据不同阶段的农业政策调整提出具体的粮食产能提升目标，根据粮食产能的阶段性变化适时调整粮食安全治理目标，使之与基础设施建设、技术进步水平和资源利用效率等要素协调适应，步步为营、稳扎稳打实现粮食产能的整体跃升和粮食安全治理能力的全面提高。

（二）增进福祉：优化粮食生产保障机制，增进粮食安全治理的全民福祉

农村和农民是实现共同富裕的关键短板和重点群体。推进全体人民共同富裕，增进粮食安全治理的全民福祉，必须从优化粮食生产保障机制入手，提高农民的种粮体验感、公平感和获得感，让粮食成为有奔头的产业，让种粮成为有体面的职业。

第一，多管齐下提高农民种粮体验感。发挥农村集体经济组织“统”的职能，通过推进“小田变大田，大田变良田”改革，提高土地集约化经营水平（魏广成和孔祥智，2024）。支持村集体提供农田管护和居间服务，同时发挥村集体的资源调配和组织协调功能，鼓励各类社会化服务组织为粮农提供代耕代种、代管代收等服务，发展自助式和套餐式、单环节和多环节、全程化和半程化等多样的粮食生产社会化服务。通过数智化技术搭建粮食主产区地区性粮食生产综合服务云平台，推动村村之间、村镇之间的农机装备和技术人才的自由流动和有效整合，加快粮食生产节本减损、提质增产，提高农民种粮体验感。

第二，多路并进提高农民种粮获得感。一方面，提高种粮农民补贴力度和透明度，通过对种粮农民的精准识别提高粮食种植补贴的精准性，确保所有种粮农民都能获得应有的支持（司伟和陈哲，2023）。另一方面，提高粮食主要产区基本公共服务水平，推动基本公共服务资源下沉，根据粮食主要产区的人口流动趋势和公共服务需求，以需定供、以供引需，优先解决粮食生产大县“一老一小”在医疗卫生和基础教育等薄弱环节的基本公共服务需要；适时调整农村养老金发放标准，合理提高种粮农民养老金待遇水平。

第三，多措并举增强农民种粮获得感。提高种粮农民在新型职业农民认定中的比重，对“田秀才”“粮能手”“土专家”予以及时的肯定和褒奖，在全社会形成尊重种粮农民、重视种粮农民的氛围和风气。通过构建和完善全方位、全社会、全过程、全领域的职业种粮农民的挖掘、认定及培养机制，为种粮农民提供优良的职业成长环境。给予取得资格认定的种粮农民在土地流转、抵押贷款、经营融资等方面便利，鼓励职业种粮农民和职业粮食经理人扎根农村开展技术推广、农资销售和规模经营，提升他们的归属感、认同感和获得感。

（三）分工深化：深化农业经营体系变革，激发粮食安全治理的主体活力

在第二次人地分离高峰期到来之际，农民“离农”“背农”倾向愈发明显，粮食生产要素流失速度明显加快，农民产粮和政府抓粮的积极性普遍不高。在此背景下，亟须深化农业经营体系变革，激发粮食安全治理相关责任主体的活力。

第一，保障种粮农民合理化收益，促进粮食生产节本增效。调动农民种粮积极性的关键是要让农民种粮有钱可挣、有利可图，既需“节本”也需“增效”。一是优化种粮直接补贴，按照市场定价、价补分离的原则制定补贴框架，强化粮食生产补贴与耕地责任相挂钩的发放机制，推动粮食生产“节本”；二是提高粮食生产的公共投入占比，加强农业基础设施投资建设和改造，推广良田良种良机良法，促进粮食生产“增效”；三是推动粮食保险扩面提速，在三大主粮作物完全成本保险和种植收入保险基础上，引入商业保险丰富保险品类体系，稳定农民种粮收入预期。

第二，鼓励经营主体多样化发展，培育粮食增产潜在动能。新型农业经营主体是分散经营状态下的小农户与现代化农业大市场之间有机衔接的关键载体，也是未来提高粮食生产能力和经济效益的关键主体。家庭农场基于家庭生产发挥集中决策优势，是粮食适度规模经营的有效载体；合作社通过在地化发展优势将分散小农户进行有效聚合，大大提高了小农户在农资市场、服务市场和销售市场的议价能力；农业企业在粮食生产的标准

化，组织化、专业化和集约化方面发挥着不可替代的作用。不同新型经营主体之间的协作也催生了新的经营形式和组织载体，农业产业化联合体就是不同新型经营主体“抱团取暖”和互鉴发展的典型案例，为区域粮食生产流通能力的提高注入新动能。

第三，推进地方政府差异化考核，激发地方粮食产业活力。承担跨区域协调治理的责任、构建跨区域协调治理的机制是国家治理的核心任务之一。推进粮食安全治理分类施策、分区施治是落实粮食安全治理主体责任的现实需要，构建差异化地方政府绩效考核机制是激发地方政府粮食安全治理积极性的治本之策。对于主产区要改进粮食统计口径，将大豆和青贮玉米进行折粮统计，以求更加全面客观地反映主产区产粮贡献；对于产销平衡区强化粮食基本自给率的考核力度；对于主销区要加快构建与主销区的产销协作关系，通过产销区企业合作延长主产区粮食产业链，刺激主产区粮食产业的发展活力。

（四）技术赋能：促进数智技术全链应用，强化粮食安全治理的风险治理

数智技术赋能粮食安全风险治理是基于通过互联网、大数据、云计算、人工智能等现代信息科学技术应用于粮食风险治理的各个环节，数智技术以其数字化、精准化与智慧化技术手段，实现粮食安全全产业链的风险治理。

第一，搭建数智化信息共享平台，强化粮食生产链风险治理。粮食生产的数字化信息共享平台以无线传感器网络、物联网技术和视频监控系统等为基础，通过对粮食作物实时监测提取关键的气象环境因子、作物长势特征、作物营养信息等信息，并使用云存储大数据技术保存和管理海量作物生长数据。一方面引入技术服务主体，通过对信息的专业分析，为粮食生产提供精确到作物和地块的风险预警服务；另一方面还可以为公共管理部门之间的协作提供平台，为粮食经营主体提供更具针对性的技术培训和资金支持。

第二，构建数智化信息追溯机制，强化粮食流通链风险治理。构建有

效粮食流通链信息追溯系统首先需要在种植、收获、加工、储存、运输和销售等诸多关键节点设置数据采集点，并为每批粮食分配唯一标识符，存储粮食品种、来源、生产日期、批次号、检验结果等信息，制定统一的数据格式和交换标准进行信息的云存储，确保粮食流通链各环节的操作透明，保证粮食流通链各个环节的利益相关者获取粮食追溯信息的权利和能力。

第三，创建数智化信息分析系统，强化粮食贸易链风险治理。通过建立粮食贸易实时监测系统，对粮食贸易链的关键指标和数据进行实时跟踪和捕捉，同时构建数智化风险预警系统，对全球粮食市场风险进行科学评估，通过开发决策支持工具和可视化系统协助决策者在供应链管理、库存管理、物流管理等方面的决策优化，减少供应链中断的风险。最终形成网络自动化、物流信息化的最佳供应链协同管理的投资组合，降低粮食贸易链风险。

（五）国际接轨：主动参与全球粮食治理，稳定粮食安全治理的外部环境

高效能利用国际市场和统筹国内国际两种资源保障国家粮食安全是中国式现代化下粮食安全治理的基本要求。在全球粮食安全治理风险日益复杂的当下，积极主动参与全球粮食安全治理，是稳定我国粮食安全治理外部环境的应然举措。

第一，调整粮食进口贸易整体格局，寻求中国方案。高水平利用全球粮源保障我国粮食安全，需要从进口来源和品种等多方面优化粮食进口格局，分散和化解粮食进口风险，强化对国际粮源市场的掌控能力和粮食等重要农产品的供应链韧性。一方面，通过与共建“一带一路”国家的农业开放合作，在帮助低收入缺粮国家提高粮食自给率的同时开辟多元化的国际粮源市场和流通渠道；另一方面，从进口品种上，警惕玉米、大豆等进口集中度过高的重要农产品存在的潜在威胁，寻求高效能利用国际粮源保障粮食安全的最优治理方案。

第二，积极参与国际贸易准则制定，表达中国诉求。提高运用国际规

则完善国内农业支持保护政策制度设计的变革能力和人才队伍，参与 WTO 规则改革和制度重塑，表达发展中国家在 WTO 框架下对于粮食安全储备、生产支持、出口控制等方面的诉求，维护本国和发展中国家的粮食主权。另外，还要创新 WTO 约束下的农业补贴方式，通过对特定农产品综合支持量和微量许可剩余空间的精准测算调整我国农业支持政策设计方向，拓展我国农业支持保护的可能空间。

第三，构建粮食安全治理话语体系，发出中国声音。我国为全球粮食安全治理体系的建设贡献了巨大的中国智慧和中国力量，但也需要在国际粮食安全治理舞台上发出中国声音。从“谁来养活中国”的无稽之问到“中国威胁论”等陈词滥调，西方霸权国家不断抨击中国粮食安全问题，企图以此引导国际舆论走向进而左右国际粮食市场秩序。应积极参与全球粮食安全治理，提升全球粮食安全治理话语权，在全球性或地区性的粮食安全多边治理框架下发出中国声音。

五、本章小结

国家粮食安全治理能力是衡量国家治理文明程度的重要标杆，是以中国式现代化推进粮食安全治理体系和治理能力现代化保障国家粮食安全的必然要求。中国式现代化下的粮食安全治理以公共物品的最优供给、外部性问题的内部化、宏观经济的平稳运行、多元风险的防范化解和民生福祉的全面增进为目标任务，体现了国家粮食安全治理中的制度建构能力和制度运行能力。我国粮食安全治理经历了从治理理念、治理目标、治理主体、治理工具和治理机制等层面系统性的现代化转型。面对内外部多重治理压力和挑战，需要加快粮食生产能力提升，夯实粮食安全治理的基础保障；优化粮食生产保障机制，增进粮食安全治理的全民福祉；深化农业经营体系变革，激发粮食安全治理的主体活力；促进数智技术全链应用，强化粮食安全治理的风险治理；主动参与全球粮食治理，稳定粮食安全治理的外部环境。

第九章

结论与政策建议

粮食安全省长责任制作为中央压实地方粮食安全主体责任的重要制度，出台于我国粮食生产区域矛盾突出的特殊时期，该制度是否有助于粮食生产，是否调节了地方财政配置值得研究关注。在中央对地方提出粮食安全责任要求时，如何构建起地方政府的抓粮激励机制值得探索。本章将总结前述主要工作和研究结论，并从重视粮食生产功能区保供责任差异、优化财政分权、加强粮食安全考核、提升地方抓粮积极性等角度提出相关政策建议。

一、研究结论

通过研究得出核心结论，粮食安全省长责任制有利于粮食生产，但该制度存在较强的区域差异性。在粮食主产区，粮食安全省长责任制有效抑制了财政分权体制下地方“重经济发展、轻粮食生产”而对粮食生产造成的损害，是稳定粮食生产的重要制度。但在非粮食主产区，粮食安全省长责任制加剧了财政分权对粮食生产的损害。机制检验结果证实，地方政府抓粮积极性是作用于粮食生产的重要路径，是提高地方粮食生产的政策着力点。显然，结合当前非粮食主产区部分省份粮食生产下滑的现状，粮食安全省长责任制还需调整相关指标体系，进一步提高地方政府抓粮积极性，发挥政策对地方粮食生产的引导作用。研究的具体结论如下。

（一）我国粮食生产形势总体良好，但区域差异性大

以粮食产量最近低点 2003 年为基期，分析全国总体、三大粮食区域和 31 个省份粮食生产情况，主要包括粮食产量、粮食面积、粮食单产、粮食自给率。结果显示在全国层面粮食生产情况总体较优，我国粮食产量处于持续增长态势，粮食面积较为稳定，粮食单产稳步增长。但粮食自给率出现下滑，主要由于加入世贸组织后，以大豆为代表的其他作物自给率快速下跌拉低了粮食总体自给率，但小麦、稻谷自给率超过 100%。同时，我国粮食生产区域差异较大，区域不平衡情况突出。按照三大粮食区域分类，粮食主产区产量聚集程度逐步升高，成为我国粮食生产的中枢力量，其在样本期内，持续不断扩大粮食面积和提高粮食单产，使最终粮食产量比重越来越高，粮食自给率也在逐年上升，成为我国粮食生产重心。平衡区种植面积变化不大，受益于单产提升，粮食产量增加，自给率也比较平稳，但在我国粮食总量的增长过程中，贡献程度是下滑趋势。值得警惕的是粮食主销区，虽然单产较高，但粮食种植面积、粮食产量和粮食自给率都出现了下滑。2014 年后，粮食安全省长责任制稳定了平衡区粮食生产，自给率止跌回升；对提高主销区单产发挥了作用，总产量增加，但是自给率还在下降。

（二）粮食安全省长责任制有助于粮食生产

构建粮食安全省长责任制影响地方粮食生产的研究框架，以 2014 年划分粮食安全省长责任制实施的时间点，以是否为粮食主产区划分实验组和对照组，使用双重差分模型验证粮食安全省长责任制是否有助于地方粮食生产，并进行平行趋势检验和政策动态检验，以及安慰剂检验、调整样本变量和替换变量的稳健性检验。再进一步建立中介效应模型，按照逐步回归法，验证粮食安全省长责任制是否有通过提高地方政府抓粮积极性，进而作用于粮食生产的机制路径。通过分析，双重差分模型结果显示粮食安全省长责任制对地方粮食生产有显著促进作用，平均提高 17.2% 的粮食生

产水平，这一结论通过了稳健性检验。中介效应模型结果表明，粮食安全省长责任制存在提高地方政府抓粮积极性以促进地方粮食生产的机制。研究结论证实粮食安全省长责任制有促进粮食生产的直接作用。

（三）粮食安全省长责任制有效抑制主产区财政分权对粮食生产的负面影响

以财政分权理论为基础，构建财政分权影响粮食生产，以及粮食安全省长责任制进行调节的研究框架。首先，使用31个省份的面板数据，建立基础面板回归模型验证财政分权对粮食生产的影响；其次，加入粮食安全省长责任制与财政分权的交互项，检验粮食安全省长责任制对财政分权作用于粮食生产的调节作用，并通过替换变量和调整样本量进行稳健性检验；最后，建立中介效应模型检验财政分权是否存在通过地方政府和领导抓粮积极性作用于粮食生产的机制路径。在所有实证分析中，既验证全样本数据，也考虑区域异质性，同时验证主产区、非主产区、东部地区、中部地区、西部地区实证结果。通过分析，基础面板回归模型结果显示财政分权显著损害了地方粮食生产，这一结论在区分粮食产区和非产区、东中西部后皆成立。而粮食安全省长责任制实施后，粮食安全省长责任制对财政分权与粮食生产之间的关系存在显著的调节作用，有效抑制了财政分权对粮食主产区、中部和西部地区粮食生产的损害，但加剧了财政分权对非主产区和东部粮食生产的冲击。就作用机制而言，财政分权有通过降低地方粮食注意力，进而损害粮食生产的作用路径。研究结论证实粮食安全省长责任制对财政分权损害粮食生产有显著调节作用，目前在非主产区加剧了损害程度，但在主产区抑制了损害。

（四）我国粮食安全治理亟须作出动态调整

面向中国式现代化建设新征程，对标国家治理体系和治理能力现代化的总任务及总要求，全面研判总结粮食安全治理的堵点问题。目前我国粮食安全治理面临一定的问题，包括多源食物供给难保障影响国民营养目标实现、种粮农民收益难保障阻碍全民共同富裕进程、区域发展利益难协调降低主产区治理积极性、管理职权事权难明晰削弱粮食安全治理效率、全球市场波动难把控加剧外部粮源风险干扰。因此，需构建国家粮食安全治理的推进方略，立足国内，加快粮食生产能力提升，夯实粮食安全治理的基础保障；增进福祉，优化粮食生产保障机制，增进粮食安全治理的全民福祉；深化分工，深化农业经营体系变革，激发粮食安全治理的主体活力；技术赋能，促进数智技术全链应用，强化粮食安全治理的风险治理；接轨国际，主动参与全球粮食治理，稳定粮食安全治理的外部环境。

二、粮食安全省长责任制党政同责机制构建

通过研究结论，可以充分证实粮食安全省长责任制是党政同责的实践载体，是落实地方党委和政府目标责任、底线责任的有力抓手，是确保地方政府共同扛起粮食责任的实现路径。粮食安全实行党政同责不是另起炉灶，而是对落实粮食省长负责制的再强化、再部署、再推进。粮食安全党政同责，进一步增强了保障粮食安全的政治责任，充分发挥地方党委把握方向、谋划全局的优势，这样部署结构上更紧凑、内容上更充实、安排上更科学，有利于制度要素间的配套联动，党与政之间要做到有统有分、统分结合。这里的“统”主要是指思想统一、目标统领、任务统筹；“分”主要是指协作分工、责任分解、奖惩分明。

（一）思想统一、目标统领、任务统筹

思想统一就是要贯彻习近平总书记关于粮食安全的重要指示精神和党中央决策部署，把保障粮食安全放在突出位置。党的十八大以来，习近平总书记对粮食安全的系列重要论述，为我们加强中国粮食安全提供了方向遵循和理论指导。要坚定不移贯彻落实国家粮食发展战略，保持粮食发展好势头，加快完善新时期粮食政策体系。从全局看，农业尤其是粮食存在的问题仍然是实施乡村振兴战略的短板和弱项，要切实增强粮食安全观

念、提升粮食综合生产能力、建立稳定的长效保障机制。全国上下、全党上下都要坚守立足国内实现粮食自主的战略底线。当前全球保护主义势力抬头、民粹主义横行，世界经济衰退，外部格局发生深刻调整，国际大循环动能明显减弱。内部环境不断优化，经济弹性大韧性足，长期向好的基本面没有改变，内需潜力进一步释放，国内大循环活力强劲。面对新形势，粮食生产要始终立足国内，确保任何情况、任何时候都能吃饱饭、实现粮食自主。粮食多一点或少一点是战术问题，但粮食安全是战略问题，这根弦要绷得更紧。历史上由于政治因素，西方国家曾发起多次禁运与经济封锁，贸易链断链风险始终存在。一旦国际粮食断供，靠谁都是靠不住的，唯独依靠我们国内生产。

目标统领就是要确保“谷物基本自给、口粮绝对安全”这个战略目标。厘清并划定口粮安全、谷物安全、粮食安全的基准红线，稻谷和小麦作为我国居民消费的主要口粮作物，国内生产年自给率始终保持在100%以上，这一方面源于强有力的支持政策和扎实配套的工作措施，另一方面收入水平提高和城市化推进促进了居民消费结构转变。所以，从我国的基本国情、粮情出发，对稻谷、小麦两个重点口粮品种实行并不断完善最低收购价政策，是适应我国当前和今后较长一个时期基本国情和粮食产业特点的一项重要政策，在一段时期内还应该坚持。当然，随着粮食生产方式、消费结构、市场发育状况的变化，粮食最低收购价政策制定工作可能会面临更加复杂的情况，需要与时俱进，不断改进和完善。深化“谷物基本自给”的认识。在切实做到水稻和小麦立足国内生产满足供应的基础上，要进一步细化、实化谷物基本自给的要求，将“谷物基本自给”分解为“稳住一头、放开一头”，即立足国内生产保障玉米食用饲用自给，工业加工玉米主要依靠国际调剂。从消费总量上看，80%立足国内生产，20%来自国际进口。据测算，到2025年我国玉米总消费量将达到3.06亿吨，2030年将达到3.25亿吨，年均增长1.23%。其中，饲用玉米超过七成，2030年饲用玉米消费达到2.22亿吨，年均增长1.8%。

任务统筹就是各级党委、政府要围绕保障粮食安全齐发力。一些产销平衡区粮食自给程度大幅下降，不可逆转地滑向销区，粮食保障机制亟待强化。从我们调研的情况看，一些省份的地方储备规模滞后于当前经济社会形势。目前的地方储备规模是2014年下达的，测算依据是以各省城镇人口加上15%农村人口，产区3个月、销区6个月、产销平衡区4.5个月，市场供应量每人每天1斤成品粮（折原粮1.43斤）为供应标准。但随着经济社会形势变化，现有储备规模与当前形势不相适应。2014年中国城镇化率只有54.8%，2020年中国城镇化率已突破60%，城镇化率还在不断提高，城乡人口结构发生了很大变化。同时，随着市场流通体系发展，农户储粮数量逐步下降。笔者调查了解到，10年前农户家中基本都有米缸面缸，现在农户家中存粮只够消费7～10天，基本做到随用随买。尤其是2020年疫情发生后，对粮食安全提出了新的要求，需要重新审视地方储备问题。要坚持全国一盘棋的粮食安全战略全局观，建立健全中央和地方粮食安全分级责任制，分区研究加强粮食生产能力建设，明确主产区、平衡区、主销区各自在粮食安全保障方面的责任权利。各区域要保持应有的自给率，才能在高水平上维护国家粮食安全。

（二）协作分工、责任分解、奖惩分明

协作分工是指粮食安全工作需要地方党政多部门同频共振、协同推进、共同承担责任。首先，粮食安全党政都要抓，党委承担领导责任，政府承担主体责任。成立以书记和省长为双组长的粮食安全工作领导小组，将粮食安全工作纳入党委和政府工作重要议事日程。党委要发挥总揽全局、协调各方、保障落实的作用，为粮食安全工作提供政治、思想、组织等方面保障。政府要认真贯彻落实党委的决策部署，全面加强粮食生产、收购、储备、加工、流通等方面工作，守住粮食安全底线。其次，各级党委部门要合理分工，形成合力，共同承担领导责任。要充分发挥领导和督促作用，积极号召组织、宣传、政府、机构编制等党委工作部门支持粮食安全工作，在粮食安全政策研究、舆论宣传、组织社会力量参与等方面形成合力。要发挥工会、共青团、妇联、科协等群体的组织优势，倡导节约粮食、反对浪费，形成全社会共同维护粮食安全的良好氛围。最后，各级政府部门要密切配合，高效协同，共同落实主体责任。要将粮食安全工作纳入政府工作重点，制定实施粮食安全专项规划和年度重点工作安排等，

明确发改、农业农村、粮食和储备、财政、科技等部门职责。各级政府粮食安全相关部门要依法依规履行职责，加快建立覆盖“产购储加销”的粮食安全保障体系。要强化行政执法与刑事司法的衔接，依法惩处粮食安全违法犯罪行为。

责任分解是指粮食安全工作责任要层层分解，落实到点到人。将年度粮食生产目标任务逐级细化分解至市、县（区）、乡镇（街道）、村，层层签订粮食安全目标管理责任状，全面推进省级干部包市、市级干部包县（区）、县（区）干部包乡镇（街道）、乡镇（街道）干部包村、村组干部包户的“五包责任制”，使粮食安全工作任务到点，责任到人。省级党委要承担起本地区粮食安全的领导责任，将粮食安全工作纳入当地经济和社会发展全局统筹谋划；召开会议实时听取粮食安全工作汇报，研究部署、协调解决重大问题；领导督促党委工作部门支持粮食安全工作，形成合力；将粮食安全工作纳入各级党委和政府的绩效评估，加强考核评价、队伍建设和监督执纪。地方各级党委应当按照职责分工，统筹推进分管地区内粮食安全相关工作，督促指导相关部门依法履行工作职责，及时研究解决本地区内粮食安全相关工作问题。省级政府承担本地区粮食安全的主体责任，贯彻落实党中央关于粮食安全的重大部署及粮食安全法律法规，建立健全本地区粮食安全相关工作机制；将粮食安全工作纳入政府工作重点，制定实施粮食安全专项规划和年度重点工作安排等；指导督促政府领导班子成员和相关部门落实工作责任；加强粮食安全行政监管和技术支撑能力建设。地方各级政府应当加强对本地区粮食安全监管工作的领导，具体负责组织本地区粮食安全监管工作。

奖惩分明是指要制定粮食安全党政同责考核办法，奖优罚劣激励领导干部担当作为。要充分发挥考核的“指挥棒”作用，将粮食安全党政同责工作要求贯彻到粮食安全省长责任制考核中。首先，要依据相关规定措施，制定考核评价手段，确定奖惩办法。重视粮食安全的立法工作，从制度上、法律上给予粮食安全更大的保障、更多的约束。出台《关于落实粮食安全党政同责的实施意见》，明确地方党政在粮食安全中的工作责任，以此制定考核内容和考核标准，使考核做到有法可依，有据可循。坚持全面监督与重点考核相结合、定量评价与定性评估相结合的原则，设定考核评分等级，细化考核方案步骤，确定科学合理的可耦合评价机制。其次，加强考核结果运用，将考核结果纳入地方党委政府的综合绩效考评中，有奖有罚，赏罚分明。考核结果每年经省政府主要领导审定后抄送省委组织部和省考核评价工作领导小组办公室，作为对各级政府主要负责人和领导班子综合考核评价的重要依据。对于地方党政领导干部在粮食安全工作中勇于担当、履职尽责，考核成绩优秀的给予表彰奖励，同时对该区域在财政资金、土地指标、耗能指标等方面给予倾斜。对于地方党政领导干部在粮食安全工作中不担当、履职不到位、存在重大工作失误的，追究其相应责任。

（三）分类纳入、独立评估、兑现承诺

通过实施粮食安全省长责任制，国家粮食安全的责任体系全面建立，地方政府的粮食安全意识明显增强，粮食生产、储备、流通等方面能力明显提高，补齐了一些长期困扰粮食安全工作的短板。但粮食安全省长责任制是一个巨大的、复杂的系统工程，加上影响粮食生产稳定发展的隐患在增多，部分地区在实施过程中还面临着需要改进和完善之处。比如个别地方和部门思想认识存在差距、部分考核内容设置不合理、现有考核方式不够科学、考核结果导向作用不明显，进而影响粮食安全省长责任制的效果。针对粮食安全省长责任制实施过程中存在的问题，要加强地方党政干部的粮食安全意识，改进考核内容，完善考核机制，充分发挥党政同责的合力作用，以更好地压实主体责任、加快补齐短板、完善保障体系。

“分类纳入”即科学分类将地方粮食工作纳入领导考核框架。一是粮食生产区域的分类，针对粮食主产区、产销平衡区、主销区不同发展定位，从粮食生产、储备、流通等粮食安全核心内容分类设置考核指标，在全国粮食总量安全的基础上，推动粮食区域安全。在粮食安全省长责任制年度考核评分标准中，细化非产区的分值，提高考核指标的科学性和精确性。依据主销区、产销平衡区政府在粮食安全省长责任制中承担的主体责任，将考核表中所有考核内容的非产区分值，分为产销平衡区分值和主销区分值。这样对于每一项考核内容，都拥有主产区、产销平衡区和主销区

不同的评分值，既与三个区域承担的保障粮食安全责任的不同相呼应，还能让产销平衡区和主销区政府清晰认识到两者承担责任的差异性，进而切实提高各自的责任意识，加强责任担当，发挥各自的优势功能。二是界定党委和政府在粮食工作上的责任，明确党委负责宏观把控，政府具体落实责任，切实在党委的领导下，不断强化落实粮食安全省长责任制。

“独立评估”即引入第三方评估，完善考核方式。粮食安全省长责任制考核政策性强、涉及面广，部分内容不对外公开。但在部分不涉密事项上，可引入第三方机构评估，以确保考核结果公平、公正、客观。例如，江苏省在《关于开展 2019 年度粮食安全责任制考核实地核查的通知》中就开始引入第三方机构，重点对永久基本农田保护、粮食种植面积、粮食产量、粮食电子联网交易量 4 个指标进行评估。这将有利于完善考核机制，促进粮食安全省长责任制落实。降低地方政府自查评分的权重，提高部门抽查的权重。在考核评分计算过程中，要适当降低省级自查评分的权重，或者仅作参考，不计入总分。

“兑现承诺”即地方粮食工作政绩要切实反映到领导调动上。把每年的粮食安全省长责任制考核结果向地方政府通报后，并公开发布，让社会大众可以清楚地了解到各个省份的考核情况，进而监督考核结果是否被作为地方政府负责人和领导班子综合考核评价的重要参考。落实奖惩制度，发挥考核结果的导向作用。要建立赏罚分明的奖惩制度，对考核结果优秀的省份，中央财政要拿出“真金白银”，加大在粮食生产、收购、仓储物流设施建设等方面政策、项目、资金安排上的支持力度，以提高地方党政重粮抓粮的信心和积极性。对考核结果不合格的省份，要进行通报批评，以提高地方党政的思想意识，引以为戒。同时要实施限时整改，对于整改不到位的省份，要对其主要负责人进行约谈。

三、政策建议

综合以上研究结论，从重视粮食生产功能区保供责任差异、优化财政分权、加强粮食安全考核、提升地方积极性等角度提出相关政策建议。

（一）提高粮食区域供给地位，加强地方政府稳粮意识

第一，统筹规划全国统一的粮食生产战略。粮食不仅是经济发展的重要要素，还是稳定国计民生的政治保障，稳定粮食的有效供给和保障国家粮食安全是央地政府的共同责任。中央对粮食主产区、平衡区、主销区的粮食安全要求是明确的、一贯的，国家粮食安全不仅是几个粮食主产省份的任务，平衡区和主销区在粮食安全中也有不可推卸的责任，国家粮食安全是全国上下通盘谋划的全局性战略，要求各个省份都严格落实国家粮食安全战略的统筹部署工作。各省份在粮食安全工作上不能仅仅计算“经济账”，而是要计算“政治账”，明确各自在粮食安全保障方面的政治责任，不断强化稳定并提高粮食生产、保障区域和国家粮食安全的工作定位。

第二，提高粮食区域供给能力。明确粮食生产各功能区在粮食稳产保供及粮食安全其他方面的保障责任。主产区需持续维持粮食高产量、保障商品粮的有效供给，扮演好国家粮食有效供给“主力军”的重要角色。平衡区和主销区需结合辖区内常住人口、种养结合需求、加工业需求等具体情况，稳定并提高一定的粮食生产，确保一定的粮食自给水平。在中央和地方粮食安全考核体系中明确粮食种植面积、粮食单产、粮食产量、粮食自给率等具体指标，引导地方根据考核指标和底线，确定粮食生产、流通、储备等环节的短期、中期、长期目标，并将其纳入地方经济社会发展战略中，提高粮食区域供给的政治地位。有效督促地方政府结合当前粮食生产情况，找差距、补短板，合理规划稳定并提高粮食生产的路径方法，有效提升国家和区域的粮食供给能力。

（二）完善粮食主产区利益补偿机制，促进粮食主产区协调发展

第一，建立发展导向的粮食主产区利益补偿机制。从粮食主产区生存性需求和发展性需求两方面构建利益补偿机制，中央和主销区政府共同参与，粮食主产区政府和粮食生产者为重点补偿对象，加大对粮食主产区的专项转移支付力度，给予资源转化优惠政策等发展性补偿。依据粮食净流

入量及对应的资源消耗量，同时基于全国人均 GDP 水平、农民人均可支配收入，估算补偿规模。完善产粮大县奖励政策和配套措施、提高奖励水平和方式，对粮食生产表现突出的地区，按照新增粮食数量给予额外累进制奖励，支持其改善和优化粮食生产基础设施和设备，促进持续稳产增产。保证粮食主产区具有稳定和扩大粮食再生产的良好条件，创造粮食主产区休养、升级能力，提高耕地质量，增强“主力军”粮食综合生产能力。

第二，同等支持主销区和平衡区中的产粮大县。规范和优化平衡区和主销区产粮大县的认定和建设标准，完善进入和退出机制。针对地区土地细碎化程度、规模化程度等具体情况，围绕提升粮食生产基础设施建设，建设良田机耕道、改造中低产田、建设高标准农田、构建粮食生产统防统治服务体系等。通过提升平衡区和主销区的规模化、机械化、农业社会化服务等，全方位提高平衡区和主销区两区的粮食生产综合能力。同时，以经济发达地区省份为主的主销区还应充分利用较好的经济发展基础设施和其他优越条件，以满足主销区高端消费需求为目标，创新粮经、粮饲、稻虾、稻蟹、稻鱼等轮作连作模式，提高复种指数。强化科技攻关，使粮食生产能力与经济发展水平耦合增长，实现粮食安全与经济发展双赢。

（三）全面提高粮食非主产区粮食综合生产能力，落实分区保障机制

第一，全面提高粮食非主产区粮食综合生产能力。粮食安全省长责任制已对主产区粮食综合生产能力提出较高要求，但对平衡区和主销区的粮食生产约束相对较弱，这也是非主产区粮食生产下滑的重要原因之一。要在粮食综合生产能力的提高上，开始提升非主产区粮食生产，尤其是要求经济发达的主销区承担起与经济发展实力相匹配的粮食生产责任，实现粮食区域供需平衡。在稳定主产区粮食生产的前提条件下，提升非主产区粮食生产，不仅利于辖区内自身粮食保供，也能减轻主产区生产负担，平抑因为粮食生产过于集中可能引发的集中风险。同时，粮食生产借助非主产区的经济发展优势、更好的基础设施条件，实现粮食产业补链、延链、强链，改善本区域内粮食种植户经营状况，促进经济协调可持续发展。这也

是经济发达地区全面落实“藏粮于地、藏粮于技”战略、助力全国粮食安全的应有之义。

第二，持续强化粮食储备流通能力和促进产销对接。粮食保供包含了生产、储备和流通三个重要环节，两者相互连接也相互促进。未来需建立粮食产销区域间畅通流通体系和有效对接平台，在非主产区粮食分销任务大、仓储设施薄弱的地区，加大粮食运输仓储系统的建设，优化主产区和非主产区间的运输仓储系统，提高粮食流通效率和质量。在国家部署加快建设新基建的重要历史性背景下，健全完善粮食供需、流通监测预警平台，通过大数据中心等，搭建主产区和主销区粮食供需对接通道，构建粮食产销有效对接的现代系统，确保粮食生产供应长期持续稳定。在稳定现有产需合作模式的基础上，进一步探索三大粮食区域对接方式和合作深度。引导主销区发达的市场经济、现代化技术资源等流向主产区，持续支持粮食生产领域的设备技术、经营体系创新，探索产量、质量、收益等多元联动的粮食经营模式。

（四）优化财政分权制度，加强地方支粮财政支出

第一，进一步明确央地粮食安全的事权与支出责任。目前财政分权显著损害了地方粮食生产，分税制改革在一定程度上削弱了地方政府的财政获取能力，而事权却留在了地方，地方财权与事权失衡，支出责任边界模糊，引致地方对粮食生产从“援助之手”转换为“攫取之手”，引发了损害粮食生产的恶劣现象。因此，需进一步理清央地间在粮食安全工作上的事权和财权的关系，在划分事权的基础上明确界定央地间财政支出责任，按照粮食生产本身的性质和外溢程度合理划分责任，对需要中央统筹管理的，其支出责任需上移，由中央统一拨付相关财政，并且实行专款专用，避免地方政府的“搭便车”行为。对共有事权的，中央和地方政府可以共同承担，要建立稳定的、清晰的、可预见的支出分担标准。

第二，加强财政放权过程中地方财政支出监督以约束地方发展偏好。将财政分权体制改革内嵌于央地间管理体制改革，构建地方政府切实落实中央宏观战略决策的激励机制，在推进财政分权制度改革的同时，引导地

方均衡资源配置，有效约束地方政府“绝对性”的自利性投资偏好。实证分析结果表明，财政分权显著抑制了地方粮食生产，这是央地委托代理、信息不对称等原因导致国家在放权的同时，对地方经济增长至上的惯性发展模式调整不足，未有效约束地方政府的经济规模扩张偏好，引致地方政府在经济增长领域的要素配置“挤出”了粮食生产的投入。因此，国家需在财政放权的同时，因地制宜进行地方财政分权制度改革，加强约束地方政府和领导“重经济、轻粮食”的经济发展偏好。加强监督地方政府包括财政支出在内的资源配置行为，构建激励与约束并存的财政分权制度体系。在实绩考核中，需设置更多元的考核指标体系，提高地方政府落实国家粮食安全政策的效果。

（五）优化粮食安全省长责任制考核指标，落实粮食安全党政同责

第一，充分发挥粮食安全省长责任制考核指标结构对地方粮食工作的引导作用。粮食安全省长责任制考核是我国出台的首个专门针对地方粮食安全的考核，考核指标在地方粮食安全工作上有指挥棒、助推器、风向标的作用，能引导地方粮食安全工作方向。前文研究也显示，由于粮食安全省长责任制考核对主产区粮食生产考核分数高于非主产区，引致粮食安全省长责任制能有效抑制主产区财政分权对粮食生产的损害，但在非主产区却没有发挥抑制作用，尤其是主销区粮食产量和粮食面积双跌，粮食生产情况堪忧。未来需根据各省区综合发展形势和资源禀赋特征，明确三大区域在粮食安全中各自承担的主要责任，根据粮食生产实际情况和发展定位，从生产、储备、运输、销售等多个方面制定与其相匹配的考核指标体系。可以根据资源禀赋比较优势适度提高对主产区粮食生产的考核权重，但不能忽视对非主产区的粮食生产考核，三大区域都要保面积、保产量，不断加强主产区粮食综合生产能力建设，确保平衡区粮食基本自给，稳定并提高主销区粮食自给率。引导地方政府和领导因地制宜制定粮食安全政策、优化资源配置、强化过程监督，切实承担起地方粮食安全主体责任。

第二，严格落实粮食安全党政同责。地方党政领导是地方政府行动的

主要决策者，持续加强各级领导对稳定粮食生产、保障粮食安全的政治判断力、政治领悟力、政治执行力，建立起维护粮食安全的底线思维。党的二十大报告提出，中国式现代化特征之一就是人口规模巨大的现代化，这就决定了中国必须在农业资源有限的现实情况下，要解决规模巨大人口的“吃饭”问题，各级领导都要意识到把饭碗牢牢端在自己手中的重要性。要全方位夯实粮食安全根基，“米袋子”省长要负责，书记也要负责。强调地方粮食安全治理工作，推动各级政府将粮食安全工作纳入本级党委和政府工作的重要议事日程，在资源配置、工作监督上持续发力，切实承担起各省粮食安全主体责任，激励地方粮食生产，保障国家和区域粮食安全。

（六）加大地方考核中粮食安全权重，提高地方政府抓粮积极性

第一，以党政同责为契机细化地方考核工作办法。将粮食安全工作纳入党委和政府工作的重要议事日程，界定党委和政府在粮食安全工作上的责任，明确党委负责宏观把控，政府具体落实责任。科学分类将地方粮食工作纳入考核框架内，针对粮食主产区、产销平衡区、主销区的不同发展定位，从粮食生产、储备、流通等粮食安全核心内容分类设置考核指标，尽量选用客观定量指标。将粮食安全责任制纳入省、市、县三级政府目标管理绩效考核体系，建立严格的奖惩机制。在部分不涉密事项上，可引入第三方机构评估，提高考核的独立性和公正性，降低地方政府自查评分的权重，提高部门抽查的权重。同时，提高惩治力度，对在粮食安全考核过程中弄虚作假、虚报瞒报真实情况的，进行通报批评，并对相关责任人进行追责问责，健全考核监督制度，形成长效机制。

第二，强化地方粮食安全考核结果的运用。将粮食安全考核结果纳入对地方党委政府和主要领导的综合绩效考评，作为地方党政领导考核、奖惩和使用、调整的重要参考。建立起赏罚分明的奖惩制度，对稳定地方粮食生产、维护国家粮食安全贡献突出的地方党委政府、单位和个人要适时给予奖励，在粮食生产、储备、物流设施建设等方面的政策、资金、项目等方面予以相应倾斜；对考核结果不合格、不符合国家要求的地区，进行通报批评，并限期整改，对整改不到位的地区，要对其主要负责人进行约

谈，对履职不力、造成国家粮食安全重大损失的要追究责任。同时，提高粮食安全省长责任制考核的效率，力争实现“当年工作当年考核、当年出结果当年激励”，稳定地方领导激励约束机制。同时，优化领导班子配置，粮食生产具有周期性、风险性高等特殊性质，其相关治理工作专业性强，对领导干部治理能力要求高。需针对我国不同区域社会发展实际情况与粮食安全定位，把粮食安全治理工作经验丰富、专业匹配、能力出众的领导调配到合适的区域，建立合适的领导班子，提高地方粮食安全治理成效。

参考文献

［1］安春英：《非洲粮食安全困局及其治理》，载《当代世界》2023年第2期。

［2］布赖恩·琼斯，《再思民主政治中的决策制定：注意力、选择和公共政策》，李丹阳译，北京大学出版社2010年版。

［3］蔡昉：《劳动力迁移的两个过程及其制度障碍》，载《社会学研究》2001年第4期。

［4］蔡昉：《中国农村改革三十年》，载《中国社会科学》2008年第6期。

［5］陈家喜：《地方官员政绩激励的制度分析》，载《政治学研究》2018年第3期。

［6］陈科霖、谷志军：《多元政绩竞赛：中国地方官员晋升的新解释》，载《政治学研究》2022年第1期。

［7］陈林、伍海军：《国内双重差分法的研究现状与潜在问题》，载《数量经济技术经济研究》2015年第7期。

［8］陈硕：《分税制改革、地方财政自主权与公共品供给》，载《经济学（季刊）》2010年第4期。

［9］陈硕、高琳：《央地关系：财政分权度量及作用机制再评估》，载《管理世界》2012年第6期。

［10］陈思丞、孟庆国：《领导人注意力变动机制探究——基于毛泽东年谱中2614段批示的研究》，载《公共行政评论》2016年第3期。

［11］陈思霞、卢盛峰：《分权增加了民生性财政支出吗？——来自中国“省直管县”的自然实验》，载《经济学（季刊）》2014年第3期。

［12］陈锡文：《切实保障国家食物供给安全》，载《农业经济问题》

2021 年第 6 期。

［13］ 陈钊、陆铭：《从分割到融合：城乡经济增长与社会和谐的政治经济学》，载《经济研究》2008 年第 1 期。

［14］ 陈志钢、詹悦、张玉梅、樊胜根：《新冠肺炎疫情对全球食物安全的影响及对策》，载《中国农村经济》2020 年第 5 期。

［15］ 程国强：《在“绿箱”与“黄箱”中做文章——透视中国农业补贴》，载《中国改革》2001 年第 9 期。

［16］ 程仲鸣、虞涛、潘晶晶、张烨：《地方官员晋升激励、政绩考核制度和企业技术创新》，载《南开管理评论》2020 年第 6 期。

［17］ 崔焕金、曾蓓：《改革开放以来我国粮食安全调控政策的阶段性特征》，载《当代中国史研究》2021 年第 5 期。

［18］ 崔奇峰、普莫喆、王国刚、钟钰：《疫情冲击下国际粮食出口限制与我国粮食安全》，载《中州学刊》2020 年第 4 期。

［19］ 丁声俊：《对粮食责任制度的探本溯源与落实建言》，载《粮食问题研究》2017 年第 2 期。

［20］ 杜志雄、高鸣、韩磊：《供给侧进口端变化对中国粮食安全的影响研究》，载《中国农村经济》2021 年第 1 期。

［21］ 范东君：《分税制改革、土地财政与粮食生产》，载《云南财经大学学报》2015 年第 5 期。

［22］ 范业龙、陆玉麒、赵俊华、马颖忆、柯文前：《中国粮食生产区域差异的多尺度分析》，载《经济地理》2014 年第 10 期。

［23］ 范子英、张军：《财政分权、转移支付与国内市场整合》，载《经济研究》2010 年第 3 期。

［24］ 费佐兰、王有国、郭翔宇：《产粮大县奖励政策实施的效果评价——以黑龙江省为例》，载《农村经济》2016 年第 5 期。

［25］ 傅梦孜：《论多元航线的现实选择——苏伊士运河堵塞的警示》，载《一带一路报道（中英文）》2019 年第 3 期。

［26］ 傅勇：《财政分权、政府治理与非经济性公共物品供给》，载《经济研究》2010 年第 8 期。

［27］ 傅勇、张晏：《中国式分权与财政支出结构偏向：为增长而竞争

的代价》，载《管理世界》2007 年第 3 期。

[28] 甘林针、陈希、钟钰：《我国粮食国际竞争力比较研究》，载《农村经济》2022 年第 1 期。

[29] 高帆：《我国粮食生产的地区变化：1978—2003 年》，载《管理世界》2005 年第 9 期。

[30] 高帆、龚芳：《国际粮食价格的波动趋势及内在机理：1961—2010 年》，载《经济科学》2011 年第 5 期。

[31] 高鸣、宋洪远、Michael Carter：《补贴减少了粮食生产效率损失吗？——基于动态资产贫困理论的分析》，载《管理世界》2017 年第 9 期。

[32] 高鸣、姚志：《保障种粮农民收益：理论逻辑、关键问题与机制设计》，载《管理世界》2022 年第 11 期。

[33] 耿鹏鹏、罗必良：《在中国式现代化新征程中建设农业强国——从产品生产到社会福利的发展模式转换》，载《南方经济》2023 年第 1 期。

[34] 龚斌磊、张书睿、王硕、袁菱苒：《新中国成立 70 年农业技术进步研究综述》，载《农业经济问题》2020 年第 6 期。

[35] 龚锋、卢洪友：《公共支出结构、偏好匹配与财政分权》，载《管理世界》2009 年第 1 期。

[36] 龚浩、任致伟：《新中国 70 年财政体制改革的基本历程、逻辑主线与核心问题》，载《改革》2019 年第 5 期。

[37] 郭玮：《美国、欧盟和日本农业补贴政策的调整及启示》，载《经济研究参考》2002 年第 8 期。

[38] 国务院研究室农村经济研究司课题组：《“米袋子”省长负责制运行的实证分析》，载《经济研究参考（B9）》1997 年第 B9 期。

[39] 韩俊：《以习近平总书记“三农”思想为根本遵循 实施好乡村振兴战略》，载《管理世界》2018 年第 8 期。

[40] 韩俊：《中农办副主任韩俊解读粮食安全省长责任制考核办法全面落实粮食安全责任》，载《现代食品》2015 年第 22 期。

[41] 韩喜平、蔄荔：《我国粮食直补政策的经济学分析》，载《农业技术经济》2007 年第 3 期。

[42] 韩一军：《对国家粮食安全省长责任制的认识与思考》，载《粮

食问题研究》2016 年第 1 期。

[43] 何艳玲、李妮：《为创新而竞争：一种新的地方政府竞争机制》，载《武汉大学学报（哲学社会科学版）》2017 年第 1 期。

[44] 洪银兴：《中国特色农业现代化和农业发展方式转变》，载《经济学动态》2008 年第 6 期。

[45] 侯孟阳：《城镇化对粮食生产的影响效应及作用路径研究》，西北农林科技大学博士学位论文，2021 年。

[46] 侯青川、靳庆鲁、陈明端：《经济发展、政府偏袒与公司发展——基于政府代理问题与公司代理问题的分析》，载《经济研究》2015 年第 1 期。

[47] 侯胜鹏：《基于粮食安全视角下的土地流转分析》，载《湖南农业大学学报（社会科学版）》2009 年第 2 期。

[48] 侯新烁、杨汝岱：《政府城市发展意志与中国区域城市化空间推进——基于〈政府工作报告〉视角的研究》，载《经济评论》2016 年第 6 期。

[49] 胡冰川：《全球农产品市场面临的根本挑战及因应之策》，载《人民论坛》2022 年第 24 期。

[50] 胡光旗、踪家峰：《中国存在环境锦标赛吗？——基于地级市的经验证据》，载《经济学报》2022 年第 1 期。

[51] 胡靖：《中国粮食安全：公共品属性与长期调控重点》，载《中国农村观察》2000 年第 4 期。

[52] 胡新艳、戴明宏：《高标准农田建设政策的粮食增产效应》，载《华南农业大学学报（社会科学版）》2022 年第 5 期。

[53] 黄季焜、王晓兵、智华勇、Rozelle S：《粮食直补和农资综合补贴对农业生产的影响》，载《农业技术经济》2011 年第 1 期。

[54] 黄宗智：《华北的小农经济与社会变迁》，中华书局 2000 年版。

[55] 姜长云：《县乡财政困难及其对财政支农能力的影响》，载《管理世界》2004 年第 7 期。

[56] 姜长云、王一杰：《新中国成立 70 年来我国推进粮食安全的成就、经验与思考》，载《农业经济问题》2019 年第 10 期。

[57] 姜松、王钊、黄庆华、周志波、陈习定：《粮食生产中科技进步

速度及贡献研究——基于1985—2010年省级面板数据》，载《农业技术经济》2012年第10期。

［58］姜雅婷、柴国荣：《目标考核、官员晋升激励与安全生产治理效果——基于中国省级面板数据的实证检验》，载《公共管理学报》2017年第7期。

［59］柯炳生：《美国新农业法案的主要内容与影响分析》，载《农业经济问题》2002年第7期。

［60］赖应辉：《关于进一步完善粮食安全省长责任制考核的提案》，载《中国粮食经济》2019年第1期。

［61］李丛希、杨世龙、谭砚文：《印度应对粮食危机的政策演变与启示》，载《世界农业》2022年第10期。

［62］李董林、李春顶、蔡礼辉：《俄乌冲突局势下中东和非洲的粮食安全问题：特征、影响和治理路径》，载《中国农业大学学报》2022年第12期。

［63］李董林、李娟、李春顶：《俄乌冲突下全球粮食安全与新时期中国粮食安全政策选择》，载《世界农业》2023年第6期。

［64］李国祥：《论中国农业发展动能转换》，载《中国农村经济》2017年第7期。

［65］李曼：《基于委托代理理论的国家粮食安全治理研究》，载《经济视角（下)》2009年第9期。

［66］李雪松、冉光和：《财政分权、农业经济增长与城乡收入差距》，载《农业技术经济》2013年第1期。

［67］李政、杨思莹：《财政分权、政府创新偏好与区域创新效率》，载《管理世界》2018年第12期。

［68］李智超、卢婉春：《生活垃圾分类政策执行的差异性研究——基于注意力视角的定性比较分析》，载《经济社会体制比较》2020年第5期。

［69］练宏：《注意力竞争——基于参与观察与多案例的组织学分析》，载《社会学研究》2016年第4期。

［70］梁平汉、高楠：《实际权力结构与地方政府行为：理论模型与实证研究》，载《经济研究》2017年第4期。

［71］梁志会、张露、张俊飚：《包容性制度能改善农村公共治理吗？——基于农业税改革与村庄农田水利投入关系的经验分析》，载《管理世界》2022 年第 9 期。

［72］廖和平、王克喜、杨柳：《地方政府部门正副职领导和谐关系构建的影响因素及改善对策》，载《中国行政管理》2015 年第 5 期。

［73］廖开妍、杨锦秀、曾建霞：《农业技术进步、粮食安全与农民收入——基于中国 31 个省份的面板数据分析》，载《农村经济》2020 年第 4 期。

［74］林大燕：《区域季节差异、进口来源地布局与国际粮食市场利用研究》，经济科学出版社 2018 年版。

［75］林毅夫、刘志强：《中国的财政分权与经济增长》，载《北京大学学报（哲学社会科学版）》2000 年第 4 期。

［76］刘承礼：《中国式财政分权的解释逻辑：从理论述评到实践推演》，载《经济学家》2011 年第 7 期。

［77］刘怀宇、李晨婕、温铁军：《“被动闲暇”中的劳动力机会成本及其对粮食生产的影响》，载《中国人民大学学报》2008 年第 6 期。

［78］刘慧、赵一夫：《粮食安全党政同责落实情况、制度完善与分区域保供路径》，载《中州学刊》2023 年第 1 期。

［79］刘慧、赵一夫：《新一轮千亿斤粮食产能提升行动的品种推进层次与重点措施》，载《经济纵横》2024 年第 7 期。

［80］刘景景、钟晓萍：《中国粮食安全应急保障机制：实践、问题与完善策略——以河南暴雨灾害应对为例》，载《农业经济问题》2024 年第 7 期。

［81］刘璐、陈思、费锡江：《重大突发公共事件下投资者情绪和货币政策对中国农产品价格的传导效应——以新冠肺炎疫情为例》，载《当代经济科学》2023 年第 1 期。

［82］刘美秀、杨艳红：《我国粮食对外贸易政策变迁与粮食进出口贸易的发展》，载《农业经济问题》2013 年第 7 期。

［83］刘明月、普莫喆、钟钰：《粮食安全省长责任制的党政同责机制构建研究》，载《湖南师范大学社会学学报》2021 年第 5 期。

[84] 刘松瑞、王赫、席天扬：《行政竞标制、治理绩效和官员激励——基于国家卫生城市评比的研究》，载《公共管理学报》2020 年第 8 期。

[85] 刘小勇、丁焕峰：《邻里竞争、财政分权与政府财政支出偏向研究——基于三层分权框架的角度》，载《当代财经》2015 年第 2 期。

[86] 刘杨、马亮：《内行领导还是外行领导：专家型领导对组织绩效的影响——中国城市新冠肺炎疫情防控的实证研究》，载《公共管理评论》2022 年第 1 期。

[87] 刘影、肖池伟、李鹏、姜鲁光：《1978—2013 年中国粮食主产区“粮－经”关系分析》，载《资源科学》2015 年第 10 期。

[88] 刘宇、查道炯：《粮食外交的中国认知（1979—2009）》，载《国际政治研究》2010 年第 2 期。

[89] 龙文进、樊胜根：《基于大食物观的多元化食物供给体系构建研究》，载《农业现代化研究》2023 年第 2 期。

[90] 楼继伟、刘尚希：《新中国财税发展 70 年》，人民出版社 2019 年版。

[91] 鲁晓东：《从 1996 年粮食形势看粮产区“米袋子”省长负责制》，载《中国农村经济》1996 年第 11 期。

[92] 陆铭、陈钊：《城市化、城市倾向的经济政策与城乡收入差距》，载《经济研究》2004 年第 6 期。

[93] 罗必良：《分税制、财政压力与政府“土地财政”偏好》，载《学术研究》2010 年第 10 期。

[94] 骆永民、骆熙、汪卢俊：《农村基础设施、工农业劳动生产率差距与非农就业》，载《管理世界》2020 年第 12 期。

[95] 马光荣、杨恩艳：《中国式分权、城市倾向的经济政策与城乡收入差距》，载《制度经济学研究》2010 年第 1 期。

[96] 马亮、王程伟：《管理幅度、专业匹配与部门间关系：对政府副职分管逻辑的解释》，载《中国行政管理》2019 年第 4 期。

[97] 马文杰、冯中朝：《国外粮食直接补贴政策及启示》，载《经济纵横》2007 年第 21 期。

[98] 毛学峰、刘靖、朱信凯：《中国粮食结构与粮食安全：基于粮食

流通贸易的视角》，载《管理世界》2015 年第 3 期。

[99] 梅赐琪、汪笑男、廖露等：《政策试点的特征：基于〈人民日报〉1992—2003 年试点报道的研究》，载《公共行政评论》2015 年第 3 期。

[100] 梅赐琪、翟晓祯：《"政绩出官"可持续吗？——挑战晋升锦标赛理论的一个新视角》，载《公共行政评论》2018 年第 3 期。

[101] 缪小林、伏润民、王婷：《地方财政分权对县域经济增长的影响及其传导机制研究——来自云南 106 个县域面板数据的证据》，载《财经研究》2014 年第 9 期。

[102] 倪国华、王赛男、金燕红：《提高"自给率"还是提升"主导权"？——基于政策模拟的粮食贸易体系研究》，载《管理世界》2022 年第 4 期。

[103] 宁满秀：《财政分权与农业经济增长关系研究——基于省级面板数据的分析》，载《南京农业大学学报（社会科学版）》2008 年第 4 期。

[104] 农业部农业贸易促进中心课题组：《国际农产品市场供需现状、趋势与特点》，载《世界农业》2014 年第 7 期。

[105] 潘彪、田志宏：《购机补贴政策对中国农业机械使用效率的影响分析》，载《中国农村经济》2018 年第 6 期。

[106] 庞明礼：《领导高度重视：一种科层运作的注意力分配方式》，载《中国行政管理》2019 年第 4 期。

[107] 普莫喆、钟钰：《当前我国粮食支持政策改革研究》，载《理论学刊》2021 年第 11 期。

[108] 普莫喆、周琳、钟钰、陈萌山：《我国粮食产销平衡区和主销区粮食自给底线设定研究》，载《农业经济问题》2022 年第 7 期。

[109] 钱先航：《地方官员治理与城市商业银行的贷款行为》，南开大学博士学位论文，2012 年。

[110] 乔宝云、范剑勇、冯兴元：《中国的财政分权与小学义务教育》，载《中国社会科学》2005 年第 6 期。

[111] 秦立建、张妮妮、蒋中一：《土地细碎化、劳动力转移与中国农户粮食生产——基于安徽省的调查》，载《农业技术经济》2011 年第

11 期。

[112] 渠敬东：《项目制：一种新的国家治理体系》，载《中国社会科学》2012 年第 5 期。

[113] 全世文、毛学峰、曾寅初：《中国农产品中价格稳定的“锚”是什么?》，载《中国农村经济》2019 年第 5 期。

[114] 司伟、陈哲：《保障中国粮食安全的多元目标、现实困境与机制构建》，载《中州学刊》2023 年第 10 期。

[115] 宋海英、姜长云：《中国拓展大豆进口来源的可能性分析》，载《农业经济问题》2021 年第 6 期。

[116] 宋洪远：《“米袋子”省长负责制及其对粮食生产、流通和宏观调控的影响》，载《中国农村观察》1997 年第 2 期。

[117] 苏曦凌、黄婷：《社会组织失范行为的发生机理及其治理逻辑转换——基于委托代理理论的行为分析》，载《上海行政学院学报》2022 年第 3 期。

[118] 孙红霞、赵予新：《“一带一路”框架下跨国粮食进口物流通道探讨》，载《对外经贸实务》2019 年第 6 期。

[119] 孙良顺：《水旱灾害、水利投资对粮食产量的影响》，载《西北农林科技大学学报（社会科学版）》2016 年第 5 期。

[120] 谭海波、范梓腾、杜运周：《技术管理能力、注意力分配与地方政府网站建设——一项基于 TOE 框架的组态分析》，载《管理世界》2019 年第 9 期。

[121] 谭智心、周振：《农业补贴制度的历史轨迹与农民种粮积极性的关联度》，载《改革》2014 年第 1 期。

[122] 田红宇：《财政分权、财政支农政策与粮食生产研究》，西南大学博士学位论文，2016 年。

[123] 汪三贵、钟宇：《贫困县何以摘帽——脱贫攻坚中的央地关系与干部激励》，载《贵州财经大学学报》2021 年第 5 期。

[124] 王琛、吴敬学、钟鑫：《我国农业部门资本投入对粮食生产技术效率的影响研究——基于空间计量经济面板模型的实证》，载《科技管理研究》2015 年第 10 期。

［125］王国敏、侯守杰：《新冠肺炎疫情背景下中国粮食安全：矛盾诊断及破解路径》，载《新疆师范大学学报（哲学社会科学版）》2021 年第 1 期。

［126］王吉富：《粮食安全省长责任制考核的实践与思考》，载《中国粮食经济》2020 年第 1 期。

［127］王楠、张军：《中美农业直接补贴政策的比较及启示》，载《中国发展》2015 年第 5 期。

［128］王锐、卢根平、陈倬、王新华：《经贸环境不确定背景下中国粮食进口风险分析》，载《世界农业》2020 年第 5 期。

［129］王帅：《全球粮食贸易中关键点的风险与我国粮食安全》，载《国际经济合作》2017 年第 11 期。

［130］王熹：《委托—代理理论视角下经理人激励机制与努力水平选择研究的演化》，载《理论学刊》2022 年第 3 期。

［131］王贤彬、徐现祥、李郇：《地方官员更替与经济增长》，载《经济学（季刊）》2009 年第 4 期。

［132］王永钦、张晏、章元、陈钊、陆铭：《中国的大国发展道路——论分权式改革的得失》，载《经济研究》2007 年第 1 期。

［133］王祖力、肖海峰：《化肥施用对粮食产量增长的作用分析》，载《农业经济问题》2008 年第 8 期。

［134］威廉·恩道尔：《粮食危机》，赵刚、胡钰、旷野、刘淳译，知识产权出版社 2008 年版。

［135］魏丹、王雅鹏：《技术进步对三种主要粮食作物增长的贡献率研究》，载《农业技术经济》2010 年第 12 期。

［136］魏广成、孔祥智：《“小田并大田”改革的生成逻辑、实践路向与政策价值——基于完善农村基本经营制度的视角》，载《经济学家》2024 年第 6 期。

［137］魏艳骄、张慧艳、朱晶：《新发展格局下中国大豆进口依赖性风险及市场布局优化分析》，载《中国农村经济》2021 年第 12 期。

［138］温桂芳：《1993 年粮价上涨引发的思考》，载《价格理论与实践》1994 年第 3 期。

［139］温铁军、计晗、高俊：《粮食金融化与粮食安全》，载《理论探讨》2014 年第 5 期。

［140］温忠麟、方杰、谢晋艳、欧阳劲樱：《国内中介效应的方法学研究》，载《心理科学进展》2022 年第 8 期。

［141］文宏、赵晓伟：《政府公共服务注意力配置与公共财政资源的投入方向选择——基于中部六省政府工作报告（2007—2012 年）的文本分析》，载《软科学》2015 年第 6 期。

［142］吴敬琏：《当代中国经济改革教程》，上海远东出版社 2010 年版。

［143］吴延兵：《中国式分权下的偏向性投资》，载《经济研究》2017 年第 6 期。

［144］伍骏骞、方师乐、李谷成、徐广彤：《中国农业机械化发展水平对粮食产量的空间溢出效应分析——基于跨区作业的视角》，载《中国农村经济》2017 年第 6 期。

［145］伍山林：《中国粮食生产区域特征与成因分析——市场化改革以来的实证分析》，载《经济研究》2000 年第 10 期。

［146］武舜臣、赵策、胡凌啸：《转变中的粮食安全观：理论期待与新粮食安全观的构建》，载《农业经济问题》2022 年第 3 版。

［147］西蒙：《管理行为》，詹正茂译，机械工业出版社 2021 年版。

［148］项怀诚：《中国财政体制改革六十年》，载《中国财政》2009 年第 19 期。

［149］谢贞发、张玮：《中国财政分权与经济增长——一个荟萃回归分析》，载《经济学（季刊）》2015 年第 2 期。

［150］徐春春、周锡跃、李凤博、方福平：《中国稻谷生产重心北移问题研究》，载《农业经济问题》2013 年第 7 期。

［151］徐振伟、左锦涛：《冷战中后期美国对苏联的粮食外交与美苏博弈》，载《当代世界社会主义问题》2019 年第 2 期。

［152］杨静、陈亮、冯卓：《国际农业垄断资本对发展中国家粮食安全影响的分析——兼对保障中国粮食安全的思考》，载《中国农村经济》2017 年第 4 期。

[153] 杨良松:《中国的财政分权与地方政府的城市偏向政策：财政独立性与省内分权的视角》，载《制度经济学研究》2013 年第 2 期。

[154] 杨明、陈池波、钱鹏、赵朝丛:《双循环背景下中国粮食安全：新内涵、挑战与路径》，载《国际经济合作》2020 年第 6 期。

[155] 杨雪冬:《压力型体制：一个概念的简明史》，载《社会科学》2012 年第 11 期。

[156] 杨宗辉、李金锴、韩晨雪、刘合光:《我国粮食生产重心变迁及其影响因素研究》，载《农业现代化研究》2019 年第 1 期。

[157] 姚洋、张牧扬:《官员绩效与晋升锦标赛——来自城市数据的证据》，载《经济研究》2013 年第 1 期。

[158] 叶兴庆:《“米袋子”省长负责制：政策含义、出台背景及完善对策》，载《农业经济问题》1996 年第 1 期。

[159] 尹恒、朱虹:《县级财政生产性支出偏向研究》，载《中国社会科学》2011 年第 1 期。

[160] 袁方成、姜煜威:《“晋升锦标赛”依然有效？——以生态环境治理为讨论场域》，载《公共管理与政策评论》2020 年第 3 期。

[161] 岳翔宇、夏艳秋:《国家治理与粮食安全：基于中国传统荒政思想的考察》，载《财经研究》2023 年第 10 期。

[162] 曾明:《财政转移支付的激励效应：地方政府为什么支持粮食生产？——基于粮食主产区 JS 县的调研》，载《南京农业大学学报（社会科学版)》2015 年第 3 期。

[163] 曾润喜、朱利平:《晋升激励抑制了地方官员环境注意力分配水平吗?》，载《公共管理与政策评论》2021 年第 2 期。

[164] 曾伟:《国际粮食价格波动特征、规律与应对策略——基于 6 次典型大幅上涨的分析》，载《经济学家》2023 年第 3 期。

[165] 翟虎渠:《科技进步：粮食增产的重要支撑》，载《求是》2010 年第 5 期。

[166] 詹姆斯 · M、布坎南、戈登 · 图洛克，《同意的计算》，陈光金译，上海人民出版社 2017 年版。

[167] 詹新宇、刘文彬:《中国式财政分权与地方经济增长目标管理

——来自省，市政府工作报告的经验证据》，载《管理世界》2020 年第 3 期。

［168］张长东：《社会科学中的因果机制：微观基础和过程追踪》，载《公共管理评论》2018 年第 1 期。

［169］张琛、孔祥智：《“双循环”新发展格局与中国粮食安全》，载《湖北大学学报（哲学社会科学版）》2021 年第 5 期。

［170］张海荣：《隐藏的秩序：冀北一个生产大队的收入研究（1958—1961）》，载《中共党史研究》2019 年第 12 期。

［171］张合成、陈萌山、陈坚：《践行大食物观，让“中国饭碗”更稳更健康》，载《农民日报》2022 年 8 月。

［172］张红宇、黄其正、颜榕：《“米袋子”省长负责制评述》，载《中国农村经济》1996 年第 5 期。

［173］张蛟龙：《新冠肺炎疫情下的全球粮食安全：影响路径与应对战略》，载《世界农业》2021 年第 4 期。

［174］张军：《分权与增长：中国的故事》，载《经济学（季刊）》2007 年第 1 期。

［175］张谋贵：《三种主粮生产中化肥、农药的经济用量探析》，载《江淮论坛》2019 年第 3 期。

［176］张启良：《我国粮食自给率到底有多高?》，载《农业经济问题》2014 年第 2 期。

［177］张帅、于宏源：《气候极端化背景下的全球粮食体系韧性治理及对中国的启示》，载《上海交通大学学报（哲学社会科学版）》2023 年第 7 期。

［178］张璇、刘贝贝、汪婷、李春涛：《信贷寻租、融资约束与企业创新》，载《经济研究》2017 年第 5 期。

［179］张晏、龚六堂：《分税制改革、财政分权与中国经济增长》，载《经济学（季刊）》2005 年第 1 期。

［180］张宇：《财政分权与政府支出结构偏异——中国政府为何偏好生产性支出》，载《南开经济研究》2013 年第 3 期。

［181］张云华：《关于粮食安全几个基本问题的辨析》，载《农业经济问题》2018 年第 5 期。

［182］张志新、李成、白海洋：《农业基础设施对粮食生产效率的影响》，载《华东经济管理》2022 年第 10 期。

［183］张志新、王迪、唐海云：《中国粮食安全保障程度：基于粮食消费结构变化的分析》，载《消费经济》2022 年第 5 期。

［184］赵静、陈玲、薛澜：《地方政府的角色原型、利益选择和行为差异——一项基于政策过程研究的地方政府理论》，载《管理世界》2013 年第 2 期。

［185］赵学兵：《官员晋升与税收分成：当代中国地方政府激励机制研究》，吉林大学博士学位论文，2019 年。

［186］郑旭媛、徐志刚：《资源禀赋约束、要素替代与诱致性技术变迁——以中国粮食生产的机械化为例》，载《经济学（季刊）》2016 年第 1 期。

［187］钟钰、巴雪真：《收益视角下调动农民种粮积极性机制构建研究》，载《中州学刊》2023 年第 4 期。

［188］钟钰、巴雪真、陈萌山：《新时代国家粮食安全的理论构建与治理进路》，载《中国农村经济》2024 年第 2 期。

［189］钟钰、陈萌山：《中国粮食调研》，中国农业科学技术出版社 2022 年版。

［190］钟钰、陈希、牛坤玉：《粮食出口限制政策的实施效果与我国应对——来自部分小麦出口国的证据》，载《经济纵横》2021 年第 8 期。

［191］钟钰、甘林针：《资源约束下西北旱区保障粮食安全的路径研究》，载《中州学刊》2022 年第 8 期。

［192］钟钰、洪菲：《构建粮食主产区发展补偿机制的思考》，载《中州学刊》2019 年第 6 期。

［193］周飞舟：《锦标赛体制》，载《社会学研究》2009 年第 3 期。

［194］周海文、周海川：《除草剂对农业生产的贡献研究——兼具土地和劳动力节约的视角》，载《农村经济》2022 年第 11 期。

［195］周黎安：《晋升博弈中政府官员的激励与合作——兼论我国地方保护主义和重复建设问题长期存在的原因》，载《经济研究》2004 年第 6 期。

［196］周黎安：《中国地方官员的晋升锦标赛模式研究》，载《经济研

究》2007 年第 7 期。

[197] 周黎安：《转型中的地方政府：官员激励与治理》，格致出版社、上海人民出版社 2017 年版。

[198] 周黎安、李宏彬、陈烨：《相对绩效考核：中国地方官员晋升机制的一项经验研究》，载《经济学报》2005 年第 1 期。

[199] 周黎安、刘冲、厉行等：《"层层加码"与官员激励》，载《世界经济文汇》2015 年第 1 期。

[200] 周平：《当代中国地方政府》，人民出版社 2007 年版。

[201] 周业安、章泉：《财政分权、经济增长和波动》，载《管理世界》2008 年第 3 期。

[202] 周志忍：《论行政改革动力机制的创新》，载《行政论坛》2010 年第 2 期。

[203] 周竹君、王健：《粮食安全省长责任制：制度设计与实施难点》，载《贵州大学（社会科学版）》2017 年第 4 期。

[204] 朱晶、丁建军、晋乐：《南北半球季节互补性与中国粮食进口市场选择：以大豆为例》，载《中国农村经济》2014 年第 4 期。

[205] 朱晶、李天祥、臧星月：《高水平开放下我国粮食安全的非传统挑战及政策转型》，载《农业经济问题》2021 年第 1 期。

[206] 朱晶、臧星月、李天祥：《新发展格局下中国粮食安全风险及其防范》，载《中国农村经济》2021 年第 9 期。

[207] 朱晶、钟甫宁：《入世后我国与世界粮食生产的波动比较与市场融合》，载《现代经济探讨》2004 年第 12 期。

[208] BAI C E, QIAN Y, "Infrastructure development in China: The cases of electricity, highways, and railways," Journal of Comparative Economics, 2010, 38 (1).

[209] BARDHAN P, "Decentralization of governance and development," Journal of Economic Perspectives, 2002, 16 (4).

[210] BARON R M, KENNY D A, "The moderator – mediator variable distinction in social psychological research: conceptual, strategic and statistical considerations," Journal of Personality and Social Psychology, 1986, 51 (6).

[211] BASKARAN T, FELD L P, "Fiscal decentralization and economic growth in OECD countries: is there a relationship?" , Public Finance Review, 2009, 41 (4).

[212] BERLYNE D E, "Attention – historical and philosophical roots of perception," Historical & philosophical roots of perception, 1974, 13 (2).

[213] BESLEY T, Coate S, "Centralized versus decentralized provision of local goods: a political economy approach," Journal of Public Economics, 2003, 87 (12).

[214] BOJNEC S, "Changing role of the slovenian defence industry," Industrial Management & Date Systems, 2013 (113).

[215] BORGE L E, BRUECKNER J K, RATSSO J, "Partial fiscal decentralization and demand responsiveness of the local public sector: theory and evidence from Norway," Journal of Urban Economics, 2014, 80 (1).

[216] BUCHANAN J M, "An economic theory of clubs," Economica, 1962, 32 (32).

[217] DAVENPORT T H, BECK J C, "Getting the attention you need," Harvard Business Review, 2000, 78 (5).

[218] DAVOODI H, ZOU H F, "Fiscal decentralization and economic growth: a cross – country study," Journal of Urban Economics, 1998, 43 (2).

[219] Economist Impact, "Global Food Security Index 2022," https://impact. economist. com/sustainability/project/food – security – index/resource – library, 2022 – 09 – 20.

[220] European Commission, "The Impact of Russia's War Against Ukraine on Global Food Security," https://knowledge4policy. ec. europa. eu/publication/ec – impact – russia%E2%80%99s – war – against – ukraine – global – food – security – february – 2023_en, 2023 – 02 – 07.

[221] FAMA E, "Agency problem and the theory of the firm," Journal of Political Economy, 1980, 88.

[222] Food and Agriculture Organization of the United Nations, "A battle plan for ensuring global food supplies during the COVID – 19 crisis, " https://

www. fao. org/news/story/en/item/1268059, 2020 - 03 - 26.

[223] Food and Agriculture Organization of the United Nations, https: // www. fao. org/faostat/en/#data, 2023 - 08 - 26.

[224] Food Security Information Network, "Global Report on Food Crises 2022," https: //www. fsinplatform. org/global - report - food - crises - 2023, 2023 - 05 - 03.

[225] GRISORIO M J, PROTA F, "The impact of fiscal decentralization on the composition of public expenditure: panel data evidence from Italy," Regional Studies, 2015, 49 (12).

[226] GULATI A, "The global food crisis and India's response to it," Rural, 2011, 45 (3).

[227] HOLMSTROM B, "Managerial incentive problems: a dynamic perspective," Review of Economic Studies, 1999 (1).

[228] International Food Policy Research Institute, https: //www. ifpri. org/blog/food - export - restrictions - have - eased - russia - ukraine - war - continues - concerns - remain - key, 2023 - 08 - 26.

[229] International Monetary Fund, "Global financial stability report," https: //www. imf. org/en/Publications/GFSR/Issues/2023/04/11/global - financial - stability - report - april - 2023, 2023 - 04 - 11.

[230] JENSEN M, MECKLING W H, "Theory of the firm: managerial behavior, agency costs and ownership structure," Journal of Financial Economics, 1976, 3 (4).

[231] KEEN M, MARCHAND M, "Fiscal competition and the pattern of public spending," Journal of Public Economics, 1997, 66 (1).

[232] LI H, ZHOU L, "Political turnover and economic performance: the incentive role of personnel control in China," Journal of Public Economics, 2005, 89 (9 - 10).

[233] LIEBERTHAL K, Governing China: From Revolution to Reform, New York: W. W. Norton, 1995.

[234] NUNN N, QIAN N, "The potato's contribution to population and ur-

banization: evidence from a historical experiment," The Quarterly Journal of Economics, 2011, 126 (2).

[235] OATES W E, "Searching for leviathan: an empirical study," American Economic Review, 1985, 75 (4).

[236] OATES W E, "An essay on fiscal federalism," Journal of Economic Literature, 1999, 37 (3).

[237] OATES W E, "Policy analysis in the presence of distorting taxes," Journal of Policy Analysis & Management, 2000, 19 (4).

[238] OCASIO W, "Towards an attention - based view of the firm," Strategic Management Journal, 1997, 18 (S1).

[239] OKSENBERG M, Tong J, "The evolution of central - provincial fiscal relation in China, 1971 - 1984: the formal system," China Quarterly, 1991, 125.

[240] MCMICHAEL P, "A food regime analysis of the 'world food crisis'," Agriculture and Human Values, 2009, 26 (4).

[241] QIAN Y, ROLAND G, "Federalism and the soft budget constraint," American Economic Review, 1998, 88 (5).

[242] QIAN Y, XU C, "Why China's economic reforms differ: the m - form hierarchy and entry/expansion of the non - state sector," Economics of Transition, 1993, 1 (2).

[243] ROSS S A, "The economic theory of agency: the principal's problem," American Economic Review, 1973, 63 (2).

[244] ROUSE J, "The economy of attention," English education, 1990, 22 (2).

[245] SEC, https://www.sec.gov/edgar/search/#, 2023 - 08 - 26.

[246] STIGLER G J, "Economic competition and political competition," Public Choice, 1972, 13 (1).

[247] TIEBOUT C M, "A pure theory of local expenditures," The Journal of Political Economy, 1956, 64 (5).

[248] United States Department of Agriculture, https://apps.fas.usda.

gov/psdonline/app/index. html#/app/advQuery, 2023 -08 -26.

[249] WEINGAST B, "Second generation fiscal federalism: the implications of fiscal incentives," Journal of Urban Economics, 2009, 65 (3).

[250] WEINGAST B R, "The economic role of political institutions: market - preserving federalism and economic development," Social Science Electronic Publishing, 1995 (3).

[251] World Trade Organization, "DG Okonjo - Iweala highlights vital role of trade for global food security," https://www.wto.org/english/news_e/news21_e/dgno_06jul21_e. htm, 2021 -07 -06.

[252] XU C, "The fundamental institutions of china's reforms and development," Journal of Economic Literature, 2011, 49 (4).

[253] YANG Y, ZHOU Z, QIN F, "Analysis and forecast of world corn market trade and policy," Proceedings of selected articles of 2013 world agricultural outlook conference, 2014.

[254] ZHANG T, ZOU H F, "Fiscal decentralization, public spending, and economic growth in China," Journal of Public Economics, 1998, 67 (2).

后　记

近些年来，我坚持深耕粮食安全理论与政策方面的研究，主持的几个国家社科基金课题也都是关于粮食的内容。课题结项后，我一直在思考下一步研究要从粮食安全的哪个切口着手。2020 年 12 月 28 日至 29 日，中央农村工作会议在北京举行，习近平总书记出席会议并发表重要讲话，“粮食安全要实行党政同责”这句话引起了我的兴趣，也激发了我更多思考。为了保障国家粮食安全，1994 年我国开始实施“米袋子”省长负责制，2014 年又升级强化出台了粮食安全省长责任制，可以说 2004 ~ 2020 年我国粮食生产连续丰收，这在国际上和中国几千年的历史上都是罕见的、少有的。为什么要提出粮食安全党政同责？地方抓粮的动力机制究竟是什么？为什么中央在不断强化地方抓粮的责任？我们知道，实施党政同责都是关乎国计民生的重要领域，如食品安全、生态环境保护等。粮食安全实行党政同责，一方面，彰显了粮食安全在国家安全中的重要地位；另一方面，也体现出地方在抓粮稳粮方面还有不够完善之处。基于此，我们从地方抓粮的动力入手，针对粮食安全省长责任制的实施情况与效果开展研究，以期为完善优化粮食安全党政同责做出应有的贡献。

本书能顺利完成并取得系列成果，离不开中国农业科学院原党组书记陈萌山研究员的指导与关心。他多次带着我们前往黑龙江、辽宁、甘肃、陕西和江苏等地开展实地调研，收获颇丰，也加深了我对实施粮食安全党政同责的思考。研究过程中，得到中国农业科学院农业经济与发展研究所各位领导、同事的大力支持，南京财经大学李光泗教授、钱龙教授给予了很多灵感与帮助，我们也合作发表了一些成果。同时，黑龙江、辽宁、甘肃、陕西和江苏等省农业科学院的领导和专家，尽心竭力帮助协调沟通调研事宜，积极促成我们顺利开展调研，帮助我们获得了宝贵的第一手资料。研究能够顺利进行，离不开上述专家和学者的指导、关心和帮助，在此一并表示衷心、诚挚的感谢。另外，甘林针博士深度参与了研究工作。她是我指导的第一个博士研究生，尽管先前没有关于粮食安全的研究基础，但是非常勤奋刻苦。没有等出来的成果，只有干出来的精彩，她以第一作者陆续在《经济评论》《当代经济科学》等期刊发表了多篇文章，博士毕业后找到了心仪的工作，祝福她未来能有更多成绩。

本书能够顺利出版，得到了国家社科基金、中国农业科学院科技创新工程和重庆社会科学院自主项目的大力支持。书中观点和内容是我们基于学术性、政策性角度提出的，仅供学术界和决策部门参考。由于作者知识水平和研究能力有限，本书在文字词句组合和内容逻辑衔接等方面难免有错误和不妥之处，敬请业界同人和广大读者不吝赐教。

钟 钰

2024 年 12 月